MINERVA
はじめて学ぶ
保育

名須川知子/大方美香
|監修|

# 施設実習

立花直樹
|編著|

ミネルヴァ書房

## 監修者のことば

　本シリーズは、保育者を志す人たちが保育を学ぶときにはじめて手に取ることを想定したテキストになります。保育や幼児教育、その関連領域に関わる新進気鋭の研究者や実践者の参画を得て、このテキストはつくられました。

　2015年に「子ども・子育て支援新制度」がスタートし、2018年には新しい「保育所保育指針」「幼稚園教育要領」「幼保連携型認定こども園教育・保育要領」が施行されました。新「保育所保育指針」においては0～2歳児の保育の充実や、保育所における幼児教育の重要性が提示され、新「幼稚園教育要領」では、3歳児からの教育の充実、新「幼保連携型認定こども園教育・保育要領」では、0歳児からの3つの視点と、3歳児からの5つの領域の連続性が示されています。また、新指針・要領共通で、小学校からの学びの基盤としての「幼児期の終わりまでに育ってほしい姿」が10項目の形で提示されました。

　つまり、これから保育者を目指す人たちは、今後は保育所・幼稚園・認定こども園が共通の枠組みで、高い専門性をもって、子どもの健やかな育ちや豊かな学びを支えていく時代となる、ということを理解しておかなくてはなりません。

　また、新指針・要領においては、保育における全体的な計画の作成や評価のあり方、また、小学校への接続についても充実を図る必要性が示されました。保育者は、乳幼児の自発的な遊びのなかでの学びをとらえ、一人ひとりの子どもの成長発達に合わせて、小学校へつなぎ支えていく役割であることが、ますます求められています。

　保育をめぐる現在の動向は日々変化しており、まさに激動の時期といえます。最新の動向を常に学ぼうという姿勢が、これからの保育者にはますます必要となるでしょう。そこで本シリーズでは、保育者が知っておくべき最新の動向については豊富に、これから学ぼうとする人にもわかりやすく解説しています。一方で、昔から変わらず重要とされている基礎的な事項についても押さえられるように配慮してあります。また、テキストを読んだあとで、さらに学習を進めたい人のための参考図書も掲載しています。

　みなさんが卒業し、実際に保育者になってからも、迷いがあったときや学びの振り返りとして、このテキストを手元において読まれることを期待しています。

2019年5月

名須川知子
大方　美香

## はじめに

　2018（平成30）年4月に、厚生労働省雇用均等・児童家庭局長より「指定保育士養成施設の指定及び運営の基準について」（子発0427第3号）が通知され、2019（平成31）年4月から保育士養成校に入学する学生から、保育士養成のカリキュラム（教科内容）が以下のとおり変更となりました。

### 1.「保育実習Ⅰ（施設実習）」
　実習の教科内容において学習する項目が、「施設の生活と一日の流れ」から「施設における子どもの生活と保育士の援助や関わり」へと変更になりました。これは、もちろん一日の流れは重要であり、把握しなければ子どもたちの活動や生活に対応できないのですが、そのなかでも特に保育者として「子どもとの関わりや援助」を重視することが必要だからです。

### 2.「保育実習Ⅲ（保育所以外の施設実習）」
①教科目の目標に「障害児支援」という文言が組み込まれました。
　これは、各施設で年々障害のある児童が増加しており、ノーマライゼーション理念に基づいたインクルーシブ保育が、児童福祉の機関・施設・事業所で求められているからです。
②保育支援の対象者が「子ども」から、「子ども（利用者）」という文言へと変更になりました。
　これは、各児童福祉施設について、18歳以上の過年齢者への対応が必要となってきていることや、成人施設においても保育士の活躍の場が広がっているからであると考えられます。

　元来、保育士の活躍の場は多数あり、すべての施設種別において実習を行えることがベストですが、現実には、限られた時間や期間のなかで、質の高い養成を効率的に行うという観点から、実現が難しい状況にあります。このような状況を踏まえて、より効果的な実習教育を実施することが、現在の指定保育士養成施設（養成校）としての責務ではないかと考えています。
　2017（平成29）年に、各指定養成施設（養成校）の実習バイブルともいわれる『保育実習指導のミニマムスタンダード2017年版』が、全国保育士養成協議会から発表されました。そこで、本書は『保育実習指導のミニマムスタンダード2017年版』を参考にしながら、新たな視点（実習プログラムの作成など）や現場からの思いやエピソードなどを多数取り入れた、実践的かつ平準的な効果を得ることのできる内容にしたいと考えてきました。企画段階からさまざまな助言や提案を賜った名須川知子先生並びに大方美香先生はもちろんのこと、保育実践や保育実習に関して卓越した知見や指導力のある先生方に執筆の協力や助言をいただきながら、本書を作成してきました。
　21世紀の保育士養成が目指す「質の高い保育実習」の一端に、本書が少しでもお役に立てれば幸いです。

2019年5月吉日

立花　直樹

# 目次

はじめに

## 第1章　施設実習の位置づけ

**レッスン1　児童福祉施設と施設保育士の役割**······················ 2
①保育士の歴史と施設保育士の役割…2　②児童福祉施設の意義・目的…4　③社会的養護施設の意義・目的…6　④障害児施設と保育士の存在意義…9　⑤施設保育士の役割…11

**レッスン2　施設実習の意義・目的と実習の段階**·················14
①施設実習の意義・目的…14　②施設実習とは…15　③社会的養護施設の児童の学習と進学状況…20

**レッスン3　施設実習における連携**······························24
①実習に向けて…24　②施設実習先の決定…25　③実習の事前オリエンテーションの決定…27　④実習の事前オリエンテーションに向けた準備…30

**レッスン4　施設実習で何を学ぶか**······························40
①実習の事前オリエンテーションとは…40　②実習プログラムについて…40　③実習の事前オリエンテーションの実施…42　④保育実習の実施…43

## 第2章　実習の現場

**レッスン5　乳児院・児童養護施設での実習**······················54
①乳児院…54　②児童養護施設…58

**レッスン6　児童自立支援施設・児童心理治療施設での実習**·········64
①児童自立支援施設…64　②児童心理治療施設…69

**レッスン7　母子生活支援施設・児童相談所一時保護所での実習**·······75
①母子生活支援施設…75　②児童相談所一時保護所…80

**レッスン8　障害児入所施設・障害者入所施設での実習**················86
①障害児・者支援の歩み…86　②障害児入所施設の機能と役割…89　③障害者入所施設の歩み、機能と役割、実習…91　④障害児入所施設、障害者入所施設の運営体制…93　⑤両施設の仕事内容と一日の流れ…95

**レッスン9　児童発達支援センター・児童発達支援事業所等での実習**······97
①福祉型児童発達支援センター・児童発達支援事業所…97　②医療型児童発達支援センター…101

**レッスン10　児童厚生施設およびその他の施設・事業所での実習**··········106
①児童厚生施設…106　②その他の施設・事業所…112

## 第3章　施設実習の実際

**レッスン11　施設実習の一日** …………………………………………… 118
　①乳児院…118　②児童養護施設…119　③児童自立支援施設…121　④児童心理治療施設…124　⑤母子生活支援施設…128　⑥児童相談所一時保護所…131　⑦障害児入所施設（一部、障害者入所施設と共通）…134　⑧障害者入所施設…136　⑨福祉型児童発達支援センター…139　⑩医療型児童発達支援センター…142　⑪児童厚生施設等…145

**レッスン12　施設実習での体験と学び** …………………………………… 149
　①乳児院…149　②児童養護施設…151　③児童自立支援施設…152　④児童心理治療施設…154　⑤母子生活支援施設…156　⑥児童相談所一時保護所…158　⑦障害児入所施設…161　⑧障害者入所施設…162　⑨福祉型児童発達支援センター・福祉型児童発達支援事業所…165　⑩医療型児童発達支援センター…167　⑪児童厚生施設等…169

## 第4章　実習の振り返りと評価

**レッスン13　実習中の指導と実習後の学びの整理の方法** ……………… 174
　①実習中の実習生への指導方法…174　②実習後の学びの整理の意味と方法…176　③実習記録に基づいた省察…177　④実習後の実習生への指導方法…180

**レッスン14　実習の評価と実際** …………………………………………… 187
　①実習の他者評価の意味と種類…187　②自己評価に基づいた省察…189　③実習の評価方法…189　④実習報告会に向けての準備…193

**レッスン15　実習の経験の活用と就職への心構え** ……………………… 199
　①実習経験の活用への視点…199　②実習総括を踏まえた実習先へのお礼状…200　③保育実習Ⅰ（施設・保育所）から保育実習Ⅲ（施設）に向けた準備…203　④実習後のボランティアおよびインターンシップと就職を視野に入れた活動…204

資料　施設実習に向けた漢字テスト…207

さくいん…216

●この科目の学習目標●

「指定保育士養成施設の指定及び運営の基準について」（平成15年12月9日付け雇児発第1209001号、最新改正子発0427第3号）において4つの目標が明示されている。①既習の教科目や保育実習の経験を踏まえ、児童福祉施設等（保育所以外）の役割や機能について実践を通して、理解する。②家庭と地域の生活実態にふれて、子ども家庭福祉、社会的養護、障害児支援に対する理解をもとに、保護者支援、家庭支援のための知識、技術、判断力を習得する。③保育士の業務内容や職業倫理について具体的な実践に結びつけて理解する。④実習における自己の課題を理解する。本書も、これらの目標を達成するように、内容を考えている。

# 第 1 章

# 施設実習の位置づけ

本章では、施設実習の基礎的事項について学んでいきます。施設保育士の役割、保育士養成課程のなかの施設実習（保育実習Ⅰ、保育実習Ⅲ）の位置づけ、施設実習に臨む前の準備や心構えについて理解し、意義ある実習を体験できるようにしましょう。

レッスン1　児童福祉施設と施設保育士の役割
レッスン2　施設実習の意義・目的と実習の段階
レッスン3　施設実習における連携
レッスン4　施設実習で何を学ぶか

レッスン1

# 児童福祉施設と施設保育士の役割

保育士には、大きく分けて「保育所保育士」と「施設保育士」の2種類があります。このレッスンでは児童福祉施設の歴史、各種児童福祉施設の意義・目的、児童福祉施設で生活する児童の特徴などから施設保育士の役割について学びます。皆さんの児童福祉施設に対する偏見や不安を取り除く一歩にしたいと思います。

## 1. 保育士の歴史と施設保育士の役割

### 1 児童福祉施設の歴史と保育士の役割

日本で最初に建てられた児童福祉施設は、奈良時代に**聖徳太子**\*が**四天王寺**\*（大阪市天王寺区）の境内に設置した**四箇院**\*の一つである**悲田院**\*だといわれています。悲田院は、**孤児**\*や孤老（身寄りのない高齢者）が生活する施設であり、この孤児や高齢者の生活支援をした悲田院が福祉施設の始まりであるといわれています。

飢饉や疫病などにより両親を失った児童は、親族や村落内で養うことが基本でしたが、大飢饉や疫病の流行などにより多くの孤児が発生した場合、親族や村落内で養うことが難しいケースも出てきました。そのため、悲田院が生活の受け皿としての重要な機能を果たしたと考えられています。

つまり、保育士の出発点は施設保育であり、その役割は孤児の「生活支援（身の回りの世話）」と「養育（保護し育てること）」であったといえます。

### 2 保姆（保母）から保育士、そして保育教諭へ

元来、幼稚園で働く教諭も託児所の保育者も「保姆（保母）」という同じ名称を用いていましたが、1926（大正15）年の「幼稚園令」の制定に伴い、小学校教育検定員会が実施する検定に合格した者のみを「保姆」と認定するようになりました。その後、1948（昭和23）年に成立した「児童福祉法施行令」に、保母とは「児童福祉施設において、児童の保育に従事する女子」と明記され、「学校教育法」（1947年）で、幼稚園教諭免許状を交付された幼稚園教諭は「幼児を保育し、幼児の健やかな成長のために適当な環境を与えて、その心身の発達を助長するこ

## 👤人物

**聖徳太子**
飛鳥時代の政治家で、推古天皇の下で、冠位十二階制度や「十七条憲法」を定めるなど、天皇中心の中央集権国家体制の確立を図るとともに、仏教を厚く信仰し、多くの寺院建立に尽力した。

## ✳用語解説

**四天王寺**
聖徳太子が飛鳥時代（593年）に、現在の大阪市天王寺区に建立した仏教寺院。建立当初から、四箇院を設置したことが有名である。

**四箇院**
聖徳太子が、四天王寺境内に建立した4つの施設（悲田院・敬田院・施薬院・療病院）を指す。

**悲田院**
奈良時代に、四天王寺境内に建立された四箇院の一つであり、身寄りのない児童や高齢者が生活する施設。

**孤児**
死別、遺棄などによって両親や家族を失った身寄りのない子どものことをいう。

と」が位置づけられたときから、幼稚園教諭と保母は別々の道を歩み始めました。

保育所や養護施設（現：児童養護施設）等で働く女性はもちろん、男性にも保母という名称が用いられていましたが、男性の保母が増加したことから、「児童福祉法施行令」（1977年）によって「保母に準ずるもの（保父）」の呼称が認められました。しかし、資格証明書には保父の記載はなく、男性に対しても保母資格証明書が発行されていました。ようやく「男女雇用機会均等法」（1999年）の大幅な改正にともない、「児童福祉法施行令」（1998年）も改正され、性別に依存しない**保育士**という名称に改称されました。

### 3 保育士から保育教諭へ

その後、都市部における待機児童増加の問題、少子化による幼稚園での定員割れ問題などを鑑み、子ども・子育て支援新制度施行（2015年）と同時に、「就学前の子どもに関する教育、保育等の総合的な提供の推進に関する法律」が改正され、幼保連携型認定こども園については、単一の施設として設置・運営されることとなりました。その際、幼保連携型認定こども園には保育教諭が置かれ、子どもの教育・保育に従事するには、保育士資格と幼稚園教諭免許の両方をもつことが必須条件となりました。現在、幼保連携型認定こども園が急速に増加し、さまざまな場所で、保育士と幼稚園教諭免許の一本化による新資格（免許）についての論議が始まっています。

つまり、元来の保母から一度別々になった保育士と幼稚園教諭は、保育教諭という新たな資格で再び一つになったのです。ただし、資格が一本化されているのは、乳幼児分野の通園通所型施設の幼保連携型認定こども園においてだけで、その他の児童福祉施設で活躍する施設保育士の資格は一本化されていません。

したがって、今後の免許や資格の動向を注視していく必要があります。ただし、保育士資格と幼稚園教諭免許をすでに所有している人については、新資格（免許）に自動的に移行できる可能性がありますので、現在、大学・短期大学・専門学校等で、保育士資格と幼稚園教諭免許のいずれも取得することが可能な学生は、両方を取得しておくほうがよいと考えられます。

◆補足
**保育士**
日本の国家資格の一つで、「専門的知識及び技術をもって、児童の保育及び児童の保護者に対する保育に関する指導を行うことを業とする者」（児童福祉法第18条の4）と規定されている。児童福祉関係施設・事業所等において、児童の保育を行うことが業務である。
保育士資格を取得するには、厚生労働大臣の指定する保育士養成校で必要な科目を履修して卒業するか保育士試験に合格するかのいずれかの方法がある。

## 2. 児童福祉施設の意義・目的

### 1 児童福祉施設とは

児童福祉施設は、「児童福祉法」第7条で「助産施設、乳児院、母子生活支援施設、保育所、幼保連携型認定こども園、児童厚生施設、児童養護施設、障害児入所施設、児童発達支援センター、児童心理治療施設、児童自立支援施設及び児童家庭支援センター」の12施設と定められています（図表1-1）。

**図表1-1** 「児童福祉法」第7条に規定する児童福祉施設の概要

| 型 | 施設種別 | 施設概要（施設の目的および対象者） |
|---|---|---|
| 入所 | 助産施設（「児童福祉法」第36条） | 保健上必要があるにもかかわらず、経済的理由により、入院助産を受けることができない妊産婦が入所し、助産を受ける施設。 |
| 入所 | 乳児院（「児童福祉法」第37条） | 乳児（特に必要のある場合には、幼児を含む）が入院し、養育を受け、退院後についての相談、その他の援助を行う施設。 |
| 入所 | 母子生活支援施設（「児童福祉法」第38条） | 配偶者のない女子またはこれに準ずる事情にある女子である母親とその児童への入所による援助を行い、自立促進のための生活を支援し、退所後についての相談、その他の援助を行う施設。 |
| 通所 | 保育所（「児童福祉法」第39条） | 保育を必要とする乳児・幼児が日々保護者のもとから通所し、適切な保育を受けることを目的とする施設（利用定員が20人以上の施設である）。 |
| 通所 | 幼保連携型認定こども園（「児童福祉法」第39条の2） | 満3歳以上の幼児に対する教育および保育を必要とする乳児・幼児に対する保育を一体的に行い、これらの乳児または幼児の健やかな成長が図られるよう適当な環境を提供することで、その心身の発達を助長する施設。 |
| 利用 | 児童厚生施設（「児童福祉法」第40条） | 児童館（屋内型）・児童遊園（屋外型）等で、児童が健全な遊びを行い、その健康を増進し、または情操をゆたかにすることを目的とする施設。 |
| 入所 | 児童養護施設（「児童福祉法」第41条） | 保護者のない児童、家庭環境に恵まれない児童、虐待を受けている児童や特に必要のある乳児に対し入所による援助を行い、生活や情緒の安定を図り、児童の自立支援を行い、あわせて退所した者について相談その他の援助を行うことを目的とする施設。 |
| 入所 | 障害児入所施設（「児童福祉法」第42条）①医療型障害児入所施設 ②福祉型障害児入所施設 | ①医療型：医療的ケアを必要とする児童が入所し、治療を受けるとともに、独立自活に必要な知識や技能の指導を受ける施設。 |
| | | ②福祉型：医療的ケアを必要としない児童が入所し、独立自活に必要な知識や技能の指導を受ける施設。 |
| 通所 | 児童発達支援センター（「児童福祉法」第43条）①医療型児童発達支援センター ②福祉型児童発達支援センター | ①医療型：医療的ケアを必要とする児童が、保護者のもとから通園し、治療を受けるとともに、日常生活における基本的動作の指導、独立自活に必要な知識や技能の指導を受け、集団生活への適応のための訓練を受ける施設。 |
| | | ②福祉型：医療的ケアを必要としない児童が、保護者のもとから通園し、日常生活における基本的動作の指導、独立自活に必要な知識や技能の指導を受け、集団生活への適応のための訓練を受ける施設。 |
| 入所 | 児童心理治療施設（「児童福祉法」第43条の2） | 学校での人間関係や家庭での虐待等が原因で社会適応困難な児童や、乱暴などの問題行動、拒食といった神経性の習癖など、軽度の情緒障害のある児童が、「短期間入所」または「保護者のもとから通所」するなかで、各種心理療法や社会適応性を高める生活指導を受け、あわせて退所した者について相談その他の援助を行う施設。 |
| 入所 | 児童自立支援施設（「児童福祉法」第44条） | 不良行為をなし、またはなすおそれのある児童および家庭環境等により生活指導等を要する児童に、生活指導・学習指導・職業指導等を一体的にした自立支援を行い、あわせて退所した者について相談その他の援助を行う施設。 |
| 相談 | 児童家庭支援センター（「児童福祉法」第44条の2） | 地域の児童の福祉に関する各般の問題につき、市町村・児童相談所・児童福祉施設等の関係機関と連携し、児童や家庭に関する相談のうち、専門的な知識や技術を必要とするものに応じ、必要な助言を行う施設。 |

出典：「児童福祉法」をもとに作成

保育士養成課程では、各種の児童福祉施設で保育士になるための実習を行うことになっています（第3章参照）。そして、たくさんの保育士が、各児童福祉施設で活躍しています。

## 2 児童福祉施設を必要とする児童の増加

乳児院、児童養護施設、**児童自立支援施設**、児童心理治療施設、**母子生活支援施設**等の「児童福祉施設」のうち、乳児院、**児童養護施設、児童心理治療施設**の入所児童数は、少子化が進んでいる社会情勢にもかかわらず、家庭での養育が困難な要保護児童数の増加にともない、多少の増減を繰り返しながらも年々増加しています。

一方で、児童自立支援施設および母子生活支援の入所児童は減少しています。児童自立支援施設は、18歳未満の触法児童や虞犯児童の教護や自立支援に対応してきましたが、近年の少年法の改正に伴った「14歳未満の犯罪少年を少年院において教護・自立支援を行う」方向性のなかで、施設の役割、機能が発揮できていない状況があり、入所児童数が減少してきました。母子生活支援施設は、母親とその子どもである児童の入所が条件となっています。そのため、女性の貧困世帯やDV被害増加の問題が深刻化してはいますが、婚姻率の低下や晩婚化などの影響、少子化（1世帯当たりの児童数の減少）により入所者数は減少しています。

また、障害児入所施設は、元来18歳未満の障害児が入所し、生活支援や療育を受ける施設ですが、18歳を過ぎても退所・転園できない利用者（**過年齢児**）の増加により、1985（昭和60）年には全国の障害児入所施設の利用児・者が3万3,150人になりました。その後、18歳以上の利用者が入所できる障害者入所施設の整備や**地域移行支援**＊等が推進され、2016（平成28）年には入所中の利用児・者も1万5,021人に減少

### 図表1-2 児童福祉施設の入所者数の推移
（人）

| 施設種別 | 1985年 | 1995年 | 2005年 | 2016年 |
|---|---|---|---|---|
| 乳児院 | 3,004 | 2,566 | 3,077 | 3,089 |
| 児童養護施設 | 32,495 | 27,145 | 30,830 | 25,722 |
| 児童自立支援施設 | 2,696 | 1,755 | 1,828 | 1,329 |
| 児童心理治療施設 | 436 | 500 | 1,030 | 1,339 |
| 母子生活支援施設 | 14,753 | 11,245 | 11,224 | 8,625 |
| 障害児入所施設 | 33,150 | 28,447 | 24,251 | 15,021 内、児童1.2万 |
| 児童発達支援センター | 8,987 | 9,803 | 12,631 | 28,419 |
| 保育所（こども園含む） | 1,843,550 | 1,678,866 | 2,118,079 | 2,332,766 |

注1：1985年・1995年次の児童養護施設数には虚弱児施設を含む。
注2：障害児入所施設には過年齢児（成人）を含む。
出典：厚生労働省「社会福祉施設等調査」のデータをもとに作成

### ◆補足

**児童自立支援施設**
1900年に制定された「感化法」により感化院が誕生し、1933年の「少年教護法」制定で少年教護院となった。1947年に制定された「児童福祉法」で教護院という名称となったが、1997年の改正により児童自立支援施設に改称された。

**母子生活支援施設**
1997年の「児童福祉法」改正により、母子寮から母子生活支援施設に改称された。

**児童養護施設**
1947年の制定により、孤児院から養護施設に改称され、さらに1997年の「児童福祉法」の改正にともない、児童養護施設に改称された。

**児童心理治療施設**
1951年に非行児童への初期介入を目的として設置され、現在は、社会生活への適応が困難となった児童を、短期間入所させ、または保護者のもとから通わせて、その社会生活に適応するために必要な心理に関する治療および生活指導を主として行い、あわせて退所した者について相談その他の援助を行うことを目的とする施設として、「児童福祉法」第43条の2に位置づけられている。以前は情緒障害児短期治療施設とよばれていたが、2016年6月の「児童福祉法」の改正により、2017年4月1日から児童心理治療施設と名称が変更された。

**過年齢児**
障害児入所施設等で、「児童福祉法」の対象年齢を超えた満18歳以上については、年齢超過児ないし過齢児ともよんでいる。

第1章　施設実習の位置づけ

**✱ 用語解説**
**地域移行支援**
障害者支援施設等に入所中の利用者が、地域生活に移行できるよう、住居の確保やケアホームを用意し、地域での生活を支援する。

しました。
　その一方で、国は「障害児が居住地域で生活できる」ことを目指し、ノーマライゼーション政策を推進しているため、自宅から療育や保育を受けることを目的として通うための児童発達支援センター（旧：障害児通園施設）に通園する利用児童は、年々増加しています（図表1-2）。

## 3. 社会的養護施設の意義・目的

### 1　社会的養護施設と利用児童の増加

**✱ 用語解説**
**社会的養護施設**
保護者のない児童、被虐待児など家庭環境上養護を必要とする児童などに対し、公的な責任として、社会的に養護を行う施設（乳児院、児童養護施設、児童自立支援施設、児童心理治療施設、母子生活支援施設、自立援助ホーム）を指す。

　乳児院、児童養護施設、児童自立支援施設、児童心理治療施設、母子生活支援施設等の**社会的養護施設**の多くは、少子化が進んでいる社会情勢にもかかわらず、家庭での養育が難しい子どもの増加とともに年々増加しています（図表1-3）。また、2000（平成12）年の「社会福祉法」成立以降、「措置から契約の流れ」のもとで、社会福祉施設の多くが契約方式の利用料による運営になっているなかで、社会的養護施設は現在も措置制度の枠組みで、公費による運営がなされている施設です。

**図表1-3　社会的養護施設の施設数の推移**
（施設）

| 施設種別 | 1980年 | 1990年 | 2000年 | 2016年 |
|---|---|---|---|---|
| 乳児院 | 115 | 118 | 115 | 134 |
| 児童養護施設 | 531 | 533 | 553 | 579 |
| 児童自立支援施設 | 56 | 55 | 55 | 55 |
| 児童心理治療施設 | 11 | 13 | 17 | 41 |
| 母子生活支援施設 | 369 | 321 | 290 | 221 |

出典：図表1-2と同じ

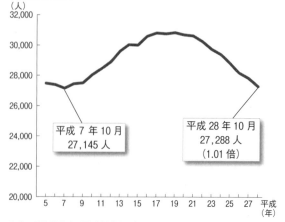

**図表1-4　児童養護施設の入所児童数の推移**

出典：厚生労働省「社会的養育の推進に向けて（平成29年12月）」2017年をもとに作成

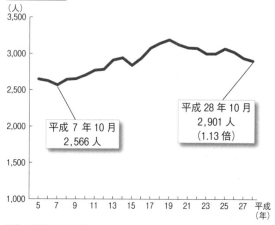

**図表1-5　乳児院の入所児童数の推移**

出典：図表1-4と同じ

また、少子化が進んでいる社会情勢にもかかわらず、児童養護施設・乳児院のいずれにおいても、1995（平成 7）年と2016（平成28）年を比較すると入所児童数が増加しており、児童養護施設は「1.01倍」で、乳児院は「1.13倍」となっています（図表 1-4、1-5）。

しかし、特に児童養護施設は、2005（平成17）〜2007（平成19）年時点をピークに、最近、入所児童が減少しています。その理由は、次節でくわしく説明します。

## 2　社会的養護施設の形態の変化と種類の増加

乳児院、児童養護施設をはじめとする社会的養護施設の運営形態は、大人数の子どもが集団生活を過ごす「大舎制」が中心でした。大舎制は一つの建物・フロア（舎）に20人以上の児童が共同居住しているため、設備や児童、職員の勤務体制を管理しやすいというメリットがある反面、プライバシーや家庭的な雰囲気の確保がしにくいというデメリットがありました。そのため、設備にお金がかかり職員配置や確保が難しいというデメリットがある反面、プライバシーや家庭的な雰囲気が確保しやすいというメリットがある、一つの建物・フロア（舎）に12人以下の児童が共同居住する「小舎制」への移行が求められてきました。

しかし、社会的養護施設は措置制度の枠組みのなかにあるため、「小舎制」の必要性が認識されても、ふくれゆく社会保障費のなかで公費（予算）の確保が難しい状況でした。それでも、社会的養護が家庭に代わる内容や体制でなければならないこと、大舎制の運営や体制には質の限界があることが徐々に認識されてきました。

そのため、児童養護施設では「小規模グループケア（ユニットケア）」が推進され、従来の児童養護施設以外の形態である「**地域小規模児童養護施設（グループホーム）**\*」「**児童自立生活援助事業（自立援助ホーム）**\*」、一定の基準を満たした養育者が運営することができる「**小規模住居型児童養育事業（ファミリーホーム）**\*」がスタートし、2011（平成23）年には「社会的養護の課題と将来像」が取りまとめられ、職員体制の見直しや小規模グループケアの推進が認められました。

※ 用語解説

**地域小規模児童養護施設（グループホーム）**
施設の入所児童定員は 6 人と少人数で、一般の民家を利用し生活するため、より家庭的な環境のなかできめ細かいケアを行いやすい。2000 年に厚生労働省の「地域小規模児童養護施設設置運営要綱」により定められた。

**児童自立生活援助事業（自立援助ホーム）**
義務教育を終了した 15 〜 22 歳の「家庭がない児童」「家庭にいることができない児童」「児童養護施設等を退所した児童」等が入所して、自立を目指す施設（児童自立生活援助事業）として、「児童福祉法」第 6 条の 3 に位置づけられている。

### 図表 1-6　小規模型の社会的養護施設・事業の施設数・児童数の推移

（施設（人））

| 施設種別 | 2010 年 3 月 | 2015 年 10 月 |
|---|---|---|
| 地域小規模児童養護施設（グループホーム） | 190　（1,018） | 329　（2,983） |
| 児童自立生活援助事業（自立援助ホーム） | 59　（283） | 123　（826） |
| 小規模住居型児童養育事業（ファミリーホーム） | 49　（219） | 257　（1,172） |

出典：厚生労働省発表の各種調査結果のデータをもとに作成

### 図表1-7 社会的養護施設等における被虐待経験のある児童の割合

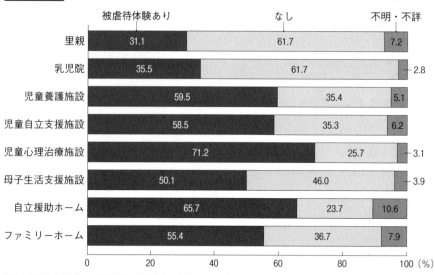

出典：厚生労働省「児童養護施設入所児童等調査結果（平成25年2月1日）」2015年をもとに作成

### 図表1-8 児童養護施設における障害等のある児童数の推移

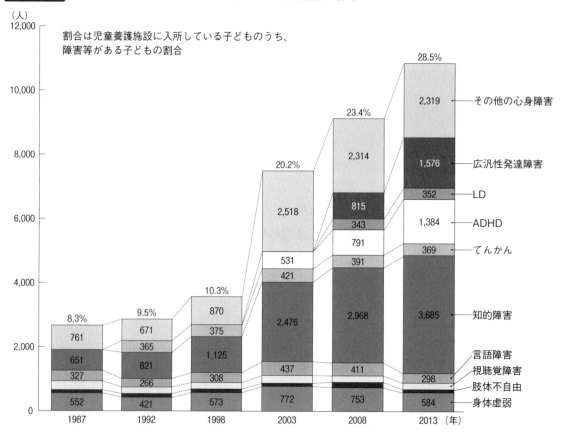

注：ADHD（注意欠陥多動性障害）については、2003（平成15）年より広汎性発達障害、およびLD（学習障害）については2008（平成20）年より調査。それまではその他の心身障害に含まれていた可能性がある。
出典：厚生労働省家庭福祉課「社会的養護の課題と将来像の実現に向けて」2016年をもとに作成

つまり、従来型の児童養護施設で居住する児童数は減少していますが、地域小規模児童養護施設（グループホーム）、児童自立生活援助事業（自立援助ホーム）、小規模住居型児童養育事業（ファミリーホーム）のいずれも、2010（平成22）年よりも2015（平成27）年のほうが、施設数・児童数が増加しています（図表1-6）。

### 3 社会的養護施設の入所児童の状況

社会的養護施設では、何らかの虐待経験のある児童が増加しています。たとえば、乳児院では35.5％（約3分の1）の入所児童に、児童養護施設では59.5％（2分の1以上）の入所児童に、児童心理治療施設（旧：情緒障害児短期治療施設）に至っては71.2％（約4分の3）の入所児童に被虐待経験がある状況となっています（図表1-7）。また、児童養護施設では、障害等のある児童の入所も増加しています。2013年の児童養護施設においては28.5％（約4分の1）の入所児童が、何らかの障害をともなっている状況となっています（図表1-8）。

社会的養護施設の保育者には、児童虐待の増加などにともない、地域における児童虐待防止対策の一層の強化とともに、虐待を受けた入所児童への適切な対応はもちろん、障害のある児童に対する個別配慮、さらには家庭復帰に向けた調整や保護者への保育指導などの多様な業務が求められています。

つまり、社会的養護施設では、優秀な保育者の確保と、対応できるマンパワーの量・質両方の拡充が求められています。

## 4. 障害児施設と保育士の存在意義

### 1 障害児施設の名称変更について

地域における肢体不自由児・知的障害児・発達障害児等の支援事業を強化するため、2012（平成24）年4月に「児童福祉法」の改正が行われました。それにともない障害児施設は再編され、種別の名称が大幅に変更となりました。施設実習のなかで、従来の施設名が出てくることもしばしばありますので、従来の種別名と現在の種別名を合わせて覚えておいてください（図表1-9）。

### 2 障害児・者施設における施設保育士の役割

児童福祉施設のなかでも、障害児入所施設では18歳未満の児童だけ

※ **用語解説**

**小規模住居型児童養育事業（ファミリーホーム）**
児童養護施設等の職員や里親のうち、経験豊かな養育者がその家庭に迎え入れて養育する「家庭養護」として位置づけられている。施設の入所児童定員は5～6人と少人数で、より家庭的な環境のなかできめ細かいケアを行いやすい。「児童福祉法」第6条の3に位置づけられている。

**図表1-9　障害児施設における種別名の変更について**

| 類型 | 施設種別 | 現施設種別と従来の施設種別 |
|---|---|---|
| 居住 | 障害児入所施設<br>（児童福祉法第42条） | 医療型障害児入所施設：<br>　従来の第1種自閉症児施設・肢体不自由児施設・重症心身障害児施設から変更 |
| | | 福祉型障害児入所施設：<br>　従来の知的障害児施設・第2種自閉症児施設・肢体不自由児療護施設・盲児施設・ろうあ児施設から変更 |
| 通園 | 児童発達支援センター<br>（児童福祉法第43条） | 医療型児童発達支援センター：<br>　従来の肢体不自由児通園施設から変更 |
| | | 福祉型児童発達支援センター：<br>　従来の知的障害児通園施設・難聴幼児通園施設から変更 |

出典：『厚生労働白書』「児童福祉法」をもとに作成

ではなく、18歳以上となった成人（過年齢児）が生活しているケースが多くあります。2014（平成26）年10月現在、全国の知的障害児施設の入所者のうち、18歳未満の児童が64.5％、18歳以上の過年齢児が35.5％で、約3分の1が18歳以上の過年齢児でした。多くの過年齢児が児童福祉施設である障害児入所施設で生活している理由は、「成人施設の整備の遅れがあり、18歳を過ぎても退所することが難しい」「これまで慣れ親しんできた環境を変えることは障害児・者にとって負担が大きい」「退所すれば、障害児・者のケアについて熟知している職員や施設との関係を再構築しなければならない」などの理由があり、18歳以上になってもそのまま施設に残る場合が多く存在しています。

　障害児入所施設だけでなく、障害者支援施設でも多くの保育士が活躍しています。

　障害者施設に従事する保育士には、障害児入所施設と同様に、「基本的生活習慣（食事・着脱衣・清潔・排泄・睡眠）の形成支援に加え、療育、集団生活や社会生活を送るうえで必要な学習、遊び、人間関係形成等、入所者（児童や過年齢児）の障害状況に応じた生活と自立の支援」など

**＊用語解説**
IQ
(Intelligence Quotient)
知能指数ともいわれる。知能検査の結果、数値が高いほど知能が高く、数値が低いほど知能が低いことを表している。

**図表1-10　知的障害の重症度判定について**

| 生活能力 | | a（かなり低い） | b（低い） | c（高い） | d（かなり高い） |
|---|---|---|---|---|---|
| IQ*（知能指数） | Ⅰ（IQ：20未満） | 最重度知的障害　[知能年齢3歳以下] | | | |
| | Ⅱ（IQ：21～35） | | 重度知的障害　[知能年齢3～5歳] | | |
| | Ⅲ（IQ：36～50） | | 中度知的障害　[知能年齢5～8歳] | | |
| | Ⅳ（IQ：51～70） | | | 軽度知的障害　[知能年齢8～11歳] | |

出典：厚生労働省「平成17年度知的障害児（者）基礎調査結果の概要」2007年をもとに作成

の役割が求められることになります。また、知的障害のある人は、その状況によって、知能年齢が異なることになりますが、成人であっても健常の児童（11歳未満）と同等の知能レベルであるため、18歳以上の成人施設であっても、障害者に対する保育士の支援が必要とされるのです（図表1-10）。

## 5. 施設保育士の役割

### 1 施設保育士に求められる役割

　一般的に、保育所に従事する保育士を「**保育所保育士**」、保育所以外の児童福祉施設等に従事する保育士を「**施設保育士**」とよんでいます。保育所等の通園（通所）施設の保育士は、日中（朝～夕方まで）を保育所で過ごす児童の保育を中心に行いますので、「早出（早朝～昼過ぎの勤務）」「日勤（朝～夕方の勤務）」「遅出（昼～夜の勤務）」の3交替性勤務が一般的となります。一方、社会的養護施設や障害児施設等の居住型児童福祉施設では、そこで生活する児童の保育を24時間行うことが求められますので、「早出（早朝～昼過ぎの勤務）」「日勤（朝～夕方の勤務）」「遅出（昼～夜の勤務）」「夜勤（夕方～朝の勤務）」の4交替性勤務が一般的となります。

　各居住型の児童福祉施設には、「児童福祉法」で定められた運営目的と特徴がありますので、施設保育士には各施設に応じた専門性や役割が付与されることになります。乳児院においては「食事（授乳・離乳食・水分補給）、着脱衣、入浴や整容等の清潔、排泄（おむつ交換・トイレットトレーニング）、睡眠、健康管理、発達支援、愛着形成」など、乳児の養育そのものを行う役割が求められ、児童養護施設においては「基本的生活習慣（食事・着脱衣・清潔・排泄・睡眠）の形成支援に加え、集団生活や社会生活を送るうえで必要な学習、遊び、人間関係形成等、年齢に応じた児童の生活と自立の支援」などの役割が求められます。障害児入所施設では「基本的生活習慣（食事・着脱衣・清潔・排泄・睡眠）の形成支援に加え、療育、集団生活や社会生活を送るうえで必要な学習、遊び、人間関係形成等、入所者（児童や過年齢児）の障害状況に応じた生活と自立の支援」などの役割が求められることになります。

### 2 児童福祉施設数と保育士数

　2016（平成28）年10月現在、全国の児童福祉施設数は3万9,036か

**補足**

**保育所保育士**
一般的に、保育士のなかで主に保育所で従事し、児童の保育を行う保育士を保育所保育士とよんでいた。しかし、近年は幼保連携型認定こども園が児童福祉施設に規定されたため、利用型や相談型の児童福祉施設の保育士を含め、保育所等保育士とよぶ場合もある。

**施設保育士**
一般的に、保育士のなかで主に保育所以外の通所・入所型の児童福祉施設で従事し、児童の保育を行う保育士を施設保育士とよんでいた。しかし、近年は児童発達支援事業所など、児童福祉施設に規定されない事業所等で従事する保育士も増加したため、施設等保育士とよぶ場合もある。

### 図表1-11 保育士が従事する児童福祉施設の状況

（平成28年10月現在）

| 児童福祉施設 ||
|---|---|
| 保育所等（認定こども園、保育事業所含む） | 児童福祉施設（保育所等 以外） |
| 28,800か所（73.8%） | 10,236か所（26.2%） |
| 合計 39,036か所 ||

出典：社会福祉施設等調査結果のデータをもとに作成

### 図表1-12 保育士の従事状況

（平成29年10月現在）

| 保育士登録者 | 従事保育士 || 未従事保育士（潜在的保育士） |
|---|---|---|---|
| | 保育所等保育士 | 施設保育士 | |
| 1,464,000人（100%） | 422,000人（95.9%） | 18,000人（4.1%） | 1,024,000人（69.9%） |
| | 440,000人（30.1%） || |

注：保育所等保育士、施設保育士の割合は従事保育士における割合。
出典：厚生労働省「社会福祉施設等調査結果」「保育所等における保育の質の確保の向上に係る関係資料」のデータをもとに一部改変

所で、そのうち、保育所等が2万8,800か所（73.8%）で、保育所等以外の児童福祉施設数が1万236か所（26.2%）でした。保育士の活躍の場は、保育所が多いものの、保育所以外の児童福祉施設も4分の1程度あり、施設保育士が活躍できる児童福祉施設はけっして少なくありません（図表1-11）。

2017（平成29）年10月現在、保育士登録者数は146万4,000人でした。実際に、保育所や乳児院等の社会福祉施設等で従事している保育士44万人（30.1%）の内、保育所や認定こども園で従事する保育士（保育所保育士）は42万2,000人（95.9%）で、保育所以外の社会福祉施設等で従事する保育士（施設保育士）は1万8,000人（4.1%）でした。一方で、保育業務に従事していない保育士（潜在的保育士）は102万4,000人（69.9%）でした（図表1-12）。

> **【ミニコラム】 児童福祉施設で働く保育士のつぶやき①**
>
> 私たちは、予想もしない「災害、交通事故、病気」などによって家族を失うことになるかもしれません。また、子どもたちは、思いもよらない親の「経済事情、離婚、病気、事故、犯罪、虐待、障害」などによって、親と離れて暮らすことになるかもしれません。そんなときに、親や保護者に代わって、子ども一人ひとりの命と権利と心身を大切に守り育てるのが、児童福祉施設の役割です。
>
> 児童福祉施設で働く保育士は、朝起きてから夜眠るまで、

「愛」をもって、子ども一人ひとりに寄り添った保育を心がけています。愛といっても、「恋愛感情の『愛』」ではなく、家族間や親子間で築かれる「普遍的で無償の『愛』」です。よりよい子どもの成長と発達を願って、常に生活支援を行っており、時には厳しく注意することや叱ることもありますし、時には優しく温かく褒めることもあります。そのようななか、私たち保育士の前で、子どもが悔し涙を流すこともありますし、甘えてくることもあり、できる限りの時間や思いを共有するようにしています。

しかし、職員である保育士が、子どもにとって、本当のお母さんやお父さんになることはできません。ですから、それぞれの子どもたちが、心のなかにさびしさやつらさを抱えていることは間違いありません。

児童福祉施設での実習は、多くの子どもたちとの出会いの場でもあります。興味本位や後ろ向きな気持ちではなく、一人ひとりの子どもと正面から向き合っていただければと思います。なかには、親や大人に裏切られた経験から、すぐには他人に心を開けない子どももいますが、必ず実習生であるあなたの温もりや優しさ、真剣な態度を真っすぐに見ています。そして、氷河や雪が溶けるように、少しずつ信頼関係ができていきます。ですから、子ども一人ひとりの変化や成長を信じて実習に臨んでください。実習が終わったときには、必ず、施設保育士のやりがいや子どもの素晴らしさを実感できると思います。

子どもたちは、あなたが実習に来られることを心から待っています。

## 演習課題

①社会的養護施設に従事する保育士の役割は何だと思いますか。各自で考えたあと、グループで話し合ってみましょう。

②障害児・者施設で従事する保育士の役割は何だと思いますか。各自で考えたあと、グループで話し合ってみましょう。

③あなたは、児童福祉施設の子どもと関わる際、どのようなことを大切にしますか。各自で考えたあと、グループで話し合ってみましょう。

## レッスン2
# 施設実習の意義・目的と実習の段階

保育士資格を取得するためには、必ず保育実習Ⅰの保育所実習並びに施設実習の単位を取得する必要があります。また、施設保育士を目指すのであれば、保育実習Ⅲ（施設実習：選択必修）の単位を取得しておくほうがよいでしょう。このレッスンでは、施設実習の意義・目的と実習の段階について学びます。

## 1. 施設実習の意義・目的

### 1 保育実習とは何か

　保育には、大学・短期大学・専門学校等の教室や机上だけでは学べないことがたくさんあります。そこで、講義から学んだ情報、演習で得た多様な思考力、実技で修得*した技術がどのように役立つかを省察することも必要です。

　情報を理論と結びつけ、保育現場で役立てることができたときに、ようやく知識へと昇華することができます。技術は、保育現場で知識と結びついたときに、ようやく技能として役立てることができます。思考は、保育現場で判断を迫られる際に、倫理綱領や規範と結びつけば、価値観としての有用性をもつことになります。このように、保育実習では、各養成校で修得した教科全体の情報や技術を基礎とし、児童に対する理解を通じて総合的に実践する応用能力（知識・技能）を養うことを目的としています。

　つまり、保育士になるためには、保育現場で活躍する保育士の保育実践をみて学び、実際に子どもと触れ合うなかで、自ら体験し内容を整理し、保育とは何かを総合的に考察する必要があり、保育実習はそのために必要なのです。

### 2 保育実習の種類と目的

　保育実習には、大きく分けて2種類の実習があります。それは、必修の実習（受講し必ず単位を得る必要がある）と選択必修（いずれかを選択受講し必ず単位を得る必要がある）の実習です。

　必修実習には「保育実習Ⅰ」が該当し、保育実習として「保育所実習（10日間以上かつ80時間以上）」「施設実習（10日間以上かつ80時間以

---

**用語解説**
**修得**
自ら学問や技術などを学んで、身につけて自分のものとすること。

**補足**
**習得**
師の教えから、学問や技術などを習い覚えること。

**図表 2-1** 保育実習の種類

| 状況 | 種類 | 修得目標 |
|---|---|---|
| 必修 | 保育実習Ⅰ<br>(計 4 単位：保育所 2 単位・施設 2 単位) | 【保育所実習】<br>実実習日数：10日間以上<br>実実習時間：80時間以上 |
| | | 【施設実習（児童福祉施設 等）】<br>実実習日数：10日間以上<br>実実習時間：80時間以上 |
| 選択必修<br>（保育所または施設のいずれか 1 か所を選択） | 保育実習Ⅱ<br>（保育所：2 単位） | 【保育所実習】<br>実実習日数：10日間以上<br>実実習時間：80時間以上 |
| | 保育実習Ⅲ<br>（施設：2 単位） | 【施設実習（保育所以外）】<br>実実習日数：10日間以上<br>実実習時間：80時間以上 |

出典：厚生労働省雇用均等・児童家庭局長通知「指定保育士養成施設の指定及び運営の基準について（平成25年8月8日）」をもとに作成

上）」の2つがあります。保育士資格を取得するためには、「保育実習Ⅰ」を修了したうえで、選択必修である「保育実習Ⅱ（保育所：10日間以上かつ80時間以上）」または「保育実習Ⅲ（施設：10日間以上かつ80時間以上）」のいずれかを修了しなければなりません。学校によって、「保育実習Ⅱ（保育所）」だけを履修できる場合、「保育実習Ⅲ（施設）」だけを履修できる場合、「保育実習Ⅱ（保育所）」と「保育実習Ⅲ（施設）」の両方を履修できる場合があります（図表2-1）。

## 2. 施設実習とは

前述したように、施設実習には、「保育実習Ⅰ（施設）」と「保育実習Ⅲ（施設）」の2つがあります。しかし、保育士を目指す多くの学生は、1回目の施設実習となる「保育実習Ⅰ（施設）」だけを経験するケースも少なくありません。2回目の施設実習である「保育実習Ⅲ（施設）」に行く学生が増えることを願います。児童福祉施設には、「児童福祉法」第7条で定められた「助産施設、乳児院、母子生活支援施設、保育所、幼保連携型認定こども園、児童厚生施設、児童養護施設、障害児入所施設、児童発達支援センター、児童心理治療施設、児童自立支援施設及び児童家庭支援センター」の12施設があり、本当であれば、全施設で実習を経験することが望ましいはずです。しかし、現在のカリキュラムではそれが難しく、わずか1か所の施設実習であったとしても、保育士を

## 1 保育実習Ⅰ（施設）の実習先

保育実習Ⅰ（施設）の対象施設は、居住型の児童福祉施設と通所型の児童福祉施設があります。居住型児童福祉施設とは、24時間にわたり児童が生活している施設を指します。一方、通所型児童福祉施設とは、自宅から通園し、一定の時間だけ療育や保育を受ける施設を指します。

また、入所者の状況やその生活支援の内容に保育的要素が必要なことから、障害者施設も保育実習Ⅰ（施設）の対象となっています。

増え続ける保育士養成校では実習先の確保が非常に困難となり、保育実習先確保のために、熾烈な競争となっていました。その状況を鑑み、2012（平成24）年4月から児童発達支援センター（旧：障害児通園施設）も実習対象先として認められるようになりました（図表2-2）。

## 2 保育実習Ⅰ（施設）の実習内容

保育実習Ⅰ（施設）の実習内容は、厚生労働省で「1．児童福祉施設の役割や機能を具体的に理解する」「2．観察や子どもとの関わりを通して子どもへの理解を深める」「3．既習の教科の内容を踏まえ、子どもの保育および保護者への支援について総合的に学ぶ」「4．保育の計画、観察、記録および自己評価等について具体的に理解する」「5．保育士の業務内容や職業倫理について具体的に学ぶ」と定められています（図表2-3）。

施設実習に参加する学生は、はじめての実習であることも多いので、まずは、施設の日課や一日の流れを把握し、一人ひとりの児童の氏名と顔を覚えることから始まります。そして、子どもの生活する様子や実状をしっかりと観察したうえで、記録して考察すること（観察実習）を基

### 図表2-2 保育実習Ⅰ（施設）における実習対象施設

| 実習 | 種別 | 型 | 対象施設 |
|---|---|---|---|
| 保育実習Ⅰ（施設） | 児童福祉施設 | 居住型 | 乳児院、母子生活支援施設、障害児入所施設、児童養護施設、児童心理治療施設、児童自立支援施設、児童相談所一時保護所* |
| | | 通所型 | 児童発達支援センター* |
| | 障害者施設等 | 居住型 | 障害者支援施設、指定障害福祉サービス事業所（生活介護、自立訓練、就労移行支援又は就労継続支援を行うものに限る）、独立行政法人国立重度知的障害者総合施設のぞみの園 |

出典：図表2-1と同じ

---

**※ 用語解説**

**児童相談所一時保護所**
児童相談所に付属し、「子どもの生命の安全を確保」「子どものウェルビーイング（権利の尊重・自己実現）」「非行等が原因による生活指導の実施」を目的として、保護を必要とする児童（概ね2歳以上18歳未満）を一時的に預かるところである。

**児童発達支援センター**
各種障害児通園施設であったものを2012（平成24）年4月の「児童福祉法」改正で、医療型と福祉型の2つの「児童発達支援センター」に再編された。障害のある児童が、保護者のもとから通所（通園）し、日常生活における基本的動作の指導、独立自活に必要な知識や技能の指導を受け、集団生活への適応のための訓練を受けるための施設である。

**➕ 補足**

**福祉型児童発達支援センター**
以前の知的障害児通園施設・難聴幼児通園施設が、2012（平成24）年4月から福祉型児童発達支援センターとなった。医療的ケアを必要としない児童が、保護者のもとから通園し、日常生活における基本的動作の指導、独立自活に必要な知識や技能の指導を受け、集団生活への適応のための訓練を受ける施設。

本とします。また、保育士が保育や生活指導を行ったりする際に、学生も一緒に参加し、保育活動や学習支援などの一部分を担うなか（部分実習）で、保育士の業務や倫理を具体的に学んでいきます（参加実習）。当然、10日間の実習を通じて、実習計画書で設定した「実習目標や具体的な課題」をどこまで達成しているのかを常に振り返る省察も重要です。

### 3 保育実習Ⅲ（施設）の実習先

保育実習Ⅲ（施設）の対象施設は、居住型の児童福祉施設と通所型の児童福祉施設だけではなく、「**児童厚生施設\***（**児童館\***や**児童遊園\***）」や

**◆補足**
**医療型児童発達支援センター**
以前の肢体不自由児通園施設が、2012（平成24）年4月から福祉型児童発達支援センターとなった。医療的ケアを必要とする児童が、保護者のもとから通園し、治療とともに、日常生活における基本的動作の指導、独立自活に必要な知識や技能の指導を受け、集団生活への適応のための訓練を受ける施設。

**図表2-3** 保育実習の種類と修得目標

| 状況 | 種類 | 修得目標 |
|---|---|---|
| 必修 | 保育実習Ⅰ<br>（計4単位：<br>保育所2単位・<br>施設2単位） | 【保育所実習（保育所）】<br>1. 保育所の役割や機能を具体的に理解する。<br>2. 観察や子どもとの関わりを通して子どもへの理解を深める。<br>3. 既習の教科の内容を踏まえ、子どもの保育および保護者への支援について総合的に学ぶ。<br>4. 保育の計画、観察、記録および自己評価等について具体的に理解する。<br>5. 保育士の業務内容や職業倫理について具体的に学ぶ。<br><br>【施設実習（児童福祉施設等）】<br>1. 児童福祉施設の役割や機能を具体的に理解する。<br>2. 観察や子どもとの関わりを通して子どもへの理解を深める。<br>3. 既習の教科の内容を踏まえ、子どもの保育および保護者への支援について総合的に学ぶ。<br>4. 保育の計画、観察、記録および自己評価等について具体的に理解する。<br>5. 保育士の業務内容や職業倫理について具体的に学ぶ。 |
| 選択必修<br>（保育所または施設のいずれか1か所を選択） | 保育実習Ⅱ<br>（保育所：2単位） | 【保育所実習】<br>1. 保育所の役割や機能について、具体的な実践を通して理解を深める。<br>2. 子どもの観察や関わりの視点を明確にすることを通して、保育の理解を深める。<br>3. 既習の教科や保育実習Ⅰの経験を踏まえ、子どもの保育および子育て支援について総合的に学ぶ。<br>4. 保育の計画、実践、観察、記録および自己評価等について実際に取り組み、理解を深める。<br>5. 保育士の業務内容や職業倫理について、具体的な実践に結びつけて理解する。<br>6. 実習における自己の課題を明確化する。 |
| | 保育実習Ⅲ<br>（施設：2単位） | 【施設実習（保育所以外）】<br>1. 既習の教科目や保育実習の経験を踏まえ、児童福祉施設等（保育所以外）の役割や機能について実践を通して、理解を深める。<br>2. 家庭と地域の生活実態にふれて、子ども家庭福祉および社会的養護、障害児支援に対する理解をもとに、保護者支援、家庭支援のための知識、技術、判断力を習得する。<br>3. 保育士の業務内容や職業倫理について具体的な実践に結びつけて理解する。<br>4. 実習における自己の課題を理解する。 |

出典：厚生労働省「保育士モデルシラバス（教科目の教授内容）」をもとに作成

### 図表2-4 保育実習Ⅲ（施設）における実習対象施設

| 実習 | 対象施設 |
|---|---|
| 保育実習Ⅲ（施設） | 児童厚生施設または児童発達支援センター、その他社会福祉関係諸法令の規定に基づき設置されている施設であって保育実習を行う施設として適当と認められるもの（保育所は除く）。 |

出典：図表2-1と同じ

「子育て支援センター」等の利用型の施設も対象となっています。もちろん、「児童発達支援事業所」や「放課後等デイサービス事業」のように、各種法令で規定された児童関係事業も対象となっています。

さらには、児童関係だけでなく、社会福祉関係諸法令に規定されており、保育実習先として適当と認められるのであれば、障害者施設や高齢者施設や医療施設等での実習も可能となります。

保育実習Ⅲ（施設）の履修は、専門学校や短期大学よりも4年制大学で開設されている傾向が高くなっています。また、多くの大学・短期大学・専門学校等では、施設保育士を目指す学生のための選択実習として設置されていることが多く、インターンシップのような機能をもたせた実習としての役割をもつ場合もあります。大学・短期大学・専門学校等のなかには、児童厚生施設で従事するための児童厚生指導員（児童健全育成推進財団の認定）資格を取得するための併修実習として位置づけている場合もあります（図表2-4）。

### 4　保育実習Ⅲ（施設）の実習内容

保育実習Ⅲ（施設）の実習内容は、厚生労働省で「1．児童福祉施設等（保育所以外）の役割や機能について実践を通して、理解を深める」「2．家庭と地域の生活実態にふれて、児童家庭福祉および社会的養護に対する理解をもとに、保護者支援、家庭支援のための知識、技術、判断力を養う」「3．保育士の業務内容や職業倫理について具体的な実践に結びつけて理解する」「4．保育士としての自己の課題を明確化する。観察や子どもとのかかわりを通して子どもへの理解を深める」と定められています（図表2-3）。

2回目の施設実習に参加する学生であっても、まずは、施設の日課や一日の流れを把握し、一人ひとりの子どもの氏名と顔を覚えることから始まります。そして、子どもの生活する様子や実状をしっかりと観察したうえで、記録して考察すること（**観察実習・見学実習**[*]）や、振り返って改善し実践することを基本とします。また、保育士や児童指導員、里

---

**補足**

**のぞみの園**
1971（昭和46）年に群馬県高崎市に重度知的障害者施設として、国立コロニーのぞみの園が開園した。2003（平成15）年に独立行政法人化を行い、国立重度知的障害者総合施設のぞみの園と改称した。

**用語解説**

**児童厚生施設**
児童に健全に遊ぶ機会を与えて、その健康を増進し、情操を豊かにすることを目的として運営される施設で、児童館（屋内型）、児童遊園（屋外型）等がある。

**児童館**
「児童福祉法」第40条に規定されている児童厚生施設の一つで、集会室、遊戯室、図書室、静養室のほか、育成室、相談室、創作室、パソコン室等が設置され、指導する者（保育士・社会福祉士・児童厚生指導員等）が児童の遊びを指導することになっている。

**児童遊園**
「児童福祉法」第40条に規定されている児童厚生施設の一つで、広場、遊具、トイレ等が設置され、指導する者（保育士・社会福祉士・児童厚生指導員等）が児童の遊びを指導することになっている。

**用語解説**

**観察実習・見学実習**
本実習に向けて、保育者等の保育場面や実働の場や、子どもたちの生活や保育場面を観察することで、目標や課題、意欲を明確にするために実施する実習。

親支援専門相談員や家庭復帰支援相談員が保育や生活指導などを行ったりする際に、「子育て支援の現状」「子どもと保護者の橋渡しの方法」「家庭復帰のあり方」などを念頭に置きながら、学生も一緒に参加し、保育士の業務や倫理を具体的に学びます（**参加実習**\*）。さらには、保育内容の重要性を理解し指導案を作成したうえで、保育活動や学習支援などの一部分（**部分実習**\*）や全体の保育内容実施（**責任実習**\*）を担うなかで、実習指導職員から、学生自身のできている部分（強み）と課題となる部分（弱み）を査定してもらい、今後の課題を明確にする必要があります（**査定実習**）。当然、10日間の実習を通じて、実習計画書で設定した「実習目標や具体的な課題（目標を達成するための課題）」をどこまで達成しているのかを常に振り返る省察も重要です。

## 5 施設保育士としてのやりがい

施設保育士に明確な規定はありませんが、一般的に、保育所や認定こども園、児童家庭支援センター等以外の入所型・通所型の児童福祉施設で勤務する保育士を施設保育士といいます。

入所型の児童福祉施設には、障害児入所施設（医療型または福祉型）や社会的養護関係施設（乳児院、児童養護施設、児童自立支援施設、児童心理治療施設、母子生活支援施設）等があります。通所型の児童福祉施設には、児童発達支援センター（医療型または福祉型）等があります。

施設保育士のやりがいは、図表2-5のようにさまざまな面があります。

### 図表2-5 社会的養護施設や障害児入所施設で従事する保育士のやりがい

【児童との関係について】
- 生活の場である施設において、24時間を通じて入所児童と関わるので、児童とより親密な信頼関係を築ける。
- 生活の場である施設において、24時間を通じて入所児童と関わるので、児童の保護者としての役割を担える。
- 児童指導員、栄養士、看護師、臨床心理士等のさまざまな職種と連携しながら、児童の成長・発達を支えられる。
- 卒園した児童が、定期的に施設に戻ってくる機会があり、長期間にわたり親交をもつことができる。

【労働条件について】
- 保育所等に比べると、正規職員の比率が高く、職員間の連携が取りやすい。
- 夜勤手当等があるので、給与が高い。
- 職員寮が完備されていることが多く、入寮すれば住宅費が抑えられる。

※用語解説

**参加実習**
保育者の保育場面や実働の場に、実習生が補助的な立場で参加することで、実際の保育や専門性に触れながら、保育者の役割や職務内容の理解を深める実習。

**部分実習**
保育者に代わって、一日の保育活動のなかの一部分（例：手遊び、絵本読み、歌唱指導、学習指導など）を担当することで、実際の保育や専門性を体感しながら、保育者の役割や職務内容を理解する実習。

**責任実習**
保育者に代わって、半日や一日の保育活動を主担当者として責任をもって代替的に担当することで、実際の保育や専門性を体感しながら、保育者の役割や職務内容・保育の流れ、児童の状況を理解する実習。

**査定実習**
実習生が補助的または代替的に保育を担当するなかで、保育者としての長所（強み：Strength）と課題（弱み：Weakness）について、実習指導職員から指導や助言を受ける実習。

## 3. 社会的養護施設の児童の学習と進学状況

　社会的養護施設の児童は、家庭生活をしていたときの生活環境や学習環境が要因で、一般家庭の児童と比較して、基礎学力が十分でなかったり、勉強する習慣が身についていなかったりする状況があります。そのため、全国の中学卒業者の98.5％が高校に進学しているのに比べ、児童養護施設の子どもは95.2％しか高校に進学できていません。さらに、大学・短期大学・専門学校等の高等教育機関となると、全国の高校卒業者の77.0％が進学していますが、児童養護施設の子どもは、23.3％しか進学できていません。このような状況を踏まえ、社会的養護施設では、入所している児童に対する学習支援に力を入れています（図表2-6）。

　しかし、これまでは、職員による学習指導が中心で、塾に通ったりすることが難しい状況でした。2009（平成21）年度より、国や地方自治体が、児童養護施設で生活する児童の塾代を全額助成することになり、学習環境や基礎学力は少しずつ改善されています。

　就学後の児童と関わる場合は、学習支援も大切な実習内容ですので、各学校での講義や演習をしっかりと勉強してください。

### 図表2-6　児童養護施設の入所児童の進学率
(％)

|  | 高校等への進学率 | 大学・専門学校等への進学率 |
| --- | --- | --- |
| 児童養護施設の児童 | 95.2 | 23.3 |
| 全国の児童 | 98.5 | 77.0 |

出典：厚生労働省「社会的養護の現状について（参考資料：平成28年7月）」4頁をもとに作成

◆補足
**専修学校**
専修学校には、高等課程（高等専修学校：高等学校や中等教育学校に該当）、専門課程（専門学校：高等学校や中等教育学校を卒業したものが入学し専門職業教育を受ける）、一般課程（入学資格は学校ごとで異なり、教養や生活能力の向上を図る）の3種類がある。図表2-6で示す「専修学校」は、専門学校を指している。

【ミニコラム】　児童福祉施設で働く保育士のつぶやき②
　児童養護施設で生活する子どもたちは、将来に希望や夢をもちにくい状況です。それは、高校を卒業すれば、基本的に自分自身で経済的に自立することを迫られるからです。もともと、家庭で幼少期から虐待を受けたり、貧困状態にあったりしてきたのですから、落ち着いて勉強できる環境で生活してこなかったケースが多く、相対的に学力が低い子どもが多いのです。ですから、高校に入学するにしても、大変な努力が必要です。児童養護施設の進学率は全国平均よりも低い状況にあります。特に高等教育機関である大学・短期大学・専門学校では、一般家庭の子どもと比較すると進学状況に大きな開きがあります。

もし進学したいと思えば、それ相応の学力が必要になってきます。しかし一般家庭のように、進学塾に通ったり、家庭教師をつけてもらったりすることは、簡単なことではありません。さらに、進学しない子どもたちが多くいる施設のなかで、ひとりコツコツと勉強することが必要なのです。もちろん、高校生だからといって、必ずひとり部屋が確保されているとは限りません。施設内には大勢の子どもたちが生活しているので、周囲が騒がしくても、集中してひとり机に向かわなくてはならないのです。しかも、学力や学習環境の問題だけにとどまりません。

　私立文系の大学・短期大学・専門学校等の入学金（約30万円）や学費（年間120万円前後）を考えてみれば、支払うのがとても難しい状況です。仮に合格できる学力があったとしても、まずは入学金と半期の学費を合わせた金額（約100万円）を期限までに支払わなければなりません。

　たいていの大学・短期大学・専門学校等は、9月から10月にかけて指定校推薦入学があります。遅くとも高校3年生の11月ごろまでには、100万円を用意しなければなりません。

　さらに、高校を卒業してひとり暮らしをするとなると、入学金や学費だけでなく、高校3年生の卒業までに住居費（敷金・家賃）や生活費（4月分の食費・光熱費）や教材費、生活必需品購入費（電化製品や食器、家具等）などの費用（50万円程度）が別に必要となってきます。

　つまり、高校に入学して卒業までの間に、進学準備金として150万円程度をアルバイトで稼ぐ必要があるのです。でも、それは、高校時代に「遊ばない」「携帯電話を持たない」「参考書等を買わない」という前提の話です。高校生活をある程度の水準で生活しようと思えば、月に3万円程度は最低でも必要かもしれません。高校1年生の4月からアルバイトを始めたとしても、高校生活に必要な毎月3万円に加え、大学・短期大学・専門学校等の入学準備のためには、1か月に計7〜8万円程度をアルバイトで稼ぐ必要があります。

　時給800円と計算しても、1日で稼げるのは17時から22時（5時間）で4,000円、月曜日〜金曜日の週5日で計2万円、ようやく1か月で8万円程度を稼げることになります。もちろん、土・日は受験勉強や高校の課題の時間に当てる必要があります。クラブ活動もせず、友人とも遊ばない生活を高校時代に

3年間続け、なおかつ大学に入ることのできる学力を維持しなければなりません。並たいていの努力と精神力ではもちません。

もし、無事に大学・短期大学・専門学校等に入学できたとしても、以降、半期分の学費や教科書代・実習費（約70万円）に加え、毎月の住居費や生活費・交際費（月10万円以上）を稼がなければなりません。もし、奨学金を借りられたとしても、奨学金を含めて1か月20万円以上の収入がなければ、大学や短期大学の生活を維持していくのは、とても厳しい状況です。

もちろん、国公立の大学・短期大学に進学できる学力があれば、高校時代や大学・短期大学へ進学しても、もう少し楽に生活していけるかもしれません。しかし、前述したとおり、学力や学習環境面で基盤が築けていない子どもたちに、高い学力を望むことは大変難しいことなのです。

実習生として施設に来られる皆さんは、大学・短期大学・専門学校等の高等教育機関への進学が難しい児童養護施設の子どもにとっては、憧れの存在です。

実習生の皆さんの愛情と熱意ある姿を見て、大学・短期大学・専門学校に進学を決意した児童も少なくありません。

ぜひ、実習生の皆さんは、実習先の子どもたちに、あなた自身の生き様や自分らしさを見せていただきたいと思います。

子どもたちは、実習生が来られるのを心待ちにしています。

演習課題

①施設等保育士と保育所等保育士の違いは何だと思いますか。各自で考えたあと、グループで話し合ってみましょう。

②あなたが施設実習にいく意味は何だと思いますか。各自で考えたあと、グループで話し合ってみましょう。

③次の日曜日に鍋パーティを、ひとり暮らしのあなたの自宅で友人6人とすることになりました。どう準備すればよいのか考えてみましょう【資料】。

【資料】 鍋パーティをひとり暮らしのあなたの自宅で友人6人でするために

番号：　　　番　　氏名

| 1．目標：　　月　　日（日）　　時から自宅で鍋パーティを友人6人で行う |
|---|
| 2．課題：鍋パーティに向けての課題　（例：冷蔵庫に肉がない） |
| 3．行動：鍋パーティに向けての課題を解決するための必要な行動 |

# レッスン3
# 施設実習における連携

施設実習を行うためには、まず実習先を決定することが第一歩です。そして、実習先が決まれば、個人票や実習指導計画、誓約書といった施設実習における準備を行わなければなりません。このレッスンでは、実習生が施設実習に向けて、目的や課題を明確にするための準備をどのように進めていくかを学びます。

## 1. 実習に向けて

施設実習においては、施設種別の希望を確認のうえで実習先を決定する養成校もあれば、教員側で学生の適性を考えながら実習先を決定する養成校もあります。いずれの場合も、**実習指導教員**[*]は、**実習生**[*]の適正や性格と、実習施設の特質や状況、実習指導者の性格や指導法とをうまくマッチングさせられるのかを考えながら、実習先の配属を決定しています。相性や適正を考えて配属しなければ、実習を中断したり、実習を途中で取り止めたりすることにつながってしまうからです。

もし、実習を途中で中断したり、中止したりすることになれば、学生自身が夢をあきらめたり将来の進路変更を余儀なくされたりする可能性があります。それだけではなく、養成校と実習施設との信頼関係が崩れ、今後の実習受け入れ枠がなくなり、後輩にも多大な迷惑をかけることにもなります。そのようなことがないように、ふだんから専門学校・短期大学・大学等の実習指導教員と施設の**実習指導職員**[*]は密接に連携を図るようにしています。

また、質の高い実習に向けては、準備学習が非常に重要です。実習指導計画や保育指導案を作成するためには、書籍や教科書やパンフレットを熟読しまとめるなどの知識学習や、家事（炊事・洗濯・掃除）やおむつ交換、調乳・授乳、沐浴、車いす操作、各種コミュニケーション技法などの技術修得も必要ですが、最も重要なのは倫理意識の醸成です。保育士にも倫理綱領があり、倫理綱領に基づいた人権意識や判断基準の理解を高めて実習に臨むことが大切です。

さらには、対人交流経験が浅いといわれている現代の学生にとっては、子どもと触れ合うボランティア、インターンシップ、アルバイトの経験などの体験学習は非常に重要です。知識学習・技術学習・体験学習を重

---

◉ **用語解説**
**実習指導教員**
保育士指定養成施設（保育者養成校）における実習指導担当の教員。

**実習生**
保育実習施設において実習を行う保育士指定養成施設（保育者養成校）の学生。

◉ **用語解説**
**実習指導職員**
保育実習施設における実習指導担当の職員。

ねることで、よりよい準備と、実習目標やテーマのイメージ化が可能となるでしょう。

## 2. 施設実習先の決定

### 1 保育士養成施設（校）と入学定員の推移

1947（昭和22）年に制定された「児童福祉法」に基づき通達された「保母養成施設の設置及び運営に関する件（児童家庭局長）」において、「児童の保育に従事しようとする女子に対して必要な理論及び実習を授けること」を目的として、「保母養成施設（保育士養成施設）」が位置づけられましたが、当時、全国の指定養成施設は12施設（校）で、卒業生は計50人のみでした。しかし、保育士養成施設は時代のニーズとともに増加し、1987（昭和62）年には292施設（校）・2万9,380人となり、2015（平成27）年には618施設（校）・5万6,298人となりました。1948（昭和23）年と比較すると、指定養成施設（校）の数は68年間で約52倍に増加し、1987（昭和62）年と比較しても、29年間で2.1倍に増加しています。2017（平成29）年4月1日のデータでは、全国にある保育士養成施設数は667施設（校）で、入学定員は6万630人となっており、保育士指定養成施設（校）の数も入学定員も大幅に増加しています（図表3-1）。

時代のニーズとともに保育所は大幅に増加したため、養成校や学生の数が増加しても保育所実習は十分に対応できましたが、保育所・幼保連携型認定こども園以外の児童福祉施設はそこまで大幅に増加しなかったので、施設実習先では、増加した学生数に見合うだけの受け入れ枠を確保できず、保育士養成施設（校）の間で実習の枠を競合するなどの事態が生じています。

**図表3-1** 保育士養成施設（校）・入学定員数の推移

（施設（校））

| 施設種別 | 1987年 | 1997年 | 2007年 | 2017年 |
|---|---|---|---|---|
| 大学 | 19 | 26 | 171 | 253 |
| 短期大学 | 221 | 219 | 266 | 245 |
| 専門学校 | 52 | 59 | 102 | 169 |
| 合計 | 292 | 304 | 539 | 667 |
| 入学定員数計 | 29,380人 | 29,185人 | 51,010人 | 60,630人 |

注：「入学定員数計」の単位は人。
出典：厚生労働省「保育士等に関する関係資料」のデータをもとに作成

### 2 実習時期と実習生の希望や関心

養成校の実習時期は、夏休み期間（7月下旬～9月下旬）や春休み期間（1月下旬～3月下旬）に集中しており、各施設とも実習枠の調整に苦労しています。そのため、各養成校からの実習依頼は年々早期化しており、1年前から実習枠を確保するようになってきています。そのような背景があるので、もし実習中に、実習生が軽率な行動からトラブルを起こせば、後輩の実習枠を減少させたり、失ったりする事態にもなりかねません。

ですから、実習に臨む際は、専門職になるという自覚をもち、養成校や実習施設のルールや注意事項を守り、一瞬一瞬を大切にして、受け入れてもらえたという感謝の思いを抱いて過ごす必要があります。

前述のとおり、全国的な調査によると、保育実習Ⅰ（施設）では、学生に種別の希望を確認のうえで実習先を決定する養成校もあれば、担当教員間で相談して学生の適性を考えながら実習先を決定する養成校もあります。また、その両方を含めて決定している養成校もあります。

できれば学生に、実習施設の希望をきくことが望ましいのですが、養成校の規模（学生数）や契約している実習施設の数によって、どこまで学生の希望に添うことができるのかが異なってきます。また、実習施設によって、必要な費用に大きな差があったり、宿泊（宿泊費が別途必要となるが、通勤時間が不要なため、記録や設定保育の準備時間をとれる）と通勤（宿泊費は不要だが、通勤時間が必要なため、記録等の時間が少なくなる）とでは実習生の負担が違ったり、夏休みや春休みに実習を行う場合には、順次実習に行くため個々の実習時期に違いが生じることがあります。

実習施設によっては、実習後にボランティアを依頼してくるケースもあります。学生への**インフォームド・コンセント**<sup>＊</sup>をスムーズに進めるためにも、学生の気持ちや意欲を前向きにするためにも、必要最低限の希望や状況を確認する必要があるでしょう【資料1、2参照】。

経済的な理由で宿泊費や食費が支払えないケースがあるかもしれませんし、交通費が高額になる遠方の実習先に通うのが難しいケースがあるかもしれません。また、信仰上の理由で、他宗教が関係する施設に行くのが難しい場合や、親族の婚礼などで実習時期に配慮が必要な場合もあるかもしれません。それらをすべて考慮するのは難しいかもしれませんが、可能な限り学生の状況を知り、配慮することも養成校側に求められるでしょう。

学生の興味や関心が強い施設で実習ができれば、実習生の意欲もより

---

**✳ 用語解説**
**インフォームド・コンセント**
きちんと説明を受け、十分な情報を伝えられたうえで、同意や納得をすること。

高まり、学生にとっても実習施設にとっても、より質の高い実習を行うことが可能となるでしょう。

　特に保育実習Ⅲ（施設）は、全国的に必修カリキュラムとして位置づけている養成校が少なく、選択履修であることが多くなっています。児童厚生指導員等の資格取得や就職を見据えて実習に行くケースが多いので、学生の希望や状況を確認している養成校が多いようです。

## 3. 実習の事前オリエンテーションの決定

### 1　実習先の決定時期と準備学習

　よりよい実習の準備のためには、実習開始の6か月前までには、配属先の実習施設を知ることが重要です。実習施設が決定したら、一度実習施設まで行き、自宅から施設までの所要時間を確認したり、実習施設のある地域を歩いたりして、地域の状況や環境などを把握する時間も必要となります。また、実習施設のある区域の市役所（町役場・村役場）や福祉センター、子育て支援センターなどに行くと、児童福祉サービスに関するリーフレットや冊子などを入手することができます。それらのリーフレットや冊子を熟読し、ノートにまとめたりすることによって、非常に知識が深まります。

　また、実習予定先の施設のホームページやパンフレット（学校の実習室等にファイリングされている）の内容も参照することが重要です。

　加えて、大学で学んだ「保育実習指導（施設実習指導）」「社会福祉」「児童家庭福祉（子ども家庭福祉）」「社会的養護（社会的養護Ⅰ）」「社会的養護内容（社会的養護Ⅱ）」「乳児保育（乳児保育Ⅰ・Ⅱ）」「障害児保育」等の各教科目のテキストや授業ノートを照らし合わせて学習すると、より効果は高まるでしょう。

　さらには、生活体験が浅い学生にとっては、「家事（炊事・洗濯・掃除）やおむつ交換、調乳・授乳、沐浴、車いす操作、各種コミュニケーション技法」等の技術修得も非常に重要です。技術は、1回や2回の経験では身につきません。技術習得は反復練習が大切ですので、半年前から、「1週間に○回は体験してみる」といった目標設定と実践が必要となってきます。

　もちろん、デスクワークも重要ですし、フィールドワークも同様に重要ですが、前述したとおり最も重要なのは倫理意識の醸成です。保育士にも倫理綱領があり、倫理綱領に基づいた人権意識や判断基準の理解を

## 用語解説

**麻疹**
麻疹ウイルスに感染することで、発疹や発熱を引き起こす。空気感染、飛沫感染、接触感染で感染し、感染力が高く、一般的に「はしか」といわれている。特に妊婦は重症化しやすく、流産率も高い。麻疹ワクチンの予防接種は、効果がある唯一の予防法である。

**風疹**
風疹ウイルスに感染することで、発疹や発熱、リンパ節の腫れを引き起こす。飛沫感染、接触感染で感染し、感染力が高く、一般的に「三日はしか」といわれている。特に妊婦が感染すると胎児への影響が大きく、小児よりも成人のほうが重症化しやすい。風疹ワクチンの予防接種は、効果がある唯一の予防法である。

**水痘**
水痘・帯状疱疹ウイルスに感染することで、発疹や小水疱を引き起こす。飛沫感染、接触感染で感染し、感染力が高く、一般的に「水疱瘡」といわれている。小児よりも成人のほうが重症化しやすい。水痘ワクチンの予防接種は、効果がある予防法である。

**流行性耳下腺炎**
ムンプスウイルスに感染することで、耳下腺の膨脹・疼痛、発熱や咽頭痛を引き起こす。飛沫感染、接触感染で感染し、感染力が高く、一般的に「おたふく風邪」といわれている。小児よりも成人のほうが重症化しやすく、難聴や生殖器に後遺症が残りやすい。ワクチンの予防接種を2回すると、より効果が高まる。

---

高めて実習に臨むことが大切です。さらに、現在の実習指導においては、個人情報保護や守秘義務の意識、ITやSNS等に関する倫理観や判断基準の醸成なども非常に重要になってきています。

また、実習予定先の施設種別（乳児院、児童養護施設、母子生活支援施設、障害児施設など）に行ったり、そこで生活する子どもと触れ合ったりした経験がないのであれば、事前にボランティアやインターンシップ、アルバイトなどの実践経験も必要です。

知識学習・技術学習・体験学習を重ねるなかで、よりよい準備と、実習目標やテーマのイメージ化が可能となるでしょう。

### 2 感染症対策

実習の2～3か月前には、予防接種の有無（①「麻疹*」ならびに「風疹*」の抗体が「陽性」であることが必要、②秋～春の時期の実習では「インフルエンザ」の予防接種も必要、③実習施設によっては「水痘*」「流行性耳下腺炎*」等の抗体の「陽性」を求められる場合もある）を確認のうえ、状況に応じた対応（母子手帳の確認、抗体検査、予防接種など）が求められます。感染症に関する予防接種や抗体の有無の確認は、実習先の児童の健康や生命を守ることだけでなく、実習生自身の健康や生命を守ることにつながります。

実際に、実習生が実習施設に感染ウイルスを持ち込んでしまったために、児童や職員の健康が損なわれた事例や、実習施設で「麻疹」や「風疹」が流行していたにもかかわらず、抗体が陰性である学生が実習を行ったことにより、入院したり死亡した事例もあります。そこで、厚生労働省は、2015（平成27）年4月17日に「指定保育士養成施設の保育実習における麻しん及び風しんの予防接種の実施について（通知：雇児保発0417第1号）」を出し、保育士養成校の学生が実習前に「麻疹」や「風疹」の抗体検査を行い、抗体がない場合には予防接種を打つことを推奨しています。それは、「麻疹」「風疹」「水痘」「流行性耳下腺炎」等の感染症は、幼少期に罹患すれば軽度で済む場合がほとんどですが、18歳以上で罹患すると重症化しやすいからです。

さらには、多くの実習施設で腸内細菌検査（検便）の実施が求められています。O157やサルモネラ、ノロウイルスなどによる感染の広がりは、毎年のように問題となっており、抵抗力の弱い乳幼児や重度障害児にとっては、重症化したり命の危険に及んだりするケースもあります。腸内細菌検査は、できるだけ実習に近い時期に実施することが重要ですし、仮に腸内細菌検査（検便）の結果が陰性であっても、検査後に「生

もの（生焼けの肉、古い刺身、生卵など）」を食べると食中毒や感染症を引き起こす場合もありますので、注意が必要です。

### 3　実習の事前オリエンテーション

　実習1～2か月前には、「事前オリエンテーション」が各施設で実施されます。学生自らが実習施設の実習指導者に電話で確認して、日時を決定する場合が多いのですが、養成校と施設で日時を決定する場合もあります。

　実習の配属が1人の場合は、該当の学生自身が実習施設に依頼の電話をかけます。複数の学生が同じ施設に行く場合は、リーダーとなる学生が代表で電話をかけますが、他の学生は共通理解を得るため電話の傍に同行することが必要です。電話をかける前には、「確認したい内容」を整理し、電話中に決定した事柄を記録できるよう筆記用具とメモを持ち、静かな場所を探して、実習施設に電話をかけるようにしましょう（図表3-2）。その際携帯電話を使用する場合は、電波状態にも注意が必要です。

　また、「事前オリエンテーション」の日時が決まったら、その3～4日前には、オリエンテーションの確認（①日時、②持ち物、③服装等）の電話を実習施設に入れるとていねいな対応といえます。

　なお、電話をかける時間帯は、実習施設の状況によって異なりますので、各施設の状況を確認しながら、電話をするとよいでしょう（図表3-3）。

**図表3-2　保育実習施設への電話の手順例**

| 手順 | 電話内容 |
|---|---|
| 1 | 各養成校より配布された「実習承諾書」等に記載されている「実習指導職員」に電話をかける。電話で話をする際は、①挨拶、②学校名、③氏名、④保育実習であること、⑤実習指導職員の氏名等を告げ、取り次いでもらう。 |
| 2 | 実習指導職員が電話口に出た際は、①挨拶、②学校名、③氏名、④保育実習であること、⑤実習期間を述べてから、⑥実習受入れのお礼をしっかりと伝える。そのうえで、⑦用件（「保育実習の事前オリエンテーションの訪問日時」に関する相談）を的確に伝え、オリエンテーション日時を決め、「必要な持ち物」「注意事項」等について確認し、必ず手帳に書き留める。 |
| 3 | 事前オリエンテーションの実施日時が決まったら、必ず学校の「実習（相談・支援）室」や実習指導教員へ報告する。 |
| 4 | オリエンテーション実施の3～4日前に、各実習施設の実習指導職員に、「訪問日時の確認」の電話をかける。 |

**図表3-3** 保育実習施設へ電話をかける時間帯の目安

| 施設種別 | 電話をかける時間帯の目安 |
|---|---|
| 障害児入所施設<br>児童発達支援センター<br>障害者支援施設 | 9時半～10時ごろ（朝のミーティングが終了した時間帯）<br>13時～16時ごろ（午前中は、入浴や療育、設定保育の可能性がある） |
| 乳児院 | 9時半～10時ごろ（朝のミーティングが終了した時間帯）<br>13時～15時ごろ（午睡の時間帯） |
| 児童養護施設<br>児童心理治療施設 | 9時半～13時ごろ（子どもたちが小・中学校や幼稚園に行っている時間帯） |
| 母子生活支援施設 | 9時半～13時ごろ（子どもたちが小・中学校や保育所に行っている時間帯） |

# 4. 実習の事前オリエンテーションに向けた準備

　実習の事前オリエンテーションに向けて、「実習生個人票」「実習誓約書」「**実習計画書**\*」を作成します。黒のボールペン書きが基本であり、修正テープなどで修正することは認められません。もし間違えた場合は、はじめから書き直しになりますので、慎重に記入しましょう。

　また、途中でインク切れのためにボールペンの種類が変わることはマナー違反ですので、ボールペンのインクが十分にあることを確認のうえ、書き始めましょう。

　なお、文体は「口語（話し言葉）」でなく「文語（書き言葉）」を用いるのが基本であるのはもちろんですが、「敬体文（です・ます調）」ではなく「常体文（だ・である調）」を用いて記入することが多いようです。実習記録は、基本的に「常体文（だ・である調）」で記入することが求められますので、実習計画書から常体文で記入することに慣れておくほうがよいでしょう。

## 1 実習生個人票

　実習に向けて大切なことは、しっかりと実習の準備を行うということです。「学生自身の趣味や特技、クラブ活動経験（強み）」「学生自身のこれまでのボランティアやアルバイト、インターンシップ経験（経験）」「学生の体調（アレルギー状況や持病など）」を客観的に整理し、まとめる書類が「実習生個人票」です。学生が自身の状況を整理するだけでなく、学生の状況を実習施設に事前に連絡する意味もありますので、ていねいな字で記入することが求められます。

---

**＊用語解説**
**実習計画書**
保育実習期間を通じて、学生自身が修得すべき目標や課題等について、自ら作成する具体的な計画書。

「実習生個人票」は、事前に実習施設に郵送するケースと事前オリエンテーション時に学生自身で持参するケースがあります。

### 2 実習誓約書

実習に向けて、専門職としての倫理意識をしっかりともつことが大切です。弁護士、医師、看護師、社会福祉士といった各専門職は、その職務における社会的誓いとなる「倫理綱領」を策定しています。2003（平成15）年2月には、全国の保育士の代表が集まって、「全国保育士会倫理綱領」【資料3参照】を策定・採択しています。もちろん、保育士を目指す学生（実習生）も、この倫理綱領を遵守*することが求められますので、子どもと接する際や施設で実習する際にも、しっかりと各項目を意識して行動していきましょう。

保育士にも、「児童福祉法」で守秘義務が規定されています。特に、守秘義務は、個人情報保護という観点からも重要です。実習時に知りえた「児童（子ども）」「職員」「施設内の内容」に関する情報は、第三者はもちろん、友人や家族であっても漏らしてはいけません。ましてや、SNS*（Facebook、Twitter、Instagram、LINE等）などには、絶対にコメントや写真をアップしてはいけません。また、誰かがSNSにアップした実習内容に関する情報に関して、シェアしたり「リツイート」や「いいね」などを押したりして、拡散してもいけません。もし、そのことが明らかになった場合は、実習が中止されるどころか、資格取得をあきらめなければならない可能性が高くなります。さらには、損害賠償を求められる場合もあります。

また、各施設にはルールや規則があります。このルールや規則を守ることも重要です。これらのことを踏まえて、各施設と学生（実習生）の間で「実習誓約書」を取り交わすことになります。近年、実習誓約書は、実習の事前オリエンテーション時に持参することが多いようです。

### 3 実習計画書

「なぜ実習に行くのか」「実習で何を学びたいのか」をはっきりさせ、そのためにはどのように準備学習や準備体験を積むのかということが重要です。しっかりとした準備の積み重ねが、実習生としての姿勢や基本的視点を養うことはいうまでもありません。

それらの準備を基にして、学生自身の言葉を用いて、「実習計画書」を作成することが求められています【資料4、5参照】。

第1に、実習計画書の施設概要、実習生概要の欄は、ていねいに情報

---

**＊用語解説**
**遵守**
規則や法律などに従い、それをしっかりと守ること。

**＊用語解説**
**SNS**
（Social Networking Service）
個人間のコミュニケーションを促進し、社会的なネットワークの構築を支援する、インターネットを利用したサービスのこと。

を整理して記入します。

第2に、実習計画書の実習のテーマの欄には、2週間の実習期間を通じて達成したい「大きな目標」を具体的に記入します。

第3に、実習計画書の具体的な達成目標・課題の欄には、実習テーマ(大きな目標)を達成するための具体的な達成課題(週ごとの目標)を、より詳細に記入します。

第4に、実習計画書のテーマや課題を選んだ理由の欄には、「実習テーマ」や「具体的な達成目標・課題」を選択した理由を具体的に記入します。

第5に、実習計画書の事前学習の内容の欄には、実習施設の配属が決定してからの半年～1年間で、どのような準備をしてきたのかを具体的に記入します。

### 4　事前オリエンテーションの持参物

学生は、事前に各養成校の実習指導や実習施設に確認した書類などの必要な持ち物を忘れないように準備します(図表3-4)。

**図表3-4　事前オリエンテーションに必要な持ち物リスト**

| 施設への提出物 | チェック☑ | 個人持参物 | チェック☑ |
|---|---|---|---|
| a. 実習誓約書 | | 1. 事前オリエンテーション記録用紙 | |
| b. 実習計画書 | | 2. 実習記録様式 | |
| c. 健康診断書 | | 3. 実習の要項 | |
| d. | | 4. メモ帳 | |
| e. | | 5. 学生証 | |
| | | 6. 上靴(室内用) | |
| | | 7. 筆記用具 | |
| | | 8. | |

---

【ミニコラム】　児童福祉施設で働く保育士のつぶやき ③

　私が働く障害児入所施設では、朝礼や職員会議のはじめに、園長(施設長)が必ず1分間の訓示(講話)を行います。

　これまでの訓示のなかで、園長が何度も私たち職員に伝えてくれた印象に残る内容をお伝えしたいと思います。

　皆さん、ぜひ大切な人を思い浮かべてください。それは、恋

人かもしれませんし、妻や夫であるパートナーかもしれませんし、大切な家族である親やきょうだい、もしくは子どもかもしれません。

　皆さんは、もし大切な人の誕生日がきたら、その人のために何かをしたいと思いませんか？

　皆さんは、もし大切な人が困っていたら、その人を助けたいと思いませんか？

　皆さんは、もし大切な人が何かを望んでいたら、その人の思いや夢を叶えたいと思いませんか？

　きっと、エネルギーや時間を割いて、その人を笑顔にしたいと思うでしょうし、その人のために全力を尽くしたいと思うでしょう。

　実は、保育や介護の仕事も一緒なのです。

　皆さんの目の前にいる障害のある子どもたちを皆さんの大切な恋人やパートナーや家族と同様に大切に思って、エネルギーや時間を割いて、保育や介護や療育をしていただきたいのです。そうすれば、きっと質の高い保育や介護や療育を実践することができると思います。

　また、目の前にいる障害のある子どもたちにも大切なご家族がいます。もし、あなたがそのご家族だったら、どのような保育や介護や療育をするのかということをイメージして、保育や介護や療育を実践していただきたいのです。

　職員の皆さんは、障害のある子どもたちの本当の家族になることはできませんが、大切な家族のように接することは可能なはずです。

　私たち職員は、園長の言葉をいつも心のなかでかみしめながら、保育や介護や療育を実践しています。

　子どもたちも私たち職員も、あなたが実習に来られて、家族のように愛情と温かさをもって接してくださることを心待ちにしています。

**演習課題**

①哺乳びんの消毒について、薬液消毒法、煮沸消毒法、電子レンジ消毒法を調べ、自分が保護者ならどの消毒法を選ぶのか考えてみましょう。

薬液消毒法：

煮沸消毒法：

電子レンジ消毒法：

②「児童福祉施設の設備及び運営に関する基準」を参照して、あなたが実習に行く施設に関する具体的な基準を確認し、子どもを保育する場合にその基準のどこを改善するのが望ましいのか考えてみましょう。

③インターネットなどで過去に児童福祉施設で起こった感染症の事例を調べてみましょう。まわりの人と事例を持ち寄り、感染症を防ぐためには何が必要だったのかを考えてみましょう。

## 【資料1】 保育実習Ⅰ（施設）の希望・関心度等 調査

保育実習Ⅰ（施設）を＿年生の＿月　旬～＿月　旬までの間で、約2週間（実日数10日間以上・80時間以上）にわたり、実施する予定です。
　皆さんの意向を確認して実習先を決定しますので、下のアンケート調査に答えてください。
　ただし、必ずしも希望通りにはなるとは限りません。なお、本用紙に記入した情報は、実習のためにのみ使用し、個人情報の守秘義務は厳守します。

学科名：　　　　　　　　学科　学年：　　年　学籍番号：　　　　　　　氏名：

| | |
|---|---|
| A．宿泊実習について　　1．特に問題は無い　　2．問題がある（理由を下へ記入のこと） | |
| 【理由】　　　　　　　　　　　　　　　　　※ただし、正当な理由とみなされない場合は、宿泊実習となることもある | |
| B．通勤実習について　　1．特に問題は無い　　2．問題がある（理由を下へ記入のこと） | |
| 【理由】　　　　　　　　　　　　　　　　　※ただし、正当な理由とみなされない場合は、通勤実習となることもある | |
| C．実習地の考慮　　　　1．特に必要無い　　　2．考慮が必要（理由を下へ記入のこと） | |
| 【理由】　　　　　　　　　　　　　　　　　※ただし、正当な理由とみなされない場合は、考慮されないこともある | |
| D．実習期間の考慮　　　1．特に必要無い　　　2．考慮が必要（理由を下へ記入のこと） | |
| 【理由】 | |
| 【実習が不可能な期間：平成　　年　月　日～　月　日】※ただし、正当な理由とみなされない場合は、考慮されないこともある | |
| E．「実習施設」から実習後のボランティア依頼があった場合　　　1．行きたい　　2．わからない | |
| a．「被虐待児支援」に　　1．非常に関心がある　　2．少し関心がある　　3．あまり関心がない | |
| b．「乳児保育」に　　　　1．非常に関心がある　　2．少し関心がある　　3．あまり関心がない | |
| c．「DV支援」に　　　　1．非常に関心がある　　2．少し関心がある　　3．あまり関心がない | |
| d．「障がい児・者支援」に　1．非常に関心がある　2．少し関心がある　　3．あまり関心がない | |
| F．現住所確認について（　　　　年　　月以降、引っ越し等で現住所に変更がありますか？）<br>　　1．特にない　　2．変更がある（　　　　　　　　市・区・町）<br>　　現住所：〒　　　－ | |
| G．現連絡先の確認について　　あなたの携帯電話番号　（　　　　　　　　　　　　　　　） | |
| H．実習に当たって配慮事項があれば、以下に記入すること | |
| 　　例）家族等の親類が、働いている場合は「施設名」を記入すること　　例）宗教（信仰）上の問題等がある場合は記入すること | |
| Ｉ．その他の事で、実習に当たって体調等に不安な事などがあれば、以下に記入すること | |
| 　　　　　　　　　　　　　　　例）食べ物やモノ（金属・植物）アレルギーなどがある場合は記入すること | |

# 【資料2】 保育実習Ⅲ（施設）の希望・関心度等 調査

保育実習Ⅲ（施設）を＿＿年生の＿＿月＿＿旬～＿＿月＿＿旬までの間で、約2週間（実日数10日間以上・80時間以上）にわたり、実施する予定です。

皆さんの意向を確認して実習先を決定しますので、下のアンケート調査に答えてください。

ただし、必ずしも希望通りにはなるとは限りません。なお、本用紙に記入した情報は、実習のためにのみ使用し、個人情報の守秘義務は厳守します。

学科名：　　　　　　　学科　学年：　年　学籍番号：　　　　　　氏名：

| | |
|---|---|
| A．宿泊実習について　　　1．特に問題は無い　　　2．問題がある（理由を下へ記入のこと） | |
| 【理由】 | |
| | ※ただし、正当な理由とみなされない場合は、宿泊実習となることもある |
| B．通勤実習について　　　1．特に問題は無い　　　2．問題がある（理由を下へ記入のこと） | |
| 【理由】 | |
| | ※ただし、正当な理由とみなされない場合は、通勤実習となることもある |
| C．実習地の考慮　　　　　1．特に必要無い　　　　2．考慮が必要（理由を下へ記入のこと） | |
| 【理由】 | |
| | ※ただし、正当な理由とみなされない場合は、考慮されないこともある |
| D．実習期間の考慮　　　　1．特に必要無い　　　　2．考慮が必要（理由を下へ記入のこと） | |
| 【理由】 | |
| 【実習が不可能な期間：平成　年　月　日～　月　日】※ただし、正当な理由とみなされない場合は、考慮されないこともある | |
| E．「実習施設」から実習後のボランティア依頼があった場合　　　1．行きたい　　2．わからない | |
| F．「保育実習Ⅰ（施設）」時の実習形態　　　　宿泊・通勤 | |
| G．「自宅」から「保育実習Ⅲ（施設）の実習施設」までの最短所要時間：　　時間　　分 | |
| H．現住所確認について（　　年　　月以降、引っ越し等で現住所に変更がありますか？）<br>　　1．特にない　　2．変更がある（　　　　　　　　市・区・町）<br>　　現住所：〒　　　－ | |
| I．現連絡先の確認　　あなたの携帯電話番号　（　　　　　　　　　　　　　　　　　） | |
| J．実習に当たって配慮事項があれば、以下に記入すること | |
| 例）家族等の親類が、働いている場合は「施設名」を記入すること　　例）宗教（信仰）上の問題等がある場合は記入すること | |
| K．その他の事で、実習に当たって体調等に不安な事などがあれば、以下に記入すること | |
| 例）食べ物やモノ（金属・植物）アレルギーなどがある場合は記入すること | |
| L．将来の進路希望について　　＊将来の希望就職先を考え、「希望優先順位」欄に番号を記入すること | |
| 　1．児童館　2．保育所　3．乳児院　4．児童養護施設　5．児童発達支援センター　6．障害児入所施設<br>　7．幼稚園　8．認定こども園　9．公務員（保育士・幼稚園教諭）　10．公務員（一般職）　11．小学校<br>　12．放課後等デイサービス　13．その他（　　　　　　　　　　）　14．進学希望（　　　　　　　　　　）<br>　　　　　　　　　　　　　　　　　　希望優先順位：第1位（　）　第2位（　）　第3位（　） | |

## 【資料3】 全国保育士会倫理綱領

社会福祉法人 全国社会福祉協議会 ・ 全国保育協議会 ・ 全国保育士会　2003年2月26日採択

前文
　すべての子どもは、豊かな愛情のなかで心身ともに健やかに育てられ、自ら伸びていく無限の可能性を持っています。
　私たちは、子どもが現在（いま）を幸せに生活し、未来（あす）を生きる力を育てる保育の仕事に誇りと責任をもって、自らの人間性と専門性の向上に努め、一人ひとりの子どもを心から尊重し、次のことを行います。
　　私たちは、子どもの育ちを支えます。
　　私たちは、保護者の子育てを支えます。
　　私たちは、子どもと子育てにやさしい社会をつくります。

（子どもの最善の利益の尊重）
1．私たちは、一人ひとりの子どもの最善の利益を第一に考え、保育を通してその福祉を積極的に増進するよう努めます。

（子どもの発達保障）
2．私たちは、養護と教育が一体となった保育を通して、一人ひとりの子どもが心身ともに健康、安全で情緒の安定した生活ができる環境を用意し、生きる喜びと力を育むことを基本として、その健やかな育ちを支えます。

（保護者との協力）
3．私たちは、子どもと保護者のおかれた状況や意向を受けとめ、保護者とより良い協力関係を築きながら、子どもの育ちや子育てを支えます。

（プライバシーの保護）
4．私たちは、一人ひとりのプライバシーを保護するため、保育を通して知り得た個人の情報や秘密を守ります。

（チームワークと自己評価）
5．私たちは、職場におけるチームワークや、関係する他の専門機関との連携を大切にします。
　また、自らの行う保育について、常に子どもの視点に立って自己評価を行い、保育の質の向上を図ります。

（利用者の代弁）
6．私たちは、日々の保育や子育て支援の活動を通して子どものニーズを受けとめ、子どもの立場に立ってそれを代弁します。
　また、子育てをしているすべての保護者のニーズを受けとめ、それを代弁していくことも重要な役割と考え、行動します。

（地域の子育て支援）
7．私たちは、地域の人々や関係機関とともに子育てを支援し、そのネットワークにより、地域で子どもを育てる環境づくりに努めます。

（専門職としての責務）
8．私たちは、研修や自己研鑽を通して、常に自らの人間性と専門性の向上に努め、専門職としての責務を果たします。

# 第 1 章　施設実習の位置づけ

【資料4】

## 実　習　計　画　書

| 施設種別 | |
|---|---|
| 設置主体名 | |
| 運営主体名 | |
| 施設・機関名 | |
| 実習期間 | 　年　月　日〜　年　月　日<br>（　　　日間） |

学校名：

学部・学科名：

　　　　　　年　　　学生番号

フリガナ
氏　名

男・女・（　　　）

実習指導教員名

①実習のテーマ・目標（実習期間を通じて達成したい大きな目標を記入する）

②具体的な達成目標・課題（テーマを達成するための具体的な達成課題：週毎の目標を記入する）

1週目の目標・課題

2週目の目標・課題

③テーマや課題を選んだ理由

④実習前学習の内容

【資料5】

# 実 習 計 画 書 (記 入 例)

| 施設種別 | 児童養護施設 |
|---|---|
| 設置主体名 | ○○社会福祉法人(△△市) |
| 運営主体名 | ○○社会福祉法人(△△市) |
| 施設・機関名 | □□こども苑 |
| 実習期間 | 　年　月　日～　年　月　日<br>　　　　　　　(　　日間) |

学校名：

学部・学科名：

　　　年　　　　学生番号

フリガナ
氏　名
　　　　　　　　　　　　男・女・(　　)

実習指導教員名

### ①実習のテーマ・目標(実習期間を通じて達成したい大きな目標を記入する)

・子どもと積極的に関わりながら、保育士として子どもの日常生活援助や自立支援について考える。
・できるだけ多くの子どもと積極的にコミュニケーションを図り、信頼関係を築く。

### ②具体的な達成目標・課題(テーマを達成するための具体的な達成課題：週毎の目標を記入する)

**1週目の目標・課題**
・施設で行われるさまざまな行事などを通じて、子どもと信頼関係を築いていく。
・児童指導員や保育士等スタッフの方々と一緒に同じ業務に携わりながら、それぞれの場面で必要とされる子どもへの援助を具体的に学び、自分が考えた子どもへの対応方法と職員の対応方法がどのように違っているのか考え、それによって子どもへの必要な援助について学び実践してみる。

**2週目の目標・課題**
・地域と児童養護施設はどのようにつながっているのか、ボランティアの方から話を聞き、児童養護施設が地域に果たしている役割についても理解する。
・子どもの発達・成長と照らし合わせた「コミュニケーション」を深める設定保育を実践する。

### ③テーマや課題を選んだ理由

・小学校時代の親友が生活をしていた児童養護施設に何度か遊びに行かせてもらったことが契機となり、児童養護に関心をもち、数冊の書籍を読んできた。そのなかで重要だと気づいたのが、信頼関係とコミュニケーションであり、実習テーマや課題に設定した。
・将来、施設保育士を目標にしている。そのなかで、コミュニケーションと信頼関係が重要だと考えている。子どもとの関わりや、職員との関わりを通じて自分が目指す施設保育士の姿を明確にしたいと思ったから。

### ④実習前学習の内容

・『施設で育った子どもたちの語り』(明石書店、2012)を読み、子どもたちがどのような理由で入所しているか、どのように子どもが生活しているかなど、児童養護施設の概要を知った。また、さまざまな事例から子どもたちが置かれている状況や気持ちについて考えた。
・大学で学んだ講義「子ども家庭福祉論」や「社会的養護」から子どもに関する法律(「児童福祉法」「児童虐待防止法」等)を再度ノートにまとめ直し、基本的な知識の修得を心がけた。
・大学で学んだ「子ども家庭支援論」では、児童養護施設に入所している子どもや虐待を受けた子どもやその家族の援助についてケース研究を行い、支援の方法について模索した。
・□□こども苑のホームページやパンフレットから、「施設の運営理念」「施設での一日の流れや行事の様子」「施設の沿革」「子どもの様子」をノートにまとめた。
・児童養護施設での「学習支援アルバイト」や「子育て支援センターの保育ボランティア」をとおして、子どもとのコミュニケーションの図り方について学ぶ機会を得た。

## レッスン4

# 施設実習で何を学ぶか

このレッスンでは、専門職としての姿勢・視点・資質を体験的かつ実践的に高めるための施設実習について学びます。施設実習を終えたときに、子どもたちにとっても、学生（実習生）にとっても、職員にとっても「意義のある実習」とするために、必要な準備をし、実習内容を常に意識して実習に臨むことが大切です。

## 1. 実習の事前オリエンテーションとは

　実習の事前オリエンテーションは、学生（実習生）と実習施設の実習指導職員との単なる顔合わせの場ではありません。事前オリエンテーションでは、実習指導職員が留意事項や実習までの課題を一方的に説明するだけでなく、学生（実習生）が質問・確認し、相互の情報交換のなかで行われる双方向コミュニケーションの場です。また、学生が自らの特技や趣味、健康状態や留意事項などを含めて自己紹介をするだけでなく、自ら作成した実習計画書を実習指導職員に説明し、よりよい実習プログラムの作成に向けて実習意欲を高めたり、目標の擦り合わせを行ったりする場でもあり、保育実習に安心して臨むための有意義な時間とすることが重要です。

　最近は、事前オリエンテーションだけではなく、より実習目的や保育イメージを高めるために施設見学や児童との交流をあわせて実施する養成校や実習施設も増えてきています。

## 2. 実習プログラムについて

　近年、専門職の養成課程における実習では、実習予定の学生（実習生）と実習指導教員と実習指導職員の三者間で、実習内容を擦り合わせ、実習前に実習機関や施設・事業所の実習指導職員が実習プログラムを策定するということが必然となっています。医師、看護師、栄養士、社会福祉士、精神保健福祉士、介護福祉士などの保健・医療・福祉における対人援助専門職では、必ず実習プログラムが策定され、実習指導教員が「訪問指導」の際に、実習プログラムの進捗状況を確認し、残りの期

間の実習プログラムについて、実習生や実習指導職員と再調整する時間をもつのが一般的となっています。今後は保育実習においても、実習プログラムを作成することが求められるようになると考えられます（図表4-1）。

これまで、保育士を養成する保育実習では、実習プログラムの作成が取り上げられてきませんでしたが、最新版の『保育実習指導のミニマムスタンダード2017年版』では、保育実習に関する実習プログラムがはじめて説明されました[†1]。これにより、実習施設で作成された実習プロ

▶出典
†1 保育実習指導のミニマムスタンダード編集委員会『保育実習指導のミニマムスタンダード2017年版』全国保育士養成協議会、2017年

**図表4-1 社会的養護施設における実習プログラムの例**

| 日程 | 実習時間（休憩時間含む） | 学生が取り組むべき課題（具体的な実習内容） | 教授内容における項目（モデルシラバス） | 指導責任（職員氏名） |
|---|---|---|---|---|
| 1日目 | 10:00～19:00 | 1. 実習オリエンテーションと全体講義<br>2. 子どもたちの名前を覚える<br>3. 職員と共に動き、施設の日課を覚える | 1.（2）施設の役割と機能<br>1.（1）施設の生活と一日の流れ<br>5.（3）保育士の役割と職業倫理<br>5.（1）保育士の業務内容 | 佐藤<br>田中 |
| 2 | 13:00～22:00 | 1. 関わりを通じ、子ども理解を深める①<br>2. 部分実習の実施①（絵本読み） | 2.（1）子ども観察とその記録<br>5.（1）保育士の業務内容 | 田中 |
| 3 | 13:00～22:00 | 1. 関わりを通じ、子ども理解を深める②<br>2. 部分実習の実施②（紙芝居） | 2.（1）子ども観察とその記録<br>5.（1）保育士の業務内容 | 田中 |
| 4 | 15:00～24:00 | 1. 宿直業務の体験を通じ、子どもの生活支援について学ぶ<br>2. 実習前半の振り返りと後半の課題設定（実習プログラムの修正）<br>3. 実習指導教員による巡回指導 | 3.（3）子どもの活動と生活の環境<br>3.（4）健康管理、安全対策の理解<br>4.（2）記録に基づく省察・自己評価 | 田中 |
| 5 | 6:00～15:00 | | | 佐藤 |
| | 休日 | | | |
| | 休日 | | | |
| 6 | 8:00～17:00 | 施設行事への参加 | 3.（3）子どもの活動と生活の環境<br>1.（2）施設の役割と機能 | 佐藤 |
| 7 | 13:00～22:00 | 1. 関わりを通じ、子ども理解を深める③<br>2. 部分実習の実施③（折り紙遊び） | 2.（1）子ども観察とその記録<br>5.（1）保育士の業務内容 | 佐藤 |
| 8 | 13:00～22:00 | 1. 個別支援計画の閲覧と説明<br>2. 責任実習の実施に関する打ち合せ | 3.（1）計画に基づく活動や援助<br>4.（1）支援計画の理解と活用<br>5.（1）保育士の業務内容 | 佐藤 |
| 9 | 13:00～22:00 | 1. 自立支援計画の閲覧と説明<br>2. 指導案の作成と提出 | 2.（2）個々に応じた援助や関わり<br>5.（1）保育士の業務内容 | 佐藤 |
| 10 | 13:00～22:00 | 1. 栄養士業務の説明／調理体験<br>2. 心理職業務の説明／心理検査同席 | 5.（2）職員間の役割分担や連携 | 斎藤<br>山下 |
| 11 | 8:00～17:00 | 1. 責任実習（半日）の実施（歌、造形遊び）<br>2. 家庭支援専門相談業務の説明<br>3. 里親支援専門相談業務の説明 | 5.（1）保育士の業務内容<br>5.（2）職員間の役割分担や連携 | 佐藤・田中<br>高橋<br>清水 |
| 12 | 10:00～12:00 | 1. 実習反省会<br>2. 実習全体の振り返り | 4.（2）記録に基づく省察・自己評価<br>5.（3）保育士の役割と職業倫理 | 田中<br>佐藤 |

注：教授内容における項目（モデルシラバス）の番号は、厚生労働省「指定保育士養成施設の指定及び運営の基準について」に掲載されているモデルシラバスの番号を指す。
出典：保育実習指導のミニマムスタンダード編集委員会『保育実習指導のミニマムスタンダード2017年版』全国保育士養成協議会、2017年、56頁をもとに一部改変

グラムが、厚生労働省の明示する「**教科目の教授内容**[*]（モデルシラバス）」を網羅しているのか、学生が作成した実習計画書の内容を反映しているのかが問われることになります。もし、実習計画書の内容とズレがあるのであれば、事前オリエンテーションにおいて調整し、修整する必要があります。

そのうえで、最終的に確定した実習プログラムをもとに、保育実習が進められることになります。

ただし、実際に実習が始まって、実習プログラム内容を修正する必要が生じた場合は、学生（実習生）と実習指導教員、実習指導職員の三者で調整を行い、修整します【資料1参照】。

## 3. 実習の事前オリエンテーションの実施

### 1 事前オリエンテーション報告書の活用

学生が本格的に実習施設を訪問するのは、実習1～2か月前に実施される事前オリエンテーション時であることが多いようです。事前オリエンテーションでは、実習施設でのルールの説明や諸注意に加えて、学生自身が作成した実習計画書を踏まえて、実習プログラムや内容の擦り合わせが行われます。その際、学生は、事前オリエンテーション報告書を活用して、聞き漏らしのないようにしっかりとメモをとることが重要です【資料2参照】。

もし、実習施設の実習指導職員からの説明がない項目があれば、事前オリエンテーション報告書に基づいて、質問するようにしましょう。

事前オリエンテーションを実習の学外授業として位置づけている養成校が多い状況です。万が一の災害や事故に備えて、多くの養成校では、**学生教育研究災害傷害保険**[*]および**学研災付帯賠償責任保険**[*]（公益財団法人日本国際教育支援協会）や**実習総合補償制度**[*]（全国保育士養成協議会）に加入していますが、補償の際の証拠にもなりますので、事前オリエンテーション報告書などの記録をきちんと提出することも重要です。

### 2 事前見学・交流報告書の活用

事前オリエンテーションで実習施設に行った場合、実習施設の説明や諸注意や、実習計画書に基づいた実習プログラムの擦り合わせのみで終わらせることもできますが、せっかく実習施設に行ったのですから、可能な限り入所児童や通所児童の様子を見学したり、ふれあったりする時

---

**用語解説**
**教科目の教授内容**
厚生労働省が指定保育士施設で実施する教科ごとについて指定している習得内容項目である。

**用語解説**
**学生教育研究災害傷害保険**
学生が教育研究活動中に被った災害傷害に対する全国的な規模の互助共済制度。必要に応じて給付を行い、大学の教育研究活動の充実・発展に寄与することを趣旨として始められた災害補償制度であり、公益財団法人日本国際教育支援協会が運営・実施している。

**学研災付帯賠償責任保険**
学生が正課、学校行事、課外活動およびその往復で、他人にけがをさせたり、他人の財物を損壊したりすることにより被る法律上の損害賠償を補償するもので、必要に応じて給付を行い、大学の教育研究活動の充実・発展に寄与することを趣旨として、公益財団法人日本国際教育支援協会が運営・実施している。

**実習総合補償制度**
学生が保育士養成校において、実習、インターンシップ、ボランティアなどの課外活動で、活動中に被った災害傷害、ならびに他人にけがをさせたり、他人の財物を損壊したりすることにより被る法律上の損害賠償を総合的に補償するもので、必要に応じて給付を行うことを趣旨として、全国保育士養成協議会が保険会社と連携して運営・実施している。

間をもつことも重要です。最近では、事前オリエンテーションに加えて施設見学や交流体験を依頼する養成校も増えています。

事前に入所児童や通所児童の様子や状況がわかれば、安心して実習初日を迎えることもできるでしょうし、子どもの様子をイメージして設定保育（部分実習や責任実習）の準備をすることも可能になるでしょう。その際、学生は、事前見学・交流報告書などの様式を活用して、児童の様子をしっかりと観察し、整理して記録を作成することが重要です【資料3参照】。

施設見学や交流体験を行う場合、実習の学外授業として位置づけている養成校が多い状況です。事前オリエンテーションと同様、万が一の災害や事故に備えて、事前見学・交流報告書などの記録を提出することも重要です。

## 4. 保育実習の実施

### 1 実習初日に向けた準備

学生は、事前オリエンテーションや事前見学・交流、各養成校の実習指導にて確認した書類等の必要持参物を忘れることがないように、前もって準備する必要があります（図表4-2）。

### 2 より質の高い施設実習を目指して

保育士としての姿勢・視点・資質を体験的かつ実践的に高めるための施設実習を行います。

子どもにとってあなたが「施設に大勢来る実習生の一人」にとどまるのか、「かけがえのない人生の出会いの人」になるのかは、実習生であるあなたしだいであるといえます。

仮に、あなたの就職希望が「保育所」や「認定こども園」であったとしても、あなたが担当した児童が、施設を利用したり、入所したりすることもあるでしょう。また、最近は児童発達支援センターや児童発達支援事業所と、保育所や認定こども園を並行利用するケースも増えています。

施設実習において、「一生懸命に取り組んだ経験時間」や「子どもたちと真剣に向き合った時間」は、何物にも代えがたい保育者としての宝物になるはずです。

実習を終えるときに、「帰らないでほしい」と子どもにいわれたり、

### 図表4-2 施設実習に必要な持ち物リスト

| 施設への提出物 | チェック☑ |
|---|---|
| a．腸内細菌検査結果（検便結果） | |
| b．自動車／原付自転車通勤届 | |
| c．施設指定の各種検査証明 | |
| d． | |

| 宿泊者の持ち物 | チェック☑ |
|---|---|
| A．辞書 | |
| B．パジャマ | |
| C．目覚まし時計 | |
| D．洗面用具 | |
| E．洗濯ロープ・洗剤 | |
| F．裁縫セット | |
| G．爪切り・化粧品 | |
| H．辞書 | |
| I．着替え（Tシャツ・下着） | |
| J．シャンプー、リンス | |
| K．ボディーソープ | |
| L．ドライヤー（必要に応じて） | |
| M． | |
| N． | |

| 個人持参物 | チェック☑ |
|---|---|
| 1．実習記録書式 | |
| 2．実習要項 | |
| 3．筆記用具 | |
| 4．印鑑（スタンプ印は不可） | |
| 5．名札 | |
| 6．学生証 | |
| 7．健康保険証のコピー | |
| 8．上靴（室内用） | |
| 9．運動靴（外用） | |
| 10．体操服（ジャージ） | |
| 11．タオル（大・小） | |
| 12．設定実習の準備品 | |
| 13．マスク・ハンカチ | |
| 14．エプロン・三角巾 | |
| 15．ティッシュペーパー | |
| 16．水着（必要に応じて） | |
| 17．帽子（必要に応じて） | |
| 18．常備薬（必要に応じて） | |
| 19． | |

「また会いに来てほしい」と子どもに手を握られたりして、互いに涙を流すような実習になれば、子どもたちにとっても、学生（実習生）にとっても、職員にとっても「意義のある実習」であったといえるのではないでしょうか。

「子どもの最善の利益」を意識して、感謝の気持ちとすべてを吸収したいという積極性を常に意識して実習に臨むことで、より高い実習の成果につながっていくはずです。

### 3 実習記録について

実習生は、実習日誌の作成に大きな労力と多くの時間を注ぐことになります。より短時間で、より明確な記録を書けるコツをつかめば、記録を書くことへの苦手意識が軽減できるはずです。

近年、わかりやすいニュースの伝達や情報取材の提示、報告書や記録を作成する方法として「5W1H」（5W:「When（いつ）」「Where（ど

こで）」「Who（誰が）」「What（何を）」「Why（なぜ）」、1H：「How（どのように）」）が用いられてきました。しかし、より明確に整理するために、最近では「6W4H」（6W：「Who（誰が）」「Whom（誰に）」「When（いつ）」「Where（どこで）」「What（何を）」「Why（なぜ）」、4H：「How（どのように）」「How many〜（どのくらいの数や頻度）」「How much〜（どのくらいの金額や量）」「How long〜（どのくらいの期間や時間）」）を記録や報告書に記載することが求められています。毎日の実習日誌を書く際に、「5W1H」や「6W4H」を意識することにより、問題の焦点を明確にし、内容を整理して記録することが可能となります。

特に、ある子どもとの関わりについて記述する「実習所感」を書く場合は、文章をダラダラと記述するのではなく、「見出し（①エピソード、②学んだ内容、③受けた指導、④反省、⑤自らの課題など）」を付けて、項目ごとにきちんと整理することが重要です。

また、自らの課題に記述した内容が、次の日の「実習目標やテーマ」になるのはいうまでもありません。

もし将来あなたが、乳児院、児童養護施設、障害児施設、保育所等の児童福祉施設で専門職として従事した際に、利用者（子どもや保護者など）から「自分の記録を見せてほしい」といわれたときには、開示する必要があります。ていねいな字で整理して書かれていれば、利用者にとって、これほどうれしいことはないでしょう。

また、記録や報告書は、同じ職場のほかの専門職と共有し、連携するときにも開示する必要があります。よりスムーズに共有、連携が図られるためにも、記録や報告書は「見やすく、わかりやすく」を意識して作成する必要があります。

◆補足
6W4H
最近、5W1Hに代わり、経済界だけでなく、保健・医療・福祉・教育・保育などの現場でも用いられている。

---

**【ミニコラム】　児童福祉施設で働く保育士のつぶやき④**

　私には、小さいころから大切にしている言葉があります。
　小学校5年生のとき、私は5年5組に所属していました。
　5年5組の担任の内藤夢子先生（仮名）は、とてもすばらしい先生で、えこ贔屓や差別をせず、厳しくも温かい先生をクラスのみんなが大好きでした。あっという間に、楽しかった1年間が過ぎ、3学期の終業式の日に、涙ながらにクラスの皆に別れの言葉を話す内藤先生に、クラスの皆が涙しました。
　「絶対に、このクラスの皆と別れたくない！」というガキ大

将の岩本勝利（仮名）くんの言葉に、内藤先生が「明日の朝、5年5組の教室に、もう一度皆で集まりませんか？ ただし、そのときに全員がお互いにメッセージカードを40枚書いて集まるのです。皆さんが集まれるのであれば、メッセージカードを配布しますが、どうしますか？」とおっしゃいました。

　もちろん、皆は二つ返事で、賛成でした。

　配布されたメッセージカードには「①氏名、②生年月日、③血液型、④星座、⑤好きな音楽、⑥好きな本、⑦好きな食べ物、⑧好きな言葉、⑨○○さんへのメッセージ」の9項目が書かれていました。

　隣の席に座っているお調子者の立花直樹くん（仮名）が、「好きな言葉って何かなぁ～？ 俺、『世界征服』にしようかなぁ……」と、調子のいいことをいっていました。でも、私の頭のなかには、簡単に好きな言葉なんて浮かんできませんでした。

　帰宅してから、辞書や百科事典を調べて、一生懸命に「好きな言葉」を考えました。ようやく、私は一つの言葉にめぐり会いました。

「会者定離（えしゃじょうり）」

　この言葉は、仏教伝来の言葉です。

　「会者」というのは「出会った者、出会う者」という意味で、「定離」というのは「必ず別れる、別れが決まっている」という意味です。つまり、「会者定離」とは「出会った者は必ず別れる、出会う者は別れが決まっている」という悲しい意味でした。「なんか、さびしい言葉だなぁ」と思いましたが、それは表面的な意味でした。

　本当の意味は、次のように書かれてありました。

　「どんなに大切な親子であっても、必ず別れの時がやってくる――寿命による死別が待っている。

　どんなに親友であっても、必ず別れの時がやってくる――今は毎日のように会う親友であっても、やがて進路が異なり、しだいに会う回数が減っていく。そして、お互いが家庭をもつなどすると、メールや年賀状のやりとりしかできなくなるかもしれない。

　どんなに大切な恋人やパートナーであっても、必ず別れの時がやってくる――付き合っている恋人同士の多くは別れを経

験し、仮に結婚できたとしても、離婚するかもしれない。最期まで添い遂げたとしても、いずれ別れの時がやってくる。

つまり、すべての出会いは、出会った瞬間から別れや別離に向かって時間やベクトルが進んでいるのである……。

これらは紛れもない事実であるが、しかし表面的な意味である。

本当の意味は、『出会った者は必ず別れる……。だからこそ、一つひとつの出会いを大切にし、一つひとつの出会いの時間を意味あるものにしなければならない』ということである」

子どもたちは、やがて退所したり、卒園したりして巣立っていきます。子どもたちと施設でともに過ごすのは、子どもたちの人生のうちのわずかな時間になるでしょう。でも、たとえ過ごす時間が短くても、一人ひとりの子どもの人生や成長・発達にとって、少しでも意味のある時間になればと思い、私たち職員は毎日の保育を行っています。

実習の時間は長くありませんが、子どもたちも私たち職員も、あなたとの出会いを楽しみにしています。子どもたちにとっても、実習生であるあなたにとっても、意味のあるすてきな時間にしていただければと思っています。

## 演習課題

①あなたが予定している実習機関や施設・事業所のある地域の特色を書いてみましょう。

②あなたが予定している実習機関や施設・事業所のある地域には、児童を援助するどのような機関や施設・事業所があるのか調べてみましょう。

③あなたがこの半年間で、実習に向けて習得した「家事（炊事・洗濯・掃除など）」や「乳児保育（授乳・おむつ交換・沐浴など）」や「障害児支援（車いす支援・絵カード・手話など）」の技術について、書いてみましょう。

第1章　施設実習の位置づけ

## 【資料1】 保育実習プログラム

| 実習種別【保育実習Ⅰ・保育実習Ⅲ】 | | | 施設種別： | 施設名： | |
|---|---|---|---|---|---|
| 学校名： | | | 実習生氏名： | 男・女・（　　） | |
| 実習期間 | | 　年　月　日（　）〜　月　日（　）【計　日間、休日：　月　日・月　日】 | | | |
| 健康上の留意事項 | | | | | |
| 時期 | | プログラム | 具体的内容 | | 担当職員 |
| 実習前 | | 事前学習 | | | |
| | | 事前オリエンテーション | | | |
| 実習期間中の日課 | 1週目 | 月　日（　） | | | |
| | | 月　日（　） | | | |
| | | 月　日（　） | | | |
| | | 月　日（　） | | | |
| | | 月　日（　） | | | |
| | | 月　日（　） | | | |
| | 2週目 | 月　日（　） | | | |
| | | 月　日（　） | | | |
| | | 月　日（　） | | | |
| | | 月　日（　） | | | |
| | | 月　日（　） | | | |
| | | 月　日（　） | | | |
| 実習期間中の設定保育 | 部分・責任 | 月　日（　）<br>：　〜　： | | | |
| | 部分・責任 | 月　日（　）<br>：　〜　： | | | |
| | 部分・責任 | 月　日（　）<br>：　〜　： | | | |
| | 部分・責任 | 月　日（　）<br>：　〜　： | | | |
| | 部分・責任 | 月　日（　）<br>：　〜　： | | | |
| 実習後 | | 事後学習 | | | |

## 【資料2】 保育実習Ⅰ・Ⅲ（施設）事前オリエンテーション報告書

学生番号：　　　　　　　　　　　　　　　学生氏名：

| 施設種別 | | 施設名 | |
|---|---|---|---|
| 施設長名 | | 実習指導職員名 | |
| 所在地 | | | |
| 事前オリエンテーション実施日時 | 年　　月　　日（　）午前／午後　　時　　分〜　　時　　分 | | |
| 実習期間 | 年　　月　　日（　）〜　　月　　日（　）<br>【実習：　　日間、休日：　　日間】　　　リーダー学生氏名： | | |
| 実習形態費 | 1. 通勤実習　　2. 宿泊実習　　3. 通勤＋宿泊（　月　日〜　月　日、　月　日〜　月　日） | | |
| 交通機関<br>自宅→施設 | ＊各所要時間も記入　　＊バスを利用する場合は「行先」／系統番号も記入<br>自宅→<br><br>自動車・バイク利用の場合 → 施設の承諾結果（　　　　先生に確認）：承諾・不承諾 | | |
| 交通費 | 片道料金：　　　　　　　　　　往復料金： | | |
| 設定実習 | なし・あり（部分実習：　　分×　　回、指導実習：　　時間×　　回） | | |

| 事前オリエンテーション時の確認内容 ||
|---|---|
| 1. あらかじめ準備すべき物 等 | |
| 名札について | 1. オムツ用の安全ピンタイプOK　　2. マジックテープorボタン使用OK　　3. 縫い付けのみ可能 |
| 2. お借りできる物 等 | |
| 3. 食事について | 弁当持参・給食【費用：無料・必要（朝食　　円／回　昼食　　円／回　夕食　　円／回）】 |
| 4. 諸経費 | 総計　　　　　円 |
| | 納入方法：　　　　　　　　　納入期日： |

第1章　施設実習の位置づけ

| 5. 初日の出勤日時 | 　　　月　　　日（　）の　午前・午後　　　時　　　分 | | |
|---|---|---|---|
| 6. 実習時間 | 【日勤】　　　　　　　　　　：　　〜　　： 【早出】なし・あり　　　　　：　　〜　　： 【遅出】なし・あり　　　　　：　　〜　　： 【夜勤】なし・あり　　　　　：　　〜　　： ＊実習時間外の外出等について | | |
| 7. 配属の部署・場所 | 1.　　月　　日（　）〜　　月　　日（　）【配属：　　　　　　　　　】 2.　　月　　日（　）〜　　月　　日（　）【配属：　　　　　　　　　】 3.　　月　　日（　）〜　　月　　日（　）【配属：　　　　　　　　　】 4.　　月　　日（　）〜　　月　　日（　）【配属：　　　　　　　　　】 | | |
| 8. 実習時の服装 | | | |
| 9. 出勤簿の捺印方法 | | | |
| 10. 毎日の実習記録の提出方法について | | | |
| 11. 実習中の行事について | 1.　　月　　日（　）【行事：　　　　　　　　　　　　　　　】 2.　　月　　日（　）【行事：　　　　　　　　　　　　　　　】 3.　　月　　日（　）【行事：　　　　　　　　　　　　　　　】 | | |
| 12. 実習開始までの事前学習課題 | | | |
| 13. 施設資料の入手 | 施設のパンフレット・資料等　　入手ＯＫ・入手不可（理由　　　　　　　　） | | |
| 14. 貴重品の管理 | | | |
| 15. 特に注意する事 | | | |
| 16. 全実習記録の提出について | 1. 施設を訪問【　月　　日（　）：　　頃】　2. 施設へ郵送【　月　　日（　）必着】 | | |
| 17. 全実習記録の受け取りについて | 1. 施設を訪問【　月　　日（　）：　　頃】　2. 自宅へ返送【　月　　日（　）頃】 | | |
| 備　考 | | | |

提出期限：　　　年　　月　　日（　）　　時までに　　　　　　　　　　へ提出

## 【資料3】 保育実習Ⅰ・Ⅲ（施設）事前見学・交流報告書

| 所属 | | 学科【学生番号： 　　　　　】 | | 氏名 | |
|---|---|---|---|---|---|
| 日時 | | 　　　年　　　月　　　日（　　）　　　：　　　～　　　： | | | |
| 施設種別 | | | 施設名 | | |

<table>
<tr><td colspan="4" align="center">見学・交流時のタイムスケジュール（日課・活動内容）</td></tr>
<tr><td>時間</td><td>午前</td><td>時間</td><td>午後</td></tr>
<tr><td></td><td></td><td></td><td></td></tr>
</table>

1：事前見学に参加して、①気づいたこと・②反省点・③良かったこと　等

　

2：実習や設定実習（部分実習・指導実習）に向けた考察

　

注1：報告書は、事前見学日から1週間以内に実習指導教員へ提出すること。
注2：見学・交流時に「報告事項」が発生した場合は、すぐに担当教員へ連絡すること。

**参考文献**……………………………………………………………………………………

**レッスン1**
厚生労働省　「社会福祉施設等調査　平成7年～平成29年」
厚生労働省　「平成17年度知的障害児（者）基礎調査結果の概要」　2007年
厚生労働省　「児童養護施設入所児童等調査（平成25年2月1日）」　2013年
厚生労働省　「社会的養護の現状について（平成26年3月）」　2014年
厚生労働省　「保育所等における保育の質の確保・向上に係る関係資料」　2018年
日本知的障害者福祉協会「平成26年度 全国知的障害児・者施設・事業実態調査報告」　2008年
日本知的障害者福祉協会　「平成26年度 全国知的障害児入所施設実態調査報告」　2008年

**レッスン2**
厚生労働省　「保育士モデルシラバス」　2018年
厚生労働省　「社会的養護の現状について（参考資料：平成28年7月）」　2016年　4頁
厚生労働省雇用均等・児童家庭局長通知　「指定保育士養成施設の指定及び運営の基準について（平成25年8月8日）」　2013年

**レッスン3**
厚生労働省　「保育士等に関する関係資料」　2017年
厚生労働省　「『指定保育士養成施設の指定及び運営の基準について』の一部改正について（平成30年4月27日）」　2018年
国立感染症研究所　「感染症情報『麻疹』『風疹』『水痘症』『流行性耳下腺炎』」　https://www.niid.go.jp/niid/ja/（2019年2月6日アクセス）
保育実習指導のミニマムスタンダード編集委員会　『保育実習指導のミニマムスタンダード2017年版』　全国保育士養成協議会　2017年
松村明編　『大辞林（第3版）』　三省堂　2006年

**レッスン4**
厚生労働省　「児童養護施設入所児童等調査（平成25年2月1日）」　2013年
厚生労働省　「社会的養護の現状について（平成26年3月）」　2014年
日本知的障害者福祉協会「平成26年度 全国知的障害児・者施設・事業実態調査報告」　2008年
保育実習指導のミニマムスタンダード編集委員会　『保育実習指導のミニマムスタンダード2017年版』　全国保育士養成協議会　2017年

**おすすめの1冊**

**山縣文治編　『よくわかる子ども家庭福祉（第9版）』　ミネルヴァ書房　2014年**
　最近の法改正等を踏まえた「子ども家庭福祉の諸分野の要点」を豊富な図表とともにわかりやすく解説した入門書である。

# 第2章

# 実習の現場

本章では、各施設での実習の内容について学びます。まず、各施設の法的な位置づけや特徴、職員の体制などについて理解したのち、実習生はどのような一日を過ごし、どのようなことが大切なのかについて押さえておく必要があります。

| | | |
|---|---|---|
| レッスン5 | 乳児院・児童養護施設での実習 |
| レッスン6 | 児童自立支援施設・児童心理治療施設での実習 |
| レッスン7 | 母子生活支援施設・児童相談所一時保護所での実習 |
| レッスン8 | 障害児入所施設・障害者入所施設での実習 |
| レッスン9 | 児童発達支援センター・児童発達支援事業所等での実習 |
| レッスン10 | 児童厚生施設およびその他の施設・事業所での実習 |

レッスン5

# 乳児院・児童養護施設での実習

このレッスンでは、乳児院と児童養護施設の機能や役割、保育士の一般的な仕事内容と役割について学びます。個々の施設による規模や特徴、実践方法の違いを知り、事前に学んだことが実際の現場でどのように実践されているかを照合しながらより学びを深めましょう。

## 1. 乳児院

### 1　法律上の位置づけと果たすべき機能

乳児院は、「児童福祉法」第37条に定められた入所型の児童福祉施設です。第37条では次のように記されています。

> 乳児院は、乳児（保健上、安定した生活環境の確保その他の理由により特に必要のある場合には、幼児を含む。）を入院させて、これを養育し、あわせて退院した者について相談その他の援助を行うことを目的とする施設とする。

乳児院は、24時間365日体制で、乳幼児を預かって養育しています。また、「児童福祉法」では、0歳から1歳未満を乳児と定めていますが、実際の乳児院では2～3歳児まで入所していることが多く、必要に応じて、就学前までの入所も可能です。きょうだいが同じ施設にいる場合や、障害・病虚弱など保育看護上の配慮が必要な場合がその理由です。

乳児院への主な入所理由は、「父又は母の精神疾患等」（22.2％）が最も多く、次が「父又は母の放任・怠だ」（11.1％）となっています。一般的に「虐待」とされる、「放任・怠だ」「虐待・酷使」「棄児」「養育拒否」を合計すると、27.1％となります。入所時の平均年齢は0.3歳、平均年齢は1.2歳でした[1]。

乳児院が果たす機能は、次の5つです。
①乳幼児の生命を守り、心身と社会性の健全な発達を促す養育機能
②被虐待児・病児・障害児などへの対応ができる乳幼児の専門的養育機能
③早期家庭復帰を視野に入れた保護者支援とアフターケア機能

**法令チェック**
「児童福祉法」第4条
この法律で、児童とは、満18歳に満たない者をいい、児童を左のように分ける。
一　乳児　満1歳に満たない者
二　幼児　満1歳から、小学校就学の始期に達するまでの者
三　少年　小学校就学の始期から、満18歳に達するまでの者

**出典**
[1] 厚生労働省「児童養護施設入所児童等調査結果」2013年

④児童相談所からの一時保護機能
⑤育児相談やショートステイなど子育て支援機能

　乳幼児は体調が急変しやすく、また、虐待は生命に直結する場合もあり、緊急対応が必要とされます。児童相談所に附設されている一時保育所では乳幼児の受け入れが困難なため、乳児院への直接措置入所や、緊急一時保護の委託を受けることもあります。乳幼児の生命を守るために適切で安全な養育環境を速やかに保障し、安定した養育、一人ひとりに対する温かく手厚い養育が乳幼児の心身と社会性の健全な発達、人格形成を促すのです。

## 2　職員体制と配置基準

　職員の配置基準は、「児童福祉施設の設備及び運営に関する基準」に定められています。原則として、医師または嘱託医、看護師、保育士、個別対応職員、家庭支援専門相談員、栄養士、調理員を置かなければなりません。また、看護師（保育士）の数は、乳児（2歳未満の幼児も含む）1.6人につき1人以上、満2歳以上で3歳未満の幼児2人につき1人以上、満3歳以上の幼児4人につき1人以上を置かなければならないと定められています。

　図表5-1は、定員30名の乳児院の職員数の例です（非常勤も含む）。

　乳幼児期は、特に、人格や人間形成の基礎となる重要な時期で、この時期に特定の大人と**愛着（アタッチメント）**＊をしっかり形成することが求められます。そこで、乳児院では、担当養育制といって、入所から退所まで担当養育者による個別で一貫した関わりが行われています。

　家庭支援専門相談員は、保護者の不安や悩みを聴いて信頼関係を築きながら子どもの様子を伝え、子どもへの関心を高め、面会や外出・日帰り帰宅や宿泊帰宅などによって親子の絆を大切にし、親としての自信をもって養育できるよう家庭支援を行います。乳児院は、家庭的な養育を目指して小規模グループケアを実施していますが、家庭に引き取られる

＊**用語解説**
**愛着（アタッチメント）**
ボウルビィ（Bowlby, J.）は、特定の少数の人との間に愛情の絆を形成することをアタッチメント（愛着）とよんだ。

### 図表5-1　乳児院の職員体制
(人)

| | | | |
|---|---|---|---|
| 施設長・基幹的職員 | 2 | 里親支援専門相談員 | 1 |
| 保育士 | 29 | 臨床心理士 | 1 |
| 看護師 | 7 | 個別対応職員 | 1 |
| 児童指導員 | 1 | 事務員 | 1 |
| 栄養士・調理員 | 4 | 医師（嘱託） | 1 |
| 家庭支援専門相談員 | 1 | その他 | 1 |

ことが難しい乳幼児のために、より家庭的な環境の保障として、里親支援専門相談員が里親委託の推進と里親支援を行っています。

### 3　保育士の仕事内容と役割

#### ①乳幼児の育ちを支える

　保育士の仕事内容の中心は、毎日の養育を通して成長・発達を支援することです。安全で温かく清潔な環境のなかで、生理的・心理的・社会的欲求（ニーズ）が充足に満たされることが、心身の安定につながります。一人ひとりの年齢や発達段階などに応じて、授乳、食事、排泄、沐浴、入浴、外気浴、睡眠、遊び、運動など具体的な行為を通して養育が行われます。また、その行為は、担当養育者と乳幼児との情緒的な関わりを伴うもので、豊かな愛情と、応答的で継続的な関わりを伴った養育が、愛着を形成し、大人への信頼感の獲得につながります。

　また、被虐待児の場合は、不適切な環境が原因で発育不良、発達の遅れや歪み、感情表出や対人関係における課題などを抱えることも多く、専門的な対応が必要です。より手厚くていねいな関わりが重要なため、個別対応職員による1対1の関わりを行います。さらに心身の発達検査などによる発達状況の把握、心理的・療育的支援、心理療法などの心理支援を行う、臨床心理士との連携も大切です。

　乳幼児の生命を守るため、病虚弱児や障害児への医療・看護の専門的ケアのためにも、看護師との連携が日々行われます。

#### ②保護者への支援

　保護者との関わりの窓口は、家庭支援専門相談員が行いますが、保育士は、機会があるごとに保護者の子育ての不安や悩み・負担感を受容的に聞き、寄り添い、信頼関係を築き、保護者と一緒に養育をすすめていきます。自信と見通しをもって養育できるよう、育児方法の具体的な知識・技術のアドバイスによって、保護者の育ち、子育てを支えます。

#### ③地域の子育て支援

　地域の子育て家庭、里親やファミリーホームへの支援のために専門性を生かした育児相談や助言、講座、ショートステイ（短期入所）・デイサービス（日中預かり）などを行います。地域の虐待予防のためにも、積極的に地域と関わり、地域の人々や専門機関と連携を行い、地域で子どもを育てる環境をつくっていきます。

### 4　保育士業務の一日の流れ

　乳児院の一日の業務の流れは図表5-2のとおりです。

乳幼児期は、特に発達の個人差が大きく、同じ子どもでも日によって生活リズムが変わり、一日のなかでも変化が大きいので、一人ひとり、その状況や様子に合わせた養育が行われています。だいたいの日課は決まっていますが、全員一律ではなく、柔軟な日課となっています。

　交代制の勤務のため、まず子どもの様子を継続的に理解・把握するために引き継ぎが行われます。乳幼児は、自ら言葉で訴えることができないため、ちょっとした体調の変化なども見逃さないように観察し、記録をします。たとえば、授乳や食事、排泄物、睡眠などの様子や検温の結果を記録し、体調把握に努めます。顔色や機嫌、反応など、日ごろの様子との違いに気づくことも重要です。低月齢児の場合は、何か変化があれば看護師と連携し、速やかに受診することも大切です。

　乳幼児期の集団養育や交代制による養育は、心身の発達や愛着形成に影響が大きいため、養育単位の小規模化（4～6人の小規模グループケ

**図表5-2　乳児院の一日の業務の流れ（例）**

| 時刻 | 日課 | 保育士の具体的業務内容 |
|---|---|---|
| 8:00 | 出勤、引き継ぎ<br>打ち合わせ | ・夜勤者より引き継ぎを受ける<br>・記録の確認を行い、情報を共有する |
| 8:30 | おむつ交換 | ・視診により一人ひとりの子どもの様子を観察する |
| 9:00 | 朝食（離乳食）・授乳 | ・発達に応じた量を与え、食事量を記録する<br>・授乳後の排気を行い、確認する |
|  | おむつ交換 | ・尿・便の性状や量などを観察し、記録する |
| 10:00 | 外気浴<br>赤ちゃん体操 | ・抱っこやスキンシップを十分に行う<br>・手足など体の動きや表情をよく観察しながら、明るくやさしい言葉をかけて赤ちゃん体操を行う |
|  | 遊び | ・安全面に気をつけながら、遊びを一緒に楽しむ |
| 11:00 | 昼食（離乳食）・授乳 | ・寝具を日光消毒する<br>・落ち着いて楽しみながら食事ができるような雰囲気をつくる。食事への興味・関心を高める |
|  | おむつ交換 | ・食事量・排泄の状況を記録する |
| 12:00 | 午睡<br>検温 | ・安心して眠ることができるよう配慮しながら寝かせつける<br>・室内の温度や湿度・音・明るさなどに気をつける<br>・睡眠時の状況や呼吸を確認し、記録する |
| 14:00 | 起床・おむつ交換<br>沐浴・体重測定 | ・湯温・室温に注意し、肌の様子などを観察する<br>・体重測定を行い、記録する<br>・洗濯物を整理する |
| 14:30 | おやつ・水分補給 | ・一人ひとりの発達に合わせて、白湯・果汁・スープなどで水分補給を行う |
| 15:00 | 室内遊び | ・発達に合った玩具を準備し、遊びを一緒に楽しむ<br>・十分移動できる空間をつくる |
| 17:00 | 夕食（離乳食）・授乳<br>おむつ交換<br>パジャマ更衣 | ・食事量を記録する<br>・尿・便の性状や量などを観察し、記録する<br>・汗を吸い取りやすいパジャマを選び、温度調整など環境整備を行う |
| 17:30 | 退勤、引き継ぎ | ・業務日誌などに記録する<br>・夜勤者へ引き継ぎを行う |

ア）が進められています。

乳児院では、計画的な自立支援を行うため、一人ひとりの乳幼児に対する**自立支援計画**を策定しています。担当養育者だけでなく、施設長をはじめとする職員全員で、入所から退所後も継続した対応が必要とされているからですが、いわば、自立支援計画は、中・長期的なものです。そこで、もう少し具体的で短期的な個別援助計画（年間、季節、月間、週案、日案）も策定されています。子どもの現在の姿をしっかり理解しつつ、見通しをもって、一人ひとりの発達課題を確実に獲得できるよう計画が立てられているのです。

乳幼児の場合、事故やけが、病気などは重大な結果につながる場合も多いため、リスクマネジメントが必要とされています。たとえば、乳児院の事故は、転倒、誤飲、かみつき、衝突がよくあげられるといわれていますが、なぜそのような事故が起こるのか、一つずつ原因と対策を検討し、事故予防に取り組みます。**ヒヤリハット**[*]報告書や事故報告書などを活用し、事故を個人の問題としてではなく、組織全体の問題としてとらえ、職員全員で対応方法を共有し、事故予防、再発防止に役立てます。

また、現在、乳児院に入所している子どもの半数以上が、被虐待、病・虚弱、障害など、ていねいで専門的な支援を必要としています。今後、リハビリテーションなどの医療・療育と連携した専門的養育機能の充実が求められます。

## 2. 児童養護施設

### 1 法律上の位置づけと果たすべき機能

児童養護施設は、「児童福祉法」第41条に定められた入所型の児童福祉施設で、次のように記されています。

> 児童養護施設は、保護者のない児童（乳児を除く。ただし、安定した生活環境の確保その他の理由により特に必要のある場合には、乳児を含む。以下この条において同じ。）、虐待されている児童その他環境上養護を要する児童を入所させて、これを養護し、あわせて退所した者に対する相談その他の自立のための援助を行うことを目的とする施設とする。

---

☑ **法令チェック**
「児童福祉施設の設備及び運営に関する基準」第24条の2
乳児院の長は、第23条第1項の目的を達成するため、入所中の個々の乳幼児について、乳幼児やその家庭の状況等を勘案して、その自立を支援するための計画を策定しなければならない。

✱ **用語解説**
ヒヤリハット
事故につながるかもしれない「ひやっとした」「はっとした」体験のことをいう。その体験を報告書にあげることで状況を分析し、事故予防につなげることができる。

児童養護施設は、24時間365日体制で、児童を預かって養育しています。「児童福祉法」では、18歳未満を児童と定めていますので、原則として、1歳から18歳までの子どもが入所することとなっています。ただし、特に必要があって看護師がいる場合は乳児（1歳未満児）も入所可能です。また、高校を卒業して就職や進学する子どもについても、不安定な生活が予想される場合は、必要に応じて20歳に達するまで措置延長が可能です。

児童養護施設への主な入所理由は、「父又は母の虐待・酷使」（18.1％）が最も多い理由で、次が「父又は母の放任・怠だ」（11.4％）となっています。一般的に「虐待」とされる、「虐待・酷使」「棄児」「養育拒否」を合計すると、37.9％となります。入所時の平均年齢は6.2歳、平均年齢は11.2歳でした[†2]。

児童養護施設が果たす機能は、次の5つです。
①児童の心身の健やかな成長を支援する養育機能
②生活指導、学習指導、職業指導、家庭環境の調整による自立支援機能
③退所後の児童を支えるアフターケア機能
④ともに児童を養育できるよう保護者を支える家庭支援機能
⑤地域社会の家庭支援を行う地域支援機能

児童養護施設では、親の養育が難しいと判断された子どもたちが生活をしている家に代わる場所です。家庭環境の調整によって家族や親族に引き取られない限り、18歳（あるいは20歳）まで施設で生活します。その間、自立へ向けて支援が行われ、最終的には措置が解除されて施設を退所することになります。

## 2　職員体制と配置基準

職員の配置基準は、「児童福祉施設の設備及び運営に関する基準」に定められています。原則として、児童指導員、嘱託医、保育士、個別対応職員、家庭支援専門相談員、栄養士、調理員（乳児が入所している場合は看護師）を置かなければなりません。また、心理療法を行う必要がある児童が10人以上いる場合は心理療法担当職員、実習設備を設けて職業指導を行う場合は職業指導員を置かなければなりません。児童指導員・保育士の総数は、2歳未満の幼児1.6人につき1人以上、満2歳以上で3歳未満の幼児2人につき1人以上、満3歳以上の幼児4人につき1人以上、少年5.5人につき1人以上、と定められています。

図表5-3は、定員45名の児童養護施設の職員数の例です（非常勤も含む）。

▶出典
†2　†1と同じ

**図表5-3　児童養護施設の職員体制**

(人)

| 施設長・基幹的職員 | 2 | 里親支援専門相談員 | 1 |
|---|---|---|---|
| 保育士 | 7 | 臨床心理士 | 1 |
| 児童指導員 | 8 | 個別対応職員 | 1 |
| 栄養士・調理員 | 4 | 事務員 | 1 |
| 家庭支援専門相談員 | 1 | 嘱託医 | 1 |

　子どもの健やかな育ちのために、より家庭的な環境を保障する目的で小規模グループケアが行われています。たとえば、子どもたちはユニットと呼ばれる単位に分けられ、1ユニットは子ども6人に対し職員（保育士・児童指導員）1～2人となっています。

　施設入所後、保育士や児童指導員が中心となり、子どもたちと日々の生活をともにしながら心身のケアを行いますが、家族の存在は、子どもにとって精神的に大きな支えです。家族にとっても、子どもの存在が支えとなり、たとえ一緒に暮らすことができなくても、親子関係を調整し、絆を築いていくことが大切です。保護者と施設と児童相談所とが協働して子どもの養育に取り組む必要があり、その窓口になるのが、家庭支援専門相談員です。子どもと家族の関係づくりのために、面会や外出・一時帰宅などを積極的に行います。ただし、虐待を行った親への支援が不十分な状況で安易に一時帰宅させるのは危険ですから、児童相談所と十分な協議を行わなければなりません。また、親子が一緒に過ごせる時間をもてるように、施設内に宿泊設備を設けているところもあります。

　児童養護施設に入所してくる子どもは、心に何らかの傷を負っていることも多く、心理的ケアが必要とされます。日々の生活のなかで、心の傷やストレスが、言葉や態度、行動などで表現されることもあります。そのような子どもの表現を理解し、適切な対応を行えるよう臨床心理士など心理担当職員との連携が大切です。心理担当職員は、必要に応じて、カウンセリングやプレイセラピーなどの専門的心理ケアを行います。

### 3　保育士の仕事内容と役割

#### ①子どもの育ちを支える

　保育士の仕事内容の中心は、安心安全で安定した日常生活を通して子どもたちの成長・発達を支援することです。また、そのような毎日の生活の繰り返しが子どもたちの心の傷を徐々に癒していきます。

　親との愛着形成が不十分で、大人への基本的信頼感を獲得できていないケースもあります。その場合、保育士は、ありのままの子どもの姿を

受けとめ、理解することから始めなければなりません。衣食住をともにしながら、子どもの気持ちに寄り添い、ちょっとした変化も見逃さないように留意し、子どもの不安や不快をとりのぞいて心が満たされるように努めます。時間と空間を共有し、関わりを大切にしながら、子どもが自分の思いや気持ちを表現できるよう促します。

施設に入所する子どもは、家族と離れて生活することになったのは、「自分が悪かったからだ」「自分のせいだ」など、自分を責めたり、自分が原因だと思い込んだりすることもあります。子どもの自己肯定感をはぐくむためにも、施設での生活で保育士など職員たちに大切にされ、愛されることが必要です。また、具体的に、できないことよりも、できることを認められ、一つひとつの成長をともに実感していく体験の積み重ねが大切です。基本的生活習慣が自然と身につくように支援することも求められます。そのことが、自立支援につながります。

学習環境を整え、学習意欲を引き出し、学習習慣が身につけられるよう支援し、将来に向けて子どもの可能性を引き出すことも大切です。進路選択に必要な資料を集め、子どもと十分に話し合い、子どもが進路を自己決定できるよう支援します。高校卒業後の進学や、障害をもつ子どもには特別支援学校への進学など、子どもの学習権を保障するよう取り組みます。

さらに、職場実習や職場体験、アルバイトなど就労体験の機会をつくり、社会経験の機会を増やして、子どもが就労や職業を選択できるような支援を行います。

②保護者への支援

保護者との関わりの窓口は、家庭支援専門相談員が担いますが、保育士は、保護者支援が子ども支援につながっていることを認識し、適切な対応を行うとともに、積極的に親子関係の再構築に取り組みます。子どもと保護者の関係が安定し、保護者の養育力が向上するように支援します。子どもの予防接種や治療、入院、修学旅行への参加など、保護者の同意が必要とされることもあります。子どもの思いや成長の姿を機会あるごとに保護者に伝え、学校行事（参観や運動会、入学式、卒業式など）や施設での行事（お祭りや発表会など）を案内し、招待して、子どもの成長をともに喜び合えるような関わりを行います。

③地域の子育て支援

施設に入所している子どもたちは、地域のなかで育てられていることを忘れず、地域の子供会や自治会、幼稚園や学校、病院や役所、商店などとも日常的に積極的に関わります。地域の行事へは、子どもたちとと

もに積極的に参加し、施設の行事には地域住民を招待し、開かれた施設運営を行います。

また、地域の子育て家庭、里親やファミリーホームへの支援のために専門性を生かした育児相談や助言、講座、ショートステイ、トワイライトステイなどを行います。地域の子ども虐待予防のためにも、地域の人々や専門機関と連携を行い、地域で子どもを育てる環境をつくっていきます。

### 4 保育士業務の一日の流れ

小規模グループケアの場合、生活単位の子どもたちは幼児・小学生から中・高校生までと、縦割りとなります。さまざまな年齢の子どもたち（6～8人）と職員1～2人がまるで家族のように生活をしています。

大規模で大舎制の施設の場合、（高校生などの高年齢児は個室の場合も多くなっていますが）1室4人で、食事は厨房で一括調理されて大食堂に集合して食べる、入浴は決められた時間に年齢別男女別に大浴場に入る、などの生活風景となります。一方、小規模グループケアでは、（幼児などの低年齢児は2人部屋の場合もありますが）原則個室で、個々のユニットのキッチンで職員（保育士）が調理を行い、子どもは調理の様子を身近に見て一緒に行うなど、日常の生活を感じることができます。一般家庭に近い生活を体験することによって、施設退所後の家庭のイメージができます。職員をより身近に感じることができて、子どもを世話する大人（親）のイメージにもつながります。特に、施設での生活が長期間にわたる場合、家庭というものを知らないまま退所してしまうことにならないように、より家庭的な生活体験が必要です。

ただし、少人数であればあるほど、子どもと職員（保育士）との距離が近くなり、深く関われる分、衝突も増え、責任と負担も多くなります。職員同士で協力、連携し、スーパービジョン体制を整え、職員全体で子どもたちを支えることが大切です。児童養護施設の一日の業務の流れは図表5-4のとおりです。

児童養護施設でも、乳児院と同様に、入所から退所まで計画的な自立支援を行うため、児童相談所の援助方針を踏まえながら子ども一人ひとりに対する自立支援計画を策定しています。自立支援計画は、ケース会議の合議により作成し、共有されなければなりません。自立支援計画には、支援上の課題、課題解決のための支援目標、目標達成のための具体的な支援内容・方法が記されます。

**図表5-4** 児童養護施設の一日の業務の流れ（例）

| 時刻 | 日課 | 保育士の具体的業務内容 |
|---|---|---|
| 7：00 | 出勤、引き継ぎ<br>打ち合わせ<br>朝食 | ・引き継ぎを受ける<br>・記録の確認を行い、情報を共有する<br>・配膳、食後の片づけを行う<br>・歯磨き・洗面を行うよう声をかける |
| 8：00 | 小・中学生登校準備<br>洗濯・掃除 | ・髪や爪の手入れを確認する<br>・洗濯や掃除を行う |
| 9：30 | 休憩 | |
| 15：00 | 小学生下校<br>おやつ<br>小学生の学習指導 | ・連絡帳・プリント・持ち物・洗濯物などの確認<br>・おやつの準備、手洗いなどを確認する<br>・宿題の確認と学習指導を行う |
| 18：00 | 夕食 | ・夕食準備・後片づけを行う<br>・クラブで遅い子どもの夕食を別に取っておく |
| 19：00 | 入浴<br><br>中学生の学習指導<br>低学年就寝準備 | ・入浴準備、洗濯物の確認を行う<br>・髪を乾かす<br>・水分補給を促す<br>・部屋の片づけを促す<br>・歯磨き指導をする |
| 20：30 | 退勤、引き継ぎ | ・業務日誌などに記録し、引き継ぎを行う |

## 演習課題

①乳児にとって感染症は命にかかわります。特に、集団で生活している場合は、感染を予防し、広げないことが重要です。感染症の予防と対策について調べてまとめましょう。

②乳児院には、さまざまな専門職員がいます。それぞれの役割と業務を調べましょう。また、実習では、どのように役割分担や連携をしているのか学びましょう。

③児童養護施設には、さまざまな専門職員がいます。それぞれの役割と業務を調べましょう。また、実習では、どのように役割分担や連携をしているのか学びましょう。

レッスン**6**

# 児童自立支援施設・児童心理治療施設での実習

児童自立支援施設や児童心理治療施設について、法的な定義や、施設運営上の基準、職員体制や配置基準などを学びます。また、これらの施設で勤務している保育士は、日々どのような考えに基づき、どのような支援を行っているのかを学び、理解しましょう。

## 1. 児童自立支援施設

### 1 法律上の位置づけと果たすべき機能

児童自立支援施設は、「児童福祉法」第44条に以下のように定義づけられています。

> 不良行為をなし、又はなすおそれのある児童及び家庭環境その他の環境上の理由により生活指導等を要する児童を入所させ、又は保護者の下から通わせて、個々の児童の状況に応じて必要な指導を行い、その自立を支援し、あわせて退所した者について相談その他の援助を行うことを目的とする施設とする。

児童自立支援施設には、それぞれの家庭で不適切な生活を送り、そこから自らを守るためにぐ犯行為*や性非行などの反社会的行動をせざるを得なかった子ども、発達障害や抑うつ、不安などにより、社会との関係の取り方が困難で、家庭では十分な養育が難しい子どもなどが入所しています。また、自らのもつ特性のために、児童養護施設等では受け入れが難しくなった子どもも措置変更で入所しています。それまでの人生で適切な養育や保護が欠けていた時期が長く、生活指導が必要であると考えられる子どもたちです。法的には通所も可能となっていますが、ほとんどの子どもが入所し、施設内での生活を送っています。子どもたちの多くに被虐待、特にネグレクトの経験があります。

『児童自立支援施設のあり方に関する研究会報告書』（厚生労働省、2006年）には、児童自立支援施設の機能として「規則の押し付けや管理のためではなく、子どもの自立を支援・推進するための一定の『枠のある生活』とも言うべき支援基盤が重要であり、子どもの権利を擁護す

**＊用語解説**
**ぐ犯行為**
保護者の監督に服さない、いかがわしい場所に出入りする、犯罪性のある者との交遊がある等、その子どもの日ごろの言動や生活環境を踏まえると、近い将来に刑罰法令に触れる危険性があると思われる行為のこと。

るためにも、その支援基盤を確保する必要がある。(中略) 施設全体が愛情と理解のある雰囲気に包まれ、子どもが愛され大切にされているという実感が持てる家庭的・福祉的なアプローチによって『育て直し』を行っていくことが重要」と書かれています。

　子どもたちの多くは、過去に何らかの非社会的・反社会的な行為をしてきています。しかし入所理由に対する生活指導は、基本的に懲罰を与えるという考え方では行われません。むしろ養育環境を整え、職員と深い人間関係を構築していくことで、幼少期に十分得ることのできなかった発達課題をやり直す機会とすることを最も大切にしています。施設の門は開放されていますが、自由に施設外に出かけることはできません。そのほか、落ち着いて安心・安全に生活するためのルールと枠組みがさまざまにあります。その環境において、子どもたちは、はじめて自らの来し方と行く末を考え、自らを見つめなおし、自立に向かっていくことができるのです。

## 2　職員体制と配置基準

　児童自立支援施設には、児童自立支援専門員、児童生活支援員、個別対応職員、家庭支援専門相談員、栄養士、調理員等が配置されています。心理療法を行う場合には、心理療法担当職員を配置することとなっています。

　「児童福祉施設の設備及び運営に関する基準」には、児童自立支援専門員は「児童の自立支援を行う者」、児童生活支援員は「児童の生活支援を行う者」と記されていますが、ほとんどの施設では、この2つの専門職の仕事にはあまり違いはありません。どちらも主に子どもたちに日々寄り添い、自立に向けて支援を行っています。その職員数は、おおむね入所児童4.5人に1人となっています。実際には加算職員などの制度を活用し、もう少し多くの職員が子どもたちとともに過ごしています。

　児童生活支援員の任用資格として、保育士があげられています。ある児童自立支援施設（現員約80名）の実際の職員配置は図表6-1のようになっています。

　児童自立支援施設は伝統的に小舎夫婦制で運営されてきました。つまり、**寮長**\*（その多くは児童自立支援専門員）と**寮母**\*（その多くは児童生活支援員）は本物の夫婦であり、子どもがいればその子どもも一緒に暮らしています。その家族が寮舎と呼ばれる敷地内の家に住み込み、その寮舎に10人前後の子どもたちが入所する、というシステムです。

　近年は、夫婦ではなく、父性的な役割を担う男性職員と、母性的な役

**＊ 用語解説**
**寮長、寮母**
寮長は男性職員を指し、寮母は女性職員を指す。法的な名称ではないが、児童自立支援施設では古くから使われており、現在でも日常業務内ではこの名称を使用しているという施設は少なくない。

**図表6-1** 児童自立支援施設の職員体制
(人)

| 園長（児童自立支援員） | 1 | 副園長（事務職） | 1 |
|---|---|---|---|
| 医師（精神科・内科） | 2 | 個別対応職員 | 1 |
| 心理療法担当職員 | 5 | 家庭支援専門相談員 | 1 |
| 児童自立支援専門員 | 20 | 栄養士 | 1 |
| 児童生活支援員 | 6 | 調理員 | 6 |
| 看護師 | 1 | 臨床心理士 | 1 |

注：A児童自立支援施設の職員配置例。非常勤職員・嘱託も含む。

割を担う女性職員、そしてそれ以外の職員が交代で勤務に入る小舎交代制も多くなっています。

　また、多くの児童自立支援施設内には、地域の小中学校の分校や分教室が設置されています。これらの教職員は、法的には児童自立支援施設のスタッフではありません。しかし、同じ敷地内にあることから、施設の職員との密な連携が図られています。児童自立支援施設の職員が、各授業に補助として入ることもよく行われています。

### 3 保育士の仕事内容と役割

　児童自立支援施設の職員の仕事には、「WITHの精神」と「枠のある生活」という2つのキーワードがあります。

　「WITHの精神」とは、職員が子どもとともに生活し、日々を感じていくことの大切さを表したものです。徳永は、児童自立支援施設の「WITHの精神」について、子どもたちに寄り添い同じ目線に立つことが言葉だけの共感や単なる同情に陥らないためには、生活を基盤とする必要があるとしています。「子どもとの共同生活に根差した実感、あるいはそれに対する志向がある[1]」ことが「WITHの精神」なのです。この感覚を根底に置いてこそ、子ども一人ひとりが基本的な信頼関係や愛着、周囲の人々との適切な関係性の取り方、自分の人生との向き合い方を知り、自立した将来に向けて歩みだすことができるような支援が可能だという考え方です。

　「枠のある生活」とは、「人的、時間的、空間的、規範的な面などが構造化[2]」された生活を日々過ごすことで、子どもたちが落ち着きを取り戻すことができるという考え方です。「枠」という言葉を聞くと、自由がない、窮屈で管理的な印象をもつ人もいるかもしれません。しかし、ルールには、集団生活において、誰かの身勝手なふるまいやいじめなどを防止し、安心・安全を守るという大切な役割があります。そこを実感

▶出典
[1] 徳永健介「WITHの精神に基づく実践とは」相澤仁編集代表、野田正人編集『施設における子どもの非行臨床』明石書店、2014年、71-72頁

▶出典
[2] 相澤仁「児童自立支援施設運営指針と子どもの権利擁護」相澤仁編集代表、野田正人編集『施設における子どもの非行臨床』明石書店、2014年、61頁

できるようになると、ルールの大切さが子どもたちにも浸透してきます。

また、児童自立支援施設には、それまでの人生において、温かな食卓で三度の食事をし、毎日学校で学び、十分に遊び、安心して眠るという「当たり前」の環境を経験したことがなかった子どもたちも大勢います。規則正しい生活を送るだけで、精神的な余裕が生まれ、落ち着きを取り戻す子どもは少なくありません。子どもが子どもらしく生きるという権利を保障するため、また将来自らの家庭をつくっていくモデルとなる生活環境を体験的に知るために、職員には一定の「枠のある生活」を整えることが求められます。

この「WITHの精神」と「枠のある生活」を根底に、日々の支援が行われます。具体的には、日々の家事や作業などを子どもとともに行うこと、行事に向けて一緒に協力すること、一緒に将来を考えることなどです。

入所している子どもの家族に対する支援や、退所した子どもとその家族へのアフターケアなども欠かせない仕事です。これらの仕事をスムーズに行うために、さまざまな専門職との連携を図り、協働して支援に取り組む姿勢が求められます。

## 4　保育士業務の一日の流れ

児童自立支援施設における保育士業務の一日の流れは、図表6-2のとおりです。

児童自立支援専門員や児童生活支援員の仕事は、子どもたちが安定した生活を過ごせる環境を整え、その自立を支援することです。具体的には、一般家庭における母親や父親のような役割を果たしますが、そのなかでも子どもの特性に応じた対応が必要になります。

一般家庭なら親がすべてやってしまうような家事や寮舎内の環境整備についても、児童自立支援施設の職員は子どもの傍で、子どもとともに行うことを心がけます。子どもたちが当たり前の生活とはどういうものか身をもって知る経験、自分で自分の安定した生活がつくれるようになる経験、周りと協働して日々の生活を形づくっていく実感を得る経験を、日々のなかで積み重ねられるような支援を行います。これにより、子どもたちの自己肯定感や、周囲の人々への信頼関係も醸成されます

図表6-2には、「日記の返事を書く」という仕事があります。子どもたちへの支援として、毎日日記を課し、それに職員が返事を書くという取り組みを行っている施設は多くあります。いわば職員との交換日記です。子どもたちにとっては日々の自分の行動の振り返りになります。職

## 図表6-2 児童自立支援施設における保育士業務の一日の流れ

| 時刻 | 業務 | 具体的内容 |
|---|---|---|
| 6:30 | 起床支援 | ・勤務前に業務日誌や連絡ノートの確認をする。<br>・気持ちよく起床できるような声かけをする。洗面・更衣等について声をかけ、子どもとともに一緒に寮舎の掃除をする。 |
| 7:00 | 掃除 | ・子どもとともに生活スペースの掃除をする。 |
| 7:30 | 朝食準備・朝食 | ・子どもとともに朝食の準備をし、配膳をする。<br>・子どもの様子(表情・食事マナーなど)を見ながら、明るい雰囲気の食卓になるよう配慮する。<br>・子どもとともに食事の後片づけをする。 |
| 8:45 | 登校支援 | ・施設内の分校に子どもたちを送り出す。 |
| 9:00 | 連絡会議 | ・施設全体の連絡会議。前日の子ども同士のトラブルについて、寮舎内での対応の報告をする。他寮舎からの報告を聞く。 |
| 9:30 | 寮母会議<br>休憩 | ・月に2回、各寮舎の寮母の会議。現在の寮舎内の様子について、各寮舎から報告。その後、来月の施設内行事についての打ち合わせをする。 |
| 12:10 | 昼食準備 | ・いったん子どもたちが学校から寮舎に帰ってくる。子どもとともに昼食準備をする。 |
| 12:30 | 昼食 | ・子どもたちの様子(食欲、食事マナー等)を見ながら、皆で楽しく食事をする。<br>・子どもとともに昼食の片づけをする。<br>・子どもたちを作業活動に送り出す。 |
| 13:30 | 寮内の整備 | ・新しく入所してくる予定の子どもを迎え入れる準備をする。<br>・子どもの家族から電話がかかってくる。最近の様子を聞き、子どもの様子を話す。<br>・そのほかさまざまな寮舎内の環境整備をする。 |
|  | 日記の返事書き<br>休憩 | ・子どもたちが前日に書いた日記に返事を書く。 |
| 18:30 | 夕食準備 | ・子どもとともに夕食の準備をし、配膳をする。 |
| 19:00 | 夕食 | ・子どもの様子(表情・食事マナーなど)を見ながら、明るい雰囲気の食卓になるよう配慮する。<br>・子どもとともに食事の後片づけをする。 |
| 19:45 | 入浴支援 | ・夕食の片づけをしながら順次入浴するよう、子どもたちに声をかける。 |
| 20:00 | だんらん | ・居間にて各々ゆったりした時間を過ごす子どものそばで、縫い物などをする。<br>・子どもたちがテレビを見たり、夜食をつまみながら、それぞれに話しかけてくる。穏やかな雰囲気で過ごせるように配慮する。 |
| 21:30 | ミーティング | ・寮舎全員の子どもが集まり、今日一日の振り返りをする。<br>・子どもたちにそれぞれの日記を返す。子どもが書いた今日の分の日記を回収する。 |
| 22:00 | 消灯 | ・子どもたちの歯磨き、就寝準備などのチェックをし、就寝を促す。 |
| 22:30 | 日誌記入 | ・本日の出来事について、業務日誌や連絡ノート、個人ケース記録などに記載する。<br>・子どもたちの日記に目をとおし、返事を書く。 |
|  | 退勤 | ・児童自立支援専門員と子どもへの対応について話し合い、勤務終了。 |

出典:児童自立支援施設・阿武山学園の日課、児童自立支援施設職員・実習経験者からの聞き取りをもとに作成

員と子どもの関係性が深まってくると、誰の目にも触れないということから、密な個別支援の場にもなり得ます。

そのほか、**ライフストーリーワーク**\*や、**SST（ソーシャルスキルトレーニング）**\*、性問題行動防止のためのワークなど、子どもの特性や心身の発達状況に合わせて、専門的な支援を実施している施設が多くあります。職員が実施することもあれば、施設外から専門職を呼び、実施することもあります。いずれにせよ、子どもたちに必要なケアがあるならば、職員には、これらについて日々勉強する姿勢が求められます。

入所している子どもに対しては、たとえ自分の担当のケース、自分の担当の寮舎の子どもであっても、多くの職員とともに、チームで支援します。子どもとの安定した愛着関係の形成は大変重要ですが、それはその子どもについて職員が一人で抱え込んでしまうことではありません。

日々の支援には、医学的・心理学的・社会関係的に、さまざまな側面から多くの専門職が関わる必要があります。ですから専門職間で、定期的にさまざまな話し合いの場が設定されています。たとえばある施設では、一日に1度、その日に出勤している職員全員の連絡会議があります。また、施設内の全職員の会議と、各職種の会議が、それぞれ月1回程度行われます。関係機関に出向くなど、別機関の専門職との打ち合わせもあります。このようなときには必要な資料を整え、会議に臨みます。

※ 用語解説

**ライフストーリーワーク**
主に里親や児童養護施設、児童自立支援施設等に措置されている子どもが、自らの過去を受け止め、未来に踏みだしていけるようになるために、支援者に寄り添われながら、自分の現在と過去を整理する専門的な手法。

**SST（ソーシャルスキルトレーニング）**
人間関係や社会生活において円滑に行動できるようにするための、心理社会的療法。認知行動療法と社会的学習理論にその基礎を置く。

## 2. 児童心理治療施設

### 1　法律上の位置づけと果たすべき機能

児童心理治療施設は、2016（平成28）年度の「児童福祉法」改正までは「**情緒障害児短期治療施設**\*」という名前で呼ばれていました。「児童福祉法」第43条の2には、児童心理治療施設について以下のように定義されています。

> 家庭環境、学校における交友関係その他の環境上の理由により社会生活への適応が困難となった児童を、短期間、入所させ、又は保護者の下から通わせて、社会生活に適応するために必要な心理に関する治療及び生活指導を主として行い、あわせて退所した者について相談その他の援助を行うことを目的とする施設とする。

※ 用語解説

**情緒障害児短期治療施設**
この施設の名称については、支援の実態等を踏まえ変更したほうがよいとの考えから、「社会的養護の課題と将来像」（社会保障審議会児童部会社会的養護専門委員会とりまとめ、2011年）において、今後の検討課題とされた。その後、暫定的に「児童心理治療施設」という通称を使用してもよい、という規定になっていたが、「児童福祉法」改正により、2017年4月から正式に施設名称が「児童心理治療施設」となった。

これを読むと、この施設の対象は、心理的に不安定なために、日常生活が一定程度困難な状況にある子どもたちであることがわかります。具体的には、不登校傾向がある子ども、虚言癖のある子ども、虐待等の影響でPTSD（心的外傷後ストレス障害）のある子ども、自分の意に沿わないことがあったときに過度に攻撃的になってしまう子ども、不安が強すぎて周囲との関わりが極端に苦手な子ども、発達障害のために周囲との関係性の築き方が不安定な子ども等がこれにあてはまります。夜尿や頻尿、チック、吃音などがある子どももいます。子どもたちは自分がここに入所している意味をきちんと理解し、自らが社会生活を営む方法を職員と一緒に考える日々を過ごしています。

　「短期間、入所させ、又は保護者の下から通わせて」とあるとおり、自宅から通所している子どももいます。児童養護施設等に入所しており、そこから通所するというケースもあります。

　この施設は「社会生活に適応するために必要な心理に関する治療及び生活指導」をしている点が最大の特徴であり、主な機能であるといえます。治療的・受容的に配慮された環境のなかで、治療・生活・教育等が、日々一体的に提供されることそのものが、子どもたちの心の安定性を支援する第一歩となります。

　また、退所した子どもとその家族に対するアフターケアも、施設にとって大変重要な仕事です。施設を利用中の子どもたちの日々のケアでなかなか手が回らないこともありますが、そのようななかでも各施設それぞれに工夫を凝らし、アフターケアに努めています。

### 2　職員体制と配置基準

　入所している子どもたちの特性にあわせて、社会福祉・心理・医療・教育・家庭環境調整等のさまざまなスタッフが関わっています。

　「児童福祉施設の設備及び運営に関する基準」によると、児童心理治療施設には、職員として、医師、心理療法担当職員、児童指導員、保育士、看護師、個別対応職員、家庭支援専門相談員、栄養士などを置くことになっています。

　このうち医師は、精神科または小児科の診療に相当の経験を有する者でなければならず、また心理療法担当職員にも専門性や経験年数について、一定の条件が設けられています。つまり施設内には、子どもの心についての専門性と経験をもつスタッフが常に勤務しており、保育士はこのような専門職と協働して子どものケアを日々行っていくことになります。

図表6-3 児童心理治療施設の職員体制
(人)

| | | | |
|---|---|---|---|
| 施設長（児童指導員） | 1 | 副施設長（事務職） | 1 |
| 医師（小児科・小児精神科） | 2 | 個別対応職員 | 1 |
| 心理療法担当職員 | 5 | 家庭支援専門相談員 | 1 |
| 児童指導員 | 8 | 栄養士 | 1 |
| 保育士 | 5 | 調理員 | 4 |
| 看護師 | 1 | 臨床心理士 | 1 |

注：B児童心理治療施設の職員配置例（現員31名）。

　児童指導員と保育士の総数は、おおむね子ども4.5人に1人以上の配置とされており、心理療法担当職員はおおむね子ども10人に1人以上とされています。

　現状では、加配職員やアルバイトの活用など、各法人が運営上のさまざまな工夫を凝らし、もう少し多めに職員数が配置されていることが多いようです。実際の施設の職員配置の例を見てみましょう（図表6-3）。

　また、地域の学校に登校することが難しい子どもたちの入所が多いことから、ほとんどの施設には、同じ敷地内に、小中学校の分校や分教室があります。地域の小中学校や特別支援学校等に通う子どももいます。

　分校や分教室などの、子どもたちが利用する教育機関の教員は、法的には児童心理治療施設のスタッフではありません。しかし、施設の職員との密な連携により、協働して子どもたちの育ちを支えることとなります。

## 3　保育士の仕事内容と役割

　2013（平成25）年の厚生労働省の「児童養護施設入所児童等調査の結果」によると、児童心理治療施設の入所児の71.2%に被虐待経験が確認されています。不適切な環境で育ち、心理的な困難を抱えた子どもが多く入所していると考えられます。また、被虐待経験がなくても、心理治療や心理教育が必要な状況にある子どもがいる施設です。この施設のなかでは、医療・心理・生活・教育・家族支援等のあらゆる専門的な視点からみて、総合的に構成された治療的環境をつくり出し、環境をとおして子どもたちを支援しています。これを総合環境療法といいます。

　保育士は、このなかで、児童指導員とともに、特に"生活"の部分を支える重要な役割を担っています。子どもたちそれぞれの治療すべき課題と達成目標を理解したうえで、各々にマッチした安心・安定の"当たり前の生活"ができるような支援を心がけます。安心・安定の生活を送

れることが、心身の安定の基盤となります。

多くの児童心理治療施設は、生活の細やかな部分までさまざまに設定し、構造化されています。人によっては、何もかも決められていて窮屈な生活だと思うかもしれません。しかし児童心理治療施設には、きちんと時間や手続きが決まっている環境において、はじめて安心・安全な生活を送ることができ、心身が安定しやすくなる子どもが多く存在します。子どもそれぞれをよく理解し、その子どもの「生きていきやすい環境」はどんなものかを考え、環境を整えることで、子ども一人ひとりの課題である部分が安定していくのです。

たとえば過度に攻撃的な子どもや、人と話をすることが苦手な子どもも入所しています。このような子どもは、自分にとって困難な状況に直面したとき、自傷や他害の行動を起こしたり、パニックになったりと、反社会的・非社会的なふるまいで困難な状況に対応しようとすることがあります。このような場合、原則的にはいったん別室に行くなど環境を変えて、その子どもだけに特別なケアをします。ときには同じ生活をおくる子ども同士の関係性や、集団生活の営みのなかで、それぞれの子どもが人と関わる方法を試行錯誤することもあります。その子どもの治療目的と、TPOに照らしあわせ、さまざまな方法でその子どもなりの対処方法を見つけられるような支援が必要です。

児童心理治療施設における支援はすべて、ほかの専門性をもつスタッフと密に連携を取りつつ実施されなければなりません。お互いに情報共有を密にし、それぞれの専門性からチームで子どもを支えます。これらの職員間連携も、保育士に欠かせない業務です。

### 4 保育士業務の一日の流れ

児童心理治療施設の保育士業務の一日の流れは図表6-4のとおりです。

多くの児童心理治療施設では、保育士の勤務は交代制になっています。「朝から夕方までの勤務」「昼過ぎから夜までの勤務」「夕方から翌日午前中までの勤務」などを各々の職員がその日ごとに担当するという組み合わせが一般的です。

図表6-4に書かれている業務の一例をみると、この施設で働く保育士は、普通の家庭のお母さんのような役割を担っているようにみえます。目に見える業務の中心は、確かに子どもたちの衣食住のサポートになりますが、単に家事をすればよいというものではありません。この施設におけるすべての支援は総合環境療法という考え方のもとで行われています。ですから、他職種との密な連携のもとに、意図的な関わりと環境設

### 図表6-4　児童心理治療施設における保育士業務の一日の流れ

| 時刻 | 業務 | 具体的内容 |
|---|---|---|
| 13:30 | 出勤・施設内引き継ぎ | ・日誌や連絡ノートの確認。<br>・午前中、担当グループ職員からの情報の引き継ぎ。 |
| 14:00 | 連絡会議 | ・施設全体の連絡会議（毎日実施）で他グループや事務局との情報共有。 |
| 14:15 | 児童相談所からの電話対応 | ・担当している子どもの家庭の変化について、児童相談所から情報が入る。意見を求められたため、施設で話し合ったうえで翌日折り返し連絡することを伝える。主任に報告し、翌日の施設内引き継ぎの際くわしく話し合うこととなる。 |
| 14:30 | 子どもたちの宿題チェック・遊びの支援 | ・小学生が帰園。宿題をチェックし、明日の用意などの確認をする。<br>・宿題が終わった子どもに、順次おやつを用意。その後、安全性や関わり方に配慮しながら一緒に遊ぶ。<br>・夕方にプレイセラピーが予定されている子どもに忘れないように声をかけておく。 |
| 16:45 | 心理担当職員との打ち合わせ | ・プレイセラピーを終えた職員と、担当の子どもについて情報交換をする。 |
| 17:30 | 夕食と風呂の用意 | ・当番の子どもとともに風呂の用意などをする。<br>・当番の子どもとともに厨房からおかずを運び、配膳する。 |
| 18:00 | 夕食 | ・子どもたちに食事前の手洗いや排泄を促す。<br>・子どもたちの様子（食欲、食事マナーなど）を見ながら、皆で楽しく食事をする。 |
| 18:45 | 入浴支援 | ・夕食の片づけをしながら順次入浴するよう子どもたちに声をかける。 |
| 19:30 | だんらん | ・居間にてゆったりした時間を過ごす子どものそばで、繕いものなどをする。子どもたちがそれぞれに話しかけてくる。 |
| 21:00 | 小学生消灯 | ・子どもたちの服薬、歯磨き、排泄などのチェックをし、就寝を促す。 |
| 21:20 | 中学生と面談 | ・中学2年生の男子が「話があるのだけど…」と声をかけてくる。ほかの職員にホームをお願いし、個別に面談をする。卒業を見据え、将来について不安があるとのこと。 |
| 22:00 | 中学生消灯 | ・子どもたちの服薬、歯磨き、排泄などのチェックをし、就寝を促す。 |
| 22:30 | 日誌記入<br>退勤 | ・本日の出来事について、日誌や連絡ノート、個人ケース記録などに記載する。 |

定に努めます。洗濯物の整理の仕方や、食事のときの表情、ほかの子どもとのやりとり、宿題への取り組み方など、生活のあらゆる場面で、子どもの変化を感じ取ることができます。これらの変化に対して敏感になり、子ども一人ひとりの治療目的を踏まえた場合、普段の生活の流れのなかでどのように対応すべきなのか、生活空間を共有する保育士として、自覚的な態度が求められます。

　全国統計によると、入所している子どもの約半数が精神科を受診しており、その5分の4が服薬をしています。子どもによっては、服薬が面倒になったり、服薬自体に拒否を示したりといったことがあります。このようなときに職員は、無理やり服薬させるのではなく、どのように改

善するために服薬するのか、子どもと話し合う必要があります。この服薬管理も、生活に密着した支援を行う保育士や関係する専門職に欠かせない仕事です。

また、生活を豊かにする活動として、キャンプやクリスマス会などの行事や、子どもの施設内自治会が行われています。児童心理治療施設は、どうしても個別対応が多くなりがちですが、子ども集団の力動のなかで、育ちあい、学びあいが行われるように、十分に治療的・教育的な配慮をした環境を整えることも大切な仕事です。

多くの専門職がチームで子どもの支援に取り組む場所であるため、日々の報告・連絡・相談が大変重要になります。このため、多くの施設では、各担当部門の情報を交換しあう連絡会議が、毎日定時に実施されます。施設によっては、一日に2回、連絡会議があります。そのほかに、各担当部門でのケース会議や、施設内での各種委員会があります。もちろん、施設内だけではなく、児童相談所等の外部の専門職とのやりとりも必要です。

### 演習課題

①ある児童自立支援施設は、「強きよりも、賢きよりも、まことなる人とならんと」を基本理念の一つとしています。この言葉の意味について考え、皆で話し合ってみましょう

②児童心理治療施設における「治療」や「支援」とは、どのようなことを指すのでしょうか。

　厚生労働省雇用均等・児童家庭局家庭福祉課が2014年に発表した『情緒障害児短期治療施設（児童心理治療施設）運営ハンドブック』の「第1部　情緒障害児短期治療施設（児童心理治療施設）の現状と課題　3．治療・支援のあり方の基本」を読み、理解を深めましょう。

出典：厚生労働省ホームページ『情緒障害児短期治療施設（児童心理治療施設）運営ハンドブック』
https://www.mhlw.go.jp/seisakunitsuite/bunya/kodomo/kodomo_kosodate/syakaiteki_yougo/dl/yougo_book_4.pdf（2019年3月25日アクセス）

③児童自立支援施設や児童心理治療施設の職員に、「この仕事に就いたきっかけ」「この仕事の苦労とやりがい」などをインタビューしてみましょう。

## レッスン7

# 母子生活支援施設・児童相談所一時保護所での実習

このレッスンでは、母子生活支援施設と児童相談所一時保護所の概要について学びます。安全で安心できる環境の提供や生活支援・指導を行う施設において、保育士の仕事や役割を理解し、またほかの専門職との連携を考える手がかりにしましょう。

## 1. 母子生活支援施設

### 1 法律上の位置づけと果たすべき機能

母子生活支援施設は、児童福祉施設でありながら、その母親も一緒に世帯単位で入所している施設です。2017(平成29)年3月末現在で、全国232か所あり、3,330世帯(児童5,479人)が生活しています[†1]。

「児童福祉法」第38条によると、「**配偶者のない女子又はこれに準ずる事情にある女子**\*及びその者の監護すべき児童を入所させて、これらの者を保護するとともに、これらの者の自立の促進のためにその生活を支援し、あわせて退所した者について相談その他の援助を行うことを目的とする」と規定されています。また、地域の子育て家庭への支援や相談等の役割(「児童福祉法」第48条の2)や、配偶者からの暴力による被害者を一時保護する委託施設としても位置づけられています(「配偶者からの暴力の防止及び被害者の保護等に関する法律(DV防止法)」第3条第3項第三号)。

母子生活支援施設の入所理由としては、「配偶者からの暴力(45.7%)」が最も多く、「経済的理由(18.7%)」「住宅事情(15.9%)」などがあげられます。入所期間は、1年未満(37.9%)、もしくは1年～2年未満(21.9%)が半数を超え、大半(85.7%)が5年未満に退所しています[†2]。

利用世帯の年齢層は幅広く、子どもは「乳児から満18歳」(特別な事情がある場合は「満20歳に達するまで」利用延長ができる)、母親は「16歳から60歳代」となっています。また、10代での妊娠・出産により母子家庭となるケースも増えており、支援を必要とする妊産婦(**特定妊婦**\*)を一時保護委託として受け入れ、妊娠から出産後まで一貫した支援が行われています。

入所している母親の就労は非正規雇用である場合が多く、加えて、心

▶出典
†1 厚生労働省「社会的養護の現状について(参考資料)(平成29年12月)」2017年

※用語解説
**配偶者のない女子又はこれに準ずる事情にある女子**
死別・離婚・非婚出産に加え、暴力から逃れるために避難し離婚が未成立や夫等が離婚に応じない状況にある場合も対象となる。

▶出典
†2 厚生労働省「児童養護施設等入所児童等調査(平成25年2月1日現在)」2016年

※用語解説
**特定妊婦**
児童福祉法第6条の3第5項に「出産後の養育について出産前において支援を行うことが特に必要と認められる妊婦」と定義されている。

※ **用語解説**
**自立支援計画**
利用者の意向・同意を踏まえ、支援をどのように考えていくのか、児童相談所等の援助方針に基づき、専門的な視点から作成する。

◆ **補足**
**母子生活支援施設の設備及び運営に関する基準**
「児童福祉施設の設備及び運営に関する基準」により、母子室（調理設備、浴室及び便所を設け、1世帯につき1室以上、その面積は30㎡以上）、集会、学習等を行う室及び相談室を設けることになっている。また、乳幼児を入所させる場合、30人未満は静養室、30人以上で医務室及び静養室を設け、近隣の保育所又は児童厚生施設が利用できない等の必要があるときは、保育所に準ずる設備が必要となる。

**母子支援員**
母子支援員は、2011年の児童福祉施設最低基準改正により、「母子指導員」から名称が変更された。また、保育士が資格要件の一つとなっている。

身に障害のある、または外国籍の世帯も増加傾向であることから、多様なニーズへの対応が求められています。

このように異なる生活課題を抱える利用世帯に対して、母子生活支援施設では、一人ひとりの尊厳の尊重や退所後の自立促進を考慮した**自立支援計画**※を策定します。そして、母親と子どもがともに入所している施設の特性から、「生活の場」であればこそできる支援を展開していきます。

さらに、経済的自立の促進から無料職業紹介事業の実施や、自立生活を視野に入れた小規模分離型（サテライト型）の施設の設置、保育所に入所できない世帯のための施設内保育室、放課後児童の学童保育、母親の代わりにケアを行うトワイライト・ステイ事業など、施設によってさまざまな機能が備わっています。

### 2 職員体制と配置基準

**母子生活支援施設**では、世帯単位での居住スペース（母子寮）があり、プライバシー保護のもと、各家庭による日常生活に加え、子どもの養育や母親の就労など、自立に向けた生活支援が行われています。

職員は、施設の定員や加算によって配置される人数や職種が異なりますが、施設長、**母子支援員**、少年指導員（事務員兼務）、保育士（都道府県により認められていない場合もある）、心理療法担当職員、個別対応職員、調理員等、嘱託医が規定されています（図表7-1）。

支援を行ううえで、職員は母子の主体性を尊重し、その専門性による関係機関との連携が求められます。また、ケースカンファレンスやスーパービジョンの体制づくり等、情報の共有化が図られ、組織・チームとして一体的に支援へと取り組むことが重要であるといえます。

さらに、今後、母子世帯の質的変化や多様化したニーズにこたえるため、総合性・包括性・地域性の視点から大きく5つの役割が施設、そして職員に求められています（図表7-2）。

### 3 保育士の仕事内容と役割

前述のとおり、母子生活支援施設では、入所から退所に向けての支援、また退所後の相談等、各世帯に応じた支援が行われています。ここでは、保育士の職務として、基本的な支援について確認していきましょう。

支援の内容としては、「個々の母子の家庭生活及び稼働の状況に応じ、就労、家庭生活及び児童の養育に関する相談、助言及び指導並びに関係機関との連絡調整を行う等の支援により、その自立の促進を目的とし、

### 図表 7-1 母子生活支援施設の職員体制（加算などを含む）
（人）

| 施設長 | 1 | 心理療法担当職員[注4] | 1 |
|---|---|---|---|
| 母子支援員[注1] | 1 | 個別対応職員[注5] | 1 |
| 少年指導員（事務員兼務）[注2] | 1 | 調理員等（その他） | 1 |
| 保育士[注3] | 1 | 嘱託医 | 1 |

注1：定員10世帯未満で1人／20世帯未満で2人／20世帯以上で3人
注2：定員10世帯未満で1人／20世帯以上で2人
注3：保育設備のある場合、30人につき1人（ただし、1人を下ることはできない）
注4：心理療法を行う必要があると認められる母子10人以上に心理療法を行う場合
注5：個別に特別な支援を行う必要があると認められる母子に当該支援を行う場合
出典：厚生労働省「児童福祉施設の設備及び運営に関する基準」2016年をもとに作成

### 図表 7-2 母子生活支援施設における総合性・包括性・地域性について

| ①インケアを包含した総合的包括的支援の拠点として |
|---|
| ②地域の中の母子生活支援施設：「切れ目のない支援」の提供 |
| ③支援の専門性 |
| ④家族関係再構築支援 |
| ⑤「自立」を目指す支援 |

出典：社会福祉法人全国社会福祉協議会・全国母子生活支援施設協議会「私たちのめざす母子生活支援施設（ビジョン）報告書（平成27年5月）」2015年をもとに作成

かつ、その私生活を尊重して行わなければならない」（「児童福祉施設の設備及び運営に関する基準」第29条）とあり、**母子生活支援施設運営指針**」（以下、運営指針）（厚生労働省、2012年）によれば、①母親に対する支援、②子どもに対する支援、③母親と子どもの関係性における支援の3つがあげられています（図表7-3）。

母親と子どもにとって、「否定されない、排除されない生活環境」であること、そして、「安全に、安心して」生活ができるという気持ちをもてるようになることが支援の第一歩となります。そこから、家族機能の調整や修復等を行いつつ、母親の「女性（人）としての自己実現」や子どもの「健やかな育ち」を保障し、それぞれの潜在的な力の回復、「エンパワーメント」へとつなげていきます。運営指針には、具体的な支援について、11の項目が記載されています（図表7-4）。

### 4 保育士業務の一日の流れ

母子生活支援施設は、母子が**各世帯の居室**で生活していることから、一日の流れも世帯によって異なります。保育所や学校等に通う子どものいる世帯は通所や登校時間に合わせた生活リズムになり、母親の就労状況によっても変わっていきます（図表7-5）。

たとえば、朝食の準備などもあくまで母親が主体であり、その補助的

**補足**
『母子生活支援施設運営ハンドブック』
『母子生活支援施設運営ハンドブック』（厚生労働省雇用均等・児童家庭局、2014年）は、ここから運営指針の解説並びに施設運営の手引きとなるように作成された。運営指針の項目順に、文字数の制限で書ききれなかったことも含めてくわしく解説されている。

**補足**
各世帯の居室
「母子生活支援施設」では「母子」単位で生活しているため、「○○さんのお部屋」「○○世帯」と呼ぶことがある。

### 図表7-3　母子生活支援施設の支援内容

① 母親に対する支援
- 複合的な生活課題や心理的課題に対して、生活を共にする視点から、母親と子どもの生活の場に身を置き、その立場に立った支援に努めることが求められる。
- 孤独感や自己否定からの回復のため、人は本来回復する力をもっているという視点（ストレングス視点）に基づいた支援を行い、母親のエンパワーメントへつなげることが必要である。
- 子どもの発達段階に応じた子育ての技術を母親に伝え、子育て支援を行っていく。
- 母親に対し、親役割の遂行という視点からのみ支援するのではなく、ひとりの人間としての自己実現をめざすことを支持し、共感する視点も大切にした支援を行う。また、母親自身が厳しい生活環境のなかで子ども期を過ごし、子どもに必要な福祉が阻害されてきた場合も多いため、母親自身の生活史における思いや願いに寄り添った支援も求められる。
- 支援や子どもの育ちにおいて、常に母親と子どものパートナーであることを意識することが求められる。

② 子どもに対する支援
- 職員は、子どもとの関係づくりにおいて、常に自らのあり方を問われている。専門的なかかわりや知識、技法の修得や、子どもと一緒に行動する人、生活に根ざした知恵や感性をもち、ユーモアのセンスのある人、善悪の判断を適切に示し、いざというときに頼りになる人、など子どもに求められる大人像に応える努力が望まれる。
- 子どもが生きている幸せを感じられるようなさりげない配慮がこもった日常生活のために、創意工夫が望まれる。そのための職員間の協力、スーパービジョン、マネジメントが必要である。また、子どもが持っている力や強み（ストレングス）に着目し、エンパワーメントしていくことも重要である。

③ 母親と子どもの関係性における支援
- ひとつの家族として関係が安定するよう双方の代弁や調整を行い、親子関係の強化、再構築を図っていく。
- 家族の課題や状態を見極め、その現象の背後にある事実や思いを把握するとともに、母親と子どもの相互作用を活用し、不適切な関係を調整し良好な関係を構築していく。
- ハイリスクで緊急を要する状況の場合には、ただちに危機介入を行うことが求められる。

出典：厚生労働省「母子生活支援施設運営指針」2012年

### 図表7-4　母子生活支援施設における具体的な支援

| | |
|---|---|
| ①支援の基本 | ・母親と子どもの個別の課題に対しての専門的支援 |
| ②入所初期の支援 | ・母親と子どもの生活課題・ニーズを把握し、生活の安定に向けた支援<br>・生活環境に適応できるよう、精神的安定をもたらす支援 |
| ③母親への日常生活支援 | ・安定した家庭生活を営むために必要な支援<br>・子育てのニーズに対応するとともに、子どもとの適切な関わりができるよう支援<br>・安定した対人関係を築くための支援 |
| ④子どもへの支援 | ・健やかな育ちを保障するために養育・保育に関する支援<br>・自立に必要な力を身につけるために学習や進路、悩み等への相談支援<br>・安らぎと心地よさを与えられる大人との関わりや、子どもどうしのつきあいに配慮して、人との関係づくりについて支援<br>・年齢・発達段階に応じて、性についての正しい知識を得る機会を設け、思いやりの心を育む支援 |
| ⑤DV被害からの回避・回復 | ・緊急利用に適切に対応する体制整備<br>・安全確保のためにDV防止法に基づく保護命令や支援措置が必要な場合の適切な情報提供と支援<br>・安全確保を適切に行うために必要な体制整備<br>・心理的ケア等を実施し、DVの影響からの回復支援 |
| ⑥子どもの虐待状況への対応 | ・虐待に関する専門性を持って関わり、虐待体験からの回復支援<br>・子どもの権利擁護を図るための関係機関との連携 |
| ⑦家族関係への支援 | ・家族関係の悩みや不安に対する相談・支援 |
| ⑧特別な配慮の必要な母親、子どもへの支援 | ・障害や精神疾患、その他の配慮に対する支援を適切に行い、必要に応じて関係機関と連携 |
| ⑨主体性を尊重した日常生活 | ・日常生活への支援は、母親や子どもの主体性の尊重<br>・行事などのプログラムは、参画しやすいように工夫し、計画・実施 |
| ⑩就労支援 | ・母親の職業能力開発や就労支援<br>・就労継続が困難な母親への支援を行い、必要に応じて職場等との関係調整 |
| ⑪支援の継続性とアフターケア | ・施設の変更または変更による受入れを行うに当たり、継続性に配慮した対応<br>・安定した生活を送ることができるよう、退所後の支援 |

出典：厚生労働省「母子生活支援施設運営指針」2012年をもとに作成

図表7-5 母子生活支援施設における保育士業務の一日の流れ

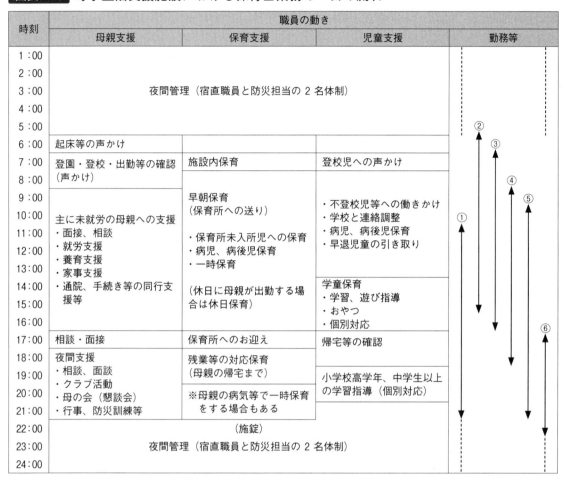

注1：①宿直　②早番　③普通番　④遅番　⑤遅々番　⑥防災宿直
注2：⟷ 勤務時間　┈┈ 待機時間（宿直・防災担当）
出典：民秋言編『施設実習（新版）』北大路書房、2014年をもとに作成

な役割を、保育士をはじめ職員が行っていきます。

　外部の保育所に通園できない子どもや病児・病後児については、施設内保育室で預かり（設置施設に限る）、治療のために、医療機関への通院（補助）を行う場合もあります。さらに、不登校児への働きかけや学童保育等の児童支援を行い、母親の自立・就労支援や負担軽減の観点から柔軟な対応が求められています。

　加えて、母子生活支援施設は、母親の退所後の自立の促進を目的とした支援を行っており、その一つに未就労の母親への就業をサポートする業務があります。安定した生活が送れるよう、職員の付き添いのもとハローワークへ行き求職活動を行うなど、施設内での生活支援だけでなく、今後を見据えた個別支援にも力を注いでいます。

## 2. 児童相談所一時保護所

### 1 法律上の位置づけと果たすべき機能

　児童相談所は、「児童福祉法」第12条に基づき、個々の子どもや家庭に効果的な支援・措置を行い、その権利を保護することを主な目的としています。都道府県および政令指定都市に設置義務があり（「児童福祉法」改正に伴い、中核都市の設置促進と東京23区にも設置が可能）、2018（平成30）年10月1日現在で、全国212か所あり、一時保護所は137か所となっています[†3]。

　児童相談所の機能としては、大きく分けて「相談」「判定」「指導」「措置」「一時保護」の5つです。児童福祉に関するさまざまな問題の相談に応じ、必要な調査や診断、判定等を行い、家庭への指導や施設入所を決定する行政的権限をもっています。

　一時保護は、必要に応じて子どもを家庭から離して一時的に保護する機能です。児童相談所長または都道府県知事等が必要と認める場合に、一時保護施設、もしくは委託一時保護を行うことができます（「児童福祉法」第33条）。原則として、保護者や子どもの了承・同意が必要ですが、状況によっては得られない場合でも一時保護が行われることがあります（強行性）。一時保護が行われる状況は「緊急保護」「アセスメント」「短期入所指導」の3つがあげられます（図表7-6）。

　2017（平成29）年度の一時保護所内の一時保護件数は24,680件であり、保護理由については、「児童虐待（53.3%）」が最も多く、次いで、「虐待以外の養護（23.7%）」となっています。また、保護する理由は1人の子どもに1つとは限らず、複数の理由から保護されることも少なくありません[†4]。

　保護の期間は、虐待以外は1か月、虐待の場合は2か月までと定められており、児童相談所長や都道府県知事が必要であると認めた場合のみ、引き続き一時保護を行うことができます。入所期間は平均29日であり、退所後は半数が家庭に復帰し、そのほかは施設入所や移送、里親委託などです。

　一時保護所の定員は4～60人までと施設によって異なり、また定員を超過していることが多いです。2～18歳未満の子どもたちが一緒に生活しており、虐待や非行、発達障害など、一時保護の状況や背景は複雑かつ多様化しています。さらに、入退所も頻繁であることから、安定した生活環境の維持を前提に、一人ひとりに適した援助が重要となります。

---

**補足**
児童相談所
「こども家庭センター」「子ども家庭相談センター」「こども・女性・障害者相談センター」など、都道府県によって名称が多肢に渡る。また、分室もある。

**法令チェック**
「児童福祉法」第12条
都道府県は、児童相談所を設置しなければならない。
②児童相談所は、児童の福祉に関し、主として前条第1項第一号に掲げる業務（市町村職員の研修を除く。）並びに同項第二号（イを除く。）及び第三号に掲げる業務並びに障害者の日常生活及び社会生活を総合的に支援するための法律第22条第2項及び第3項並びに第26条第1項に規定する業務を行うものとする。
③都道府県は、児童相談所が前項に規定する業務のうち法律に関する専門的な知識経験を必要とするものを適切かつ円滑に行うことの重要性に鑑み、児童相談所における弁護士の配置又はこれに準ずる措置を行うものとする。
④児童相談所は、必要に応じ、巡回して、第2項に規定する業務（前条第1項第二号ホに掲げる業務を除く。）を行うことができる。
⑤児童相談所長は、その管轄区域内の社会福祉法に規定する福祉に関する事務所（以下「福祉事務所」という。）の長（以下「福祉事務所長」という。）に必要な調査を委嘱することができる。

**出典**
[†3] 厚生労働省「平成30年度児童相談所一覧」2018年

**図表7-6 一時保護の機能**

（ア）緊急保護
- 棄児、迷子、家出した子ども等現に適当な保護者又は宿所がないために緊急にその子どもを保護する必要がある場合
- 虐待等の理由によりその子どもを家庭から一時引き離す必要がある場合（虐待を受けた子どもについて法第27条第1項第3号の措置（法第28条の規定によるものを除く。）が採られた場合において、当該虐待を行った保護者が子どもの引渡し又は子どもとの面会若しくは通信を求め、かつこれを認めた場合には再び虐待が行われ、又は虐待を受けた子どもの保護に支障をきたすと認める場合を含む。）
- 子どもの行動が自己又は他人の生命、身体、財産に危害を及ぼす若しくはそのおそれがある場合
- 一定の重大事件に係る触法少年と思料すること等のため警察から法第25条に基づき通告のあった子ども又は少年法第6条の6第1項に基づき送致のあった子どもを保護する場合

（イ）アセスメント（アセスメント保護）
- 適切かつ具体的な援助指針（援助方針）を定めるために、一時保護による十分な行動観察、生活指導等を行う必要がある場合（既に里親等への委託又は児童福祉施設等への措置をしている子どもの再判定が必要な場合を含む。）
- 子どもの安全確保を目的とした緊急保護後に引き続いて又は緊急保護と並行して行われるものと、緊急保護ではないが、家庭環境や児童福祉施設等における養育環境から離れた環境下で、アセスメントを行う必要があるものとに分けられる

（ウ）短期入所指導
- 子どものニーズに応じた子どもの行動上の問題や精神的問題を軽減・改善するための短期間の心理療法、カウンセリング、生活面での問題の改善に向けた支援等が有効であると判断される場合であって、地理的に遠隔又は子どもの性格、環境等の条件により、他の方法による支援が困難又は不適当であると判断される場合

出典：厚生労働省「一時保護ガイドライン」2018年

## 2 職員体制と配置基準

児童相談所の規模は、人口150万人以上の地方公共団体の中央児童相談所はA級、そのほかの児童相談所はB級を標準としています。また、組織については、総務部門、相談・判定・指導・措置部門、一時保護部門の3部門となっています。この標準を踏まえて、職員構成は図表7-7のとおりです。

一時保護所の職員としては、**児童指導員**、**保育士**、嘱託医、心理療法担当職員（対象者がいる場合）、個別対応職員（児童定員10人以下は除く）、栄養士（児童定員40人以下は除く）、調理員（委託可）、看護師（乳児が入所している場合）、職業指導員（実習設備を設けて職業指導を行う場合）、一時保護対応協力員等が配置されています。

職員は、職務の重大性を認識し、その専門性の向上から、知識・技術・態度の獲得が求められています（図表7-8）。また、援助体制として、担当制（同性職員による援助の基本）を採用しているところもあり、夜間を含め子どもと生活をともにすることからも、職員間のチームワークが重視されています。

## 3 保育士の仕事内容と役割

「**一時保護ガイドライン**」によると、一時保護所では、「家庭的環境等の中で束縛感を与えず、子どもの権利が尊重され安心して生活できるよ

▶出典
†4 厚生労働省「平成29年度福祉行政報告例」2017年

◆補足
**児童指導員及び保育士の総数**
一時保護所では以下のとおりである（児童養護施設の規定を準用）。
2歳未満幼児 1.6人につき1人以上
2歳以上3歳未満幼児 2人につき1人以上
3歳以上 幼児 4人につき1人以上
小学校始期以降児童 5.5人につき1人以上
児童45人以上 入所の場合さらに1人以上

## 図表7-7 児童相談所の職員体制

所長、次長（A級の場合）及び各部門の長のほか、次の職員を置くことを標準とする[注1]。

| B級 | 児童福祉司[注2]（スーパーバイザー[注3]）、相談員、精神科医（嘱託可）[注5]、小児科医（委託可）[注5]、保健師、児童心理司[注4]（スーパーバイザー[注6]）、心理療法担当職員、弁護士（「これに準ずる措置」も可）、その他必要とする職員[注7] |
|---|---|
| A級 | B級に定める職員、理学療法士等（言語治療担当職員を含む）、臨床検査技師 |

注1：配置職員数は、地域の実情、各児童相談所の規模等に応じて適正と認められる人員とする。
注2：各児童相談所の管轄区域の人口4万人に1人以上配置することを基本とし、人口1人当たりの児童虐待相談対応件数が全国平均より多い場合には上乗せを行うこととする。また、任用にあたっては、ソーシャルワーカーとしての専門性を備える人材を登用すること。
注3：児童福祉司及びその他相談担当職員の職務遂行能力の向上を目的として指導及び教育に当たる児童福祉司であり、児童福祉司としておおむね5年以上勤務した者で、配置標準は児童福祉司5人につき1人とする。また、指導及び教育（スーパービジョン）に必要な知識・技術の修得のために研修を受講するものとする。
注4：児童福祉司2人につき1人以上配置することを標準とする。なお、地域の実情を考慮して必要に応じ、この標準を超えて配置することが望ましい。
注5：医師については、児童虐待、発達障害、非行などの心身の発達に課題を持つ子どもに対する医学的判断から、子どもと保護者に対する心の治療に至る連続的な関わりが必要である。
注6：児童心理司及び心理療法担当職員の職務遂行能力の向上を目的として指導及び教育に当たる児童心理司であり、心理判定及び心理療法並びにカウンセリングを少なくとも10年程度の経験を有するなど相当程度の熟練を有している者でなければならない。また、指導及び教育（スーパービジョン）に必要な知識・技術の修得のために研修を受講することが望ましい。
注7：一時保護所関係職員は、家庭から離れた子ども達の不安な心情や行動に対して柔軟に対応できる人員を配置することとする。
出典：厚生労働省「児童相談所運営指針」2018年をもとに作成

## 図表7-8 児童相談所の職員に求められる専門性

| ①知識 | ・児童福祉法及び関連法（児童虐待の防止等に関する法律、少年法など）、社会的養護（養子縁組・特別養子縁組を含む）の制度など児童福祉に関する法令・制度に関するもの<br>・児童相談所の業務、法的権限（児童福祉法第28条に基づく措置、一時保護など）や関係機関の役割・機能などソーシャルワークに関するもの<br>・子どもの成長・発達状況、子ども及び保護者の精神疾患や発達障害等の精神症状並びに行動特性、児童虐待のリスク因子や系統的な知識など子どもや保護者の特性を踏まえたアセスメントに関するもの |
|---|---|
| ②技術 | ・児童福祉法等の関係法令に基づく行政処分、個人情報管理その他法令に基づく行為を適正な手続を踏まえて行うこと<br>・関係機関及び社会的養護関係者と適切に連携した子どもや家庭への支援の計画・実行や支援の継続的マネジメント、社会資源の開発と活用などのソーシャルワークを行うこと<br>・子どもの年齢や発達状況、虐待や非行などの相談背景、親子関係・家族関係・地域との関係などの子どもを取り巻く状況に応じた聞き取りや見立てを行い、必要に応じて適切に介入・支援を行うこと |
| ③態度 | ・相談者や子どもに安心感をもってもらえる態度や言葉遣いを意識し、今後に向けての不安を解消できるよう、丁寧に説明することを心がける<br>・子どもの権利や生命を守るため、子どもの安心・安全のために何をすべきかを常に考え、支援に当たっては子どもの最善の利益を優先して考慮する<br>・対人関係のパターン、コミュニケーション上の自己覚知、必要な知識や技能の習得に努めるなど自己研鑽する姿勢をもつ |

出典：図表7-7と同じ

**補足**
**一時保護ガイドライン**
一時保護に関して指摘されている問題解決に向け、自治体や関係者が進むべき方針を共有し、一時保護を適切に行い、実効ある見直しを進めることを目的として、2018年に厚生労働省より示された。

うな体制を保つよう留意」し、「子どもが落ち着いて生活できるための施設、設備、日常生活の過ごし方や活動内容を工夫する」こととされています。

さらに、子どもの「年齢も、また一時保護を要する背景も虐待や非行など様々であることから、子ども同士の暴力やいじめなど、子どもの健全な発達を阻害する事態の防止にも留意しつつ、こうした『混合処遇』の弊害の解消を行うため、子どもの年齢等に配慮しつつ、原則として個室対応を基本とし、個別対応を可能とするような職員配置や環境整備を行うなど、一人一人の子どもの状況に応じた適切な支援の確保に配慮し、子どもが安全感や安心感を持てる生活の保障に努めなければならない」としています。

保育士の主な業務は、「一時保護をしている子どもの生活指導、学習指導、行動観察、行動診断、緊急時の対応等一時保護業務全般に関すること」と「児童福祉司や児童心理司等と連携して子どもや保護者等への指導を行うこと」であり、詳細な保護の内容として、7つの項目があげられます（図表7-9）。

**図表7-9 保護の内容**

| | |
|---|---|
| ①安定した生活への配慮 | （ア）入所期間が短期間である、年齢差や問題の違いがある、入退所が頻繁である等により計画的な運営は難しいが、子ども一人ひとりに合った支援を行う。<br>（イ）一日の過ごし方の例として、学齢児は学習指導、未就学児は保育を行う。また、スポーツ等レクリエーションのプログラムを組んだり、自由遊びのできる空間、読書や音楽鑑賞等を楽しむ環境を提供する。<br>（ウ）夜尿等特別な支援や治療的ケアを必要とする子どもへの対応等に配慮する。特に、入所時は精神的に不安定な状態であることが多く、心理的ケアを行うなど、安定した生活が送られるよう配慮する。 |
| ②生活面のケア | （ア）個々の子どもの状態に合わせて、洗面、排泄、食事、学習、遊び等毎日の生活全体の場面で行うが、子どもたちが一時保護所での生活をとおして徐々に生活習慣が身につくように支援する。<br>（イ）幼児に対する保育は、情緒の安定、基本的生活習慣の習得等に十分配慮して行う。<br>（ウ）無断外出等の問題を有する子どもに対しては、その背景要因を丁寧に探り、その子どもが抱える問題解決を最優先にしたうえで、子どもの心に寄り添った生活面のケアおよび必要な指導を行う。 |
| ③レクリエーション | （ア）子どもの年齢を考慮の上、卓球、野球、バトミントン、バスケットボール等のスポーツ活動およびゲーム、創作活動、読書、トランプ、将棋、テレビ、ビデオ等の室内遊戯等を計画し、子どもの希望に応じて参加させるよう配慮する。<br>（イ）必要に応じ、事故防止に留意しつつ野外活動等を実施することも子どもの安定化等に有効である。なお、これらのための道具、設備等の整備にも十分配慮する。 |
| ④食事（間食を含む） | （ア）ほかの施設と異なり、子どもの入退所が多いため、食事について特に配慮する。また、食事は衛生が確保され、栄養のバランスはもちろん子どもの嗜好にも十分配慮し、あらかじめ一定期間の予定献立を作成し、温かい雰囲気のなかで提供する。<br>（イ）入所前の生活や入所時の不安等から偏食、少食、過食、拒食等の問題も生じやすいので、個々の子どもの状態に即した食事への配慮を行う。<br>（ウ）食物アレルギー等については、アセスメントができていない子どもが突然入所することもあるため、特に配慮を要する。<br>（エ）栄養士、調理員等食事に携わる職員は、日常の健康管理に十分配慮するとともに毎月定期的に検便を実施する。 |
| ⑤健康管理 | （ア）子どもにとっては新しく慣れない環境で心身の変調をきたしやすくなるため、医師、保健師、看護師との十分な連携を図り、健康管理について配慮する。<br>（イ）毎朝、子どもの健康状態を観察するほか、必要に応じ健康診査を受けさせる。また、応急の医薬品等を備え付けておく。 |
| ⑥教育・学習支援 | （ア）子どもの状況や特性、学力に配慮した支援を行うことが必要であり、在籍校と緊密な連携を図り、どのような学習を展開することが有効か協議するとともに、取り組むべき学習内容や教材などを送付してもらうなど、創意工夫した学習を展開する必要がある。<br>（イ）職員派遣や教材提供などについて、都道府県または市町村の教育委員会等と連携し、一時保護所にいる子どもの学習支援が実施できる体制整備を図る。<br>（ウ）やむを得ず一時保護期間が長期化する子どもについては、特段の配慮が必要であり、都道府県または市町村の教育委員会等と連携協力を図り、具体的な対策について多角的に検討し、就学機会の確保に努める。 |
| ⑦特別な配慮が必要な事項 | （ア）一定の重大事件に係る触法少年と思料される少年については、警察からの通告または送致を受けて一時保護することとなるが、当該一時保護の期間においては、児童相談所における各種調査・診断を経たうえで、援助の内容を決定することが必要である。 |

出典：厚生労働省「一時保護ガイドライン」2018年をもとに作成

一時保護を受けている間は、原則として地域の学校などへ通うことはできず、外出や電話なども制限されています。つまり、ほとんどの時間を施設内で過ごすこととなり、不安やストレスから子ども同士のトラブルなども起きる可能性があります。そこで、保育士に限らず、すべての職員が子どもにとって"家庭の場"として安心して生活できる環境を整える必要があります。さらに、不適切であった生活状況からの脱却、安心・安全による丁寧な養護活動が求められています。

　また、一時保護での生活は事細かに観察・記録を行います。これは、定期的にほかの職員と観察結果等の比較検討を通して、援助指針を定めるためであり、心理的・医学的・社会的判定など、子どもの今後の生活の場を決定する重要な資料となります。

### 4　保育士業務の一日の流れ

　一時保護所は、子どもにとって、安心で安全な居場所であり、生活リズムを保護以前の不規則で不安定であった生活から基本的な生活習慣が身につくよう組み立てられています（図表7-10）。掃除や入浴の仕方など十分にできなくても、配慮して、生活上の基本的なルールを少しずつ指導していきます。

　前述のとおり、子どもたちは学校等への通学に制限があることから、施設内での教育・学習指導、設定保育が行われます。また、性別や年齢別のグループに分けるなどして、日課に沿った生活をしており、子どもの状況から必要に応じて、心理相談や医療機関への受診等が実施されます。

　さらに、レクリエーションやプログラムなどを行い、子どもの不安定な精神状態に寄り添い、できるだけ安定した生活を維持することを目指しています。

　子どもたちはさまざまな理由で一時保護所に入所してきます。そうした子どもたちが1つの施設で共同生活を行うのは容易なことでありません。加えて、プライバシーの配慮や子ども同士の暴力、いじめなど、子どもの健全な発達を阻害する事態の防止にも留意しなければなりません。

　一時保護所は"児童福祉の最前線"ともいえる施設です。子どもの入退所が激しく、本格的な養育への難しさはあるものの、職員との出会い、そして工夫がその後に大きな影響を与えるといえます。

### 図表7-10 一時保護所（児童相談所）の一日の流れ

| 時刻 | 生活の流れ | | 職員の動き |
|---|---|---|---|
| | 学童 | 幼児 | |
| 7:00 | 起床・着替え・洗面 | 起床・着替え・洗面 | 朝の子どもの状況把握（体温を測るなど） |
| 7:30 | ラジオ体操 | | |
| 8:00 | 朝食 | 朝食 | 配膳・朝食援助 |
| 8:30 | 自由時間 | 自由時間 | 職員の打ち合わせ |
| 9:20 | 読書 | 読み聞かせ | 読み聞かせ、環境整備 |
| 9:50 | 朝の会 | 朝の会 | |
| 10:00 | 学習 | 設定保育 | 学習支援・保育活動 |
| | | | 子どもへの個別指導 |
| 12:00 | 昼食 | 昼食 | 配膳・昼食援助 |
| 12:30 | 自由時間 | 自由時間 | |
| 13:20 | 各種グループ活動<br>　スポーツ、創作活動、<br>　野外活動など | 午睡 | 学習・午睡支援（一部心理相談支援） |
| 15:00 | おやつ | おやつ | おやつ援助 |
| 15:30 | 清掃 | 入浴 | 入浴支援 |
| 16:00 | 自由時間・入浴 | 自由時間 | 入浴支援 |
| 17:30 | 夕食 | 夕食 | 夕食援助 |
| 18:30 | 日記記入 | 自由時間 | 日記の記入指導、コメントをつけて返却 |
| 19:30 | 自由時間 | | |
| 20:00 | | 就寝 | 就寝援助 |
| 20:50 | 夜の会・就寝（小学生） | | 子どもの状況に合わせて寄り添う |
| 22:00 | 就寝（中学生以上）<br>消灯 | | 就寝後の子どもの状況把握 |

出典：民秋言編『施設実習（新版）』北大路書房、2014年、石橋裕子編『知りたいときにすぐわかる幼稚園・保育所・児童福祉施設等実習ガイド』同文書院、2015年をもとに作成

### 演習課題

①母子生活支援施設では子どもだけでなく、親の支援も求められます。親の不安や悩みをグループで考えてみましょう。

②①で考えた親の不安や悩みから1つ選んで、親役と保育士役に分かれて、ロールプレイをしてみましょう。

③児童相談所一時保護所では、どの実習施設よりも職員間での連携が重要です。そこで、より良いチームワークを構築していくためには、何が必要かをグループで話し合ってみましょう。

レッスン8

# 障害児入所施設・障害者入所施設での実習

障害児・者支援の歴史、制度の変遷や概要を踏まえたうえで、障害児入所施設や障害者入所施設について、法的な定義、施設運営上の基準、職員体制などを学びます。また、これらの施設で働く支援員や保育士が、障害児・者福祉の理念や制度に基づき、どのような支援を行っているかを理解しましょう。

## 1. 障害児・者支援の歩み

### 1 日本の戦前（1945年以前）の障害者対策

　戦前は、救貧制度のなかで、障害者対策が実施されました。1929（昭和4）年の救護法（現在の生活保護法につながる法律）のなかで、「不具廃疾、疾病、傷病、傷痍其ノ他精神又ハ身体ノ障碍ニ因リ労務ヲ行フニ故障アル者」というように、障害の内容は限定的に表記されました。

　あわせて戦時中は、傷痍軍人対策（戦争で負傷した兵隊）として、身体障害者福祉のしくみが発展しました。

　一方、大正時代以降、慈善救済事業が広がりをみせ、民間の篤志家（ボランティア）によるセツルメント的事業として、施設を中心とした相互救済事業が展開されます。

### 2 日本の戦後（1945年以降）の障害者対策

　第2次世界大戦敗戦後の日本では、戦後対策としての障害者施策が喫緊の課題であり、以下の対策が実施されました。
・戦争による負傷軍人の対応としてのリハビリ、身体障害者福祉
・戦争被害（原爆、空襲など）の緊急対応としての障害者施策
・貧困対策の一環としての緊急の障害者施策

### 3 法律の整備と障害者福祉の制度化

　1946（昭和21）年の日本国憲法公布により、「生存権」と「社会権」の保障が新憲法によりうたわれ、障害者の福祉は、戦後緊急対策から広く国民一般への障害者福祉施策に拡大していきます。
① 1947（昭和22）年 「児童福祉法」の成立
　この法律では、18歳以上の知的障害者も含めた知的障害児者の福祉

は、当時の精神薄弱児施設でのみ行われることとなりました。
② 1949（昭和24）年 「身体障害者福祉法」の成立
　戦後の緊急対策として実施されていた施策が、**「更生」という概念**を重視した法律のもとに整備されていきます。
③ 1960（昭和35）年 「**精神薄弱者福祉法**」の制定
　成人期（18歳以上）の知的障害者対策が、児童福祉法から分離され、制度化されていきます。

### 4　国際障害者年（1981年）以降の動向

**国際障害者年**\*以降の動向をまとめると、以下のとおりです。
① 1981（昭和56）年、国連の提唱による「国際障害者年」と決定
・障害者に関する世界行動計画（1982年）
・「国連障害者の十年」計画（1983年～）
② 日本でも「障害者対策に関する長期計画」の決定（1982年）
・「障害者対策に関する新長期計画」の決定（1993年）
③ 「障害者基本法」の成立（1993年）
・障害者の自立と社会参加の一層の促進を図るための法律
④ 1995（平成7）年「障害者プラン（ノーマライゼーション7か年戦略）」策定

### 5　「障害者基本法」の成立（2004年）

「障害者基本法」第1条には、「（前略）障害者の自立及び社会参加の支援等のための施策を総合的かつ計画的に推進することを目的とする」と明示されています。
　この法律において、障害者とは、身体障害、知的障害または精神障害があるため、継続的に日常生活又は社会生活に相当な制限を受ける者をいうと定義されています。基本的理念は、以下のとおりとなります。
① 全ての障害者は、個人の尊厳が重んぜられ、その尊厳にふさわしい生活を保障される権利を有する。
② 全ての障害者は、社会生活を構成する一員として社会、経済、文化等、あらゆる分野の活動に参加する機会が与えられる。
③ 何人も、障害者に対して、障害を理由として、差別することその他権利利益を侵害する行為をしてはならない。

### 6　「障害者自立支援法」の成立（2005年）

この法律は、2012（平成24）年に「**障害者総合支援法**」へ名称変更、

---

**■ 補足**

**「更生」という概念**
更生の援助、更生のための保護。

**「精神薄弱者福祉法」**
1999（平成11）年、「知的障害者福祉法」と名称変更、改正された。

**※ 用語解説**

**国際障害者年**
国際連合総会（1976年）で決定。1981年が国際障害者年にあたる。障害者の社会生活の保障・参加のための国際的努力の推進を目的としており、テーマは「完全参加と平等」である。1971年「精神薄弱者の権利宣言」、1975年「障害者の権利宣言」に次ぐ国連決議である。
【主な内容】
① 障害者の社会への身体的及び精神的適合を援助すること。
② 障害者に対して適切な援護、訓練、治療及び指導を行い、適当な雇用の機会を創出し、また障害者の社会における十分な統合を確保するためのすべての国内的及び国際的努力を促進すること。
③ 障害者が日常生活において実際に参加すること、たとえば公共建築物及び交通機関を利用しやすくすることなどについての調査研究プロジェクトを奨励すること。
④ 障害者が経済、社会及び政治活動の多方面に参加し、及び貢献する権利を有することについて、一般の人々を教育し、また周知すること。
⑤ 障害の発生予防及びリハビリテーションのための効果的施策を推進すること。

> 補足
「障害者総合支援法」
正式名を「障害者の日常生活及び社会生活を総合的に支援するための法律」という。

改正されました。

① 障害者施策（サービス）の「2元化」

サービスの提供主体が、市町村に一元化されました。国、都道府県はこの支援を行います。

また、障害の種類（身体障害・知的障害・精神障害）に関係なく、共通の福祉サービスを提供する「3障害一元化」が実現しました。

② 利用者本位のサービス体系に再編

障害種別ごとの通所施設・事業体系が、6つの事業に再編されました。

- 療養介護、生活介護 → 重度障害者の日中活動
- 児童デイサービス → 障害児通園訓練、障害児学童保育
- 自立訓練 → 自立を目指した日常生活訓練、社会生活訓練
- 就労移行支援、就労継続支援 → 従来の「授産施設」、福祉工場

③ 夜間・休日支援と日中支援の分離

従来の知的障害者入所更生施設、身体障害者入所更生施設、知的障害者入所授産施設、身体障害者入所授産施設、身体障害者療護施設が、すべて「障害者自立支援法」のもと、「施設（入所）支援」に移行されました。

また、地域生活（居住）支援として、グループホーム（共同生活援助）とケアホーム（共同生活介護）の制度に移行しました。

④ 就労支援の強化

障害者が「もっと働ける社会」を築くことを目指した就労支援の強化が図られました。働く意欲と能力のある障害者が企業等で働けるよう、雇用施策と連携しつつ、福祉サイドから支援を行う制度に改められました。

就労移行支援事業など、一般就労への移行を支援するための事業が創設されました。従来の「通所授産施設」は、一般企業や**就労継続支援**A型事業所への雇用を目的に就労準備訓練に特化した就労移行支援事業、また一般就労がすぐには困難な障害者が利用し「働き続ける」就労継続支援事業に移行しました。

⑤ 公平なサービス利用のための「手続きや基準」の透明化、明確化

支援の必要度に関する客観的な尺度として、「障害程度区分」制度が導入されました。区分判定は、「自立」と「障害程度区分1〜6」の7段階に分かれます。この判定は、療育手帳や身体障害者手帳の判定（等級）とは別なもので、「障害者総合支援法」のサービスを利用するための基準となるものです。「障害程度区分」判定審査会を市町村ごとに設置して、区分判定を行います。審査会は、市町村職員以外の医師と福祉・

> 参照
就労継続支援
→レッスン11

保健の専門職員で構成されます。

#### ⑥ 増大する福祉サービス等の費用を支える安定的な財源の確保

障害福祉サービス等の費用について、補助金的な方法から、国が義務的に（一定割合を）負担するしくみに改められ、国の財政的責任が強化されました。

また、利用したサービスの量や所得に応じた「利用者負担」制度が導入されました。障害者自らも制度を支え合う一員になるという観点から、食費等の実費やサービス利用料に応じた利用者負担（おおむね10％）を求められるようになりました。過大な負担にならないよう、障害者本人の所得に応じた負担上限額が設定されています。

## 2. 障害児入所施設の機能と役割

### 1 障害児入所施設の成り立ちと現行の体系へ

日本では、明治期に富国強兵の近代化政策のもと、児童保護政策の基盤が築かれました。1874（明治7）年の恤救規則により、「無告の窮民」として13歳以下の孤児の保護が制度化されました。また、「国」の救済政策の不備を補うため、民間の慈善活動として児童福祉施設の「原型」となる事業が行われたり施設が開設されたりしました。

1884（明治17）年に池上雪枝が、大阪で不良少年の収容保護事業を開始します。また1887（明治20）年には、石井十次が「岡山孤児院」を設立し、小舎制による児童養護施設、里親制度の原型となりました。さらに1891（明治24）年に、石井亮一が「滝乃川学園」を東京に設立し、これが最初の知的障害児施設となりました。

戦後の戦災浮浪児、引き揚げ孤児、栄養不良児等の保護が契機となり、1947（昭和22）年に児童福祉法が制定され、現在の児童福祉施設の制度がスタートします。日本国憲法でいう「すべて国民は、健康で文化的な最低限度の生活を営む権利」の保障（第25条）と、「子どもの最善の利益の保障」（「児童の権利に関する国際連合条約」第2条）は児童福祉の基本となる大切な理念です。児童福祉施設の支援の対象者は、18歳未満のすべての子どもと家族となります。

「児童福祉法」の成立のもと、障害児入所施設は、知的障害児（精神薄弱児）施設、肢体不自由児施設、自閉症児施設、盲ろうあ児施設、重症心身障害児施設、に体系化されて整備されていきました。

その後、2011（平成23）年に「児童福祉法」が改正され、現行の障

害児入所支援（福祉型・医療型）の体系に移行されます。この改正は、施設入所を必要とする障害児が重度化・重複化していることや、児童虐待の急増による被虐待児童が増加していること、また障害者自立支援法以降、18歳以上の障害者の制度が「3障害一元化」の理念のもと統合化されたことが背景にあると考えられます。

### 2 障害児入所施設の制度と役割

#### ① 障害児入所施設の制度（「児童福祉法」第42条）

「児童福祉法」改正前は、障害児の入所施設は、知的障害児入所施設・自閉症児入所施設、盲ろうあ児施設、肢体不自由児入所施設、重症心身障害児施設として、障害の種別や状況に応じて設置されていました。それが、成人の障害者の制度体系が障害種別にともなう制度から改革（「障害者自立支援法」3障害の区分の統合）されたことを追う形で、2011年の「児童福祉法」改正により、「福祉型」「医療型」の2種の障害児入所施設に移行されました。

福祉型障害児入所施設（主に知的障害児の場合）は、障害のある児童を入所させて保護するとともに、日常生活の指導および独立自活に必要な知識や技能を与えることを目的とする施設です。

医療型障害児入所施設（主に重症心身障害児、重度身体障害児の場合）は、重度の知的障害および重度の肢体不自由が重複している児童を入所（通所）させてこれを保護するとともに、治療および日常生活の指導をすることを目的とする施設です。

#### ② 福祉型障害児入所施設の機能

福祉型障害児入所施設には、知的障害児、肢体不自由児、自閉スペクトラム症等の発達障害の児童（従来の自閉症児を含む）、視覚障害や聴覚障害の児童などが、さまざまな家庭の事情により入所しています。

障害児の支援は、ノーマライゼーションの理念のもと、障害児教育の義務化、地域療育の機能の充実、障害児サービス事業（ホームヘルプ、短期入所、児童デイサービス、放課後デイサービス等）の制度化および拡大により、家庭生活や地域生活を前提とした体系に移行してきています。

施設への入所理由として、従来の障害児差別や偏見を背景とした「障害児であるがゆえの施設入所」「親亡きあとの安心のための入所」「障害児への在宅サービス（保育、教育を含む）がないがゆえの入所」が少なくなる一方で、離婚増加による単身家庭（母子家庭、父子家庭）の増加や経済的事情を背景とした入所の割合が増加しています。近年では、家

庭（父母等）虐待を理由とした入所の割合が急増しており、障害児への専門的支援と社会的養護の機能の両方が求められます。

一方で、児童養護施設等の社会的養護施設の入所児のなかで、知的障害や発達障害を抱える児童の割合が近年増加しており、障害児入所施設と社会的養護施設の機能の複合化という課題が浮かび上がってきています。

### ③ 医療型障害児入所施設の機能

医療型障害児入所施設には、重度の肢体不自由児、重度の身体障害と知的障害をあわせもつ重症心身障害児、常時医療的ケアが必要な重い障害や疾病を抱える児童が入所しています。年々、治療や医療的ケア（人工呼吸器、経管栄養、排泄排尿支援、投薬等）を必要とする児童が入所する割合が増しています。また、福祉型障害児入所施設と同様に、児童虐待による後遺障害の児童や、乳児院退所の児童の受け入れ先としての役割も増してきています。

## 3. 障害者入所施設の歩み、機能と役割、実習

### 1 日本の「知的障害者」を中心とした障害者入所施設の歩み

1980年代の国連「国際障害者年」を経て日本にも定着したノーマライゼーションの理念は、戦後の日本における知的障害者の「脱施設化」の動きにも大きな影響を与えました。第1次ベビーブームや経済の高度成長を経て、1973（昭和48）年の「福祉元年」へと日本の障害者福祉は展開していきます。そのなかで、障害児の親の運動はおおむね、「親亡きあと」の生活と入所型施設建設の運動、障害児教育の義務化の運動、「生まれた地域での生活」のための運動、「自立」と社会参加と就労を目指した運動、「共生社会」を目指した運動へと推移していきます。

1960年前後から、障害児の親たちの運動を背景に、全国の都道府県で大規模入所型施設（いわゆる「コロニー」）が整備されていきました。当時、市町村からの「就学猶予（免除）」（1978年に制度廃止）の通知を受け、多くの子どもたちが親元を離れ障害児施設に入所しました。現在も70歳を超えてなお、介護保険制度に移行せず障害者施設で生活している人が多くいます。一方、親や関係者の運動を土台に、「児童福祉法」から分離した「精神薄弱者福祉法」の制定（1960年）、障害児教育（養護学校等）の義務化（1979年）、「精神薄弱」から「知的障害」への用語改正の法制化（1998年）等の知的障害の人権に関わる制度の変革

には、実に40年以上の歳月を要しています。

　1981年の国際障害者年とあいまって、生まれた地域での生活や就労と社会参加、自立と地域生活支援（地域移行）などの「当たり前で普通の願い」が、親だけでなく障害者本人（当事者）の運動の中心となってきました。この潮流のなかで1970年代以降、障害児者福祉の現場では、多様な運動体とボランタリズムの合体により、無認可共同作業所、グループホーム、レスパイトケア、24時間ホームヘルプ、障害児学童保育やサマースクール等、制度外の先駆的な活動（事業）が展開されてきました。この流れは、障害者入所施設だけでなく社会的養護の施設、高齢者施設を含めて、今日の共生社会を目指す地域福祉の大きな源流となりました。障害児者の福祉の分野では、民間の先駆的な事業からコミュニティケアのしくみがつくられていったともいえます。

　当事者、親（家族）、福祉・教育従事者、ボランティア、研究者らの「草の根の活動」がノーマライゼーションのムーブメントと重なり、日本でも「障害者自立支援法」制定を機にする大変革につながっていきます。2012（平成24）年の「障害者の日常生活及び社会生活を総合的に支援するための法律」（障害者総合支援法）への改正を契機に、ニィリエの提唱した**ノーマライゼーションの8つの原理**[*]が、相談支援（ケアマネジメント）の強化のなかで確実に制度化されていきます。同法では目的規定のなかで、「自立」という表現に代わり「基本的人権を享有する個人としての尊厳」と明記されています。

### 2 「障害者支援施設」と保育実習（施設実習）の対象施設

　「障害者総合支援法」第5条では、障害者支援施設とは、「障害者につき、施設入所支援を行うとともに、施設入所支援以外の施設障害福祉サービスを行う施設」と規定されています。障害福祉サービス事業所とは、居宅介護、重度訪問介護、同行援護、行動援護、療養介護、生活介護、短期入所、重度障害者等包括支援、施設入所支援、自立訓練、就労移行支援、就労継続支援、就労定着支援、自立生活援助、共同生活援助、を行う事業所と示されています。

　厚生労働省の示す保育実習実施基準で示された実習施設のなかで、障害児者関連施設では、障害児入所施設、児童発達支援センター、障害者支援施設、指定障害福祉サービス事業所（生活介護、自立訓練、就労移行支援、就労継続支援に限る）が対象となっています。

　保育実習Ⅰの成人障害者関連の実習指定施設は、障害者入所施設はもとより、利用者が自宅等から通所する地域の福祉サービス事業所のなか

---

**✳ 用語解説**

**ノーマライゼーションの8つの原理**
①個人のニードに配慮した1日のノーマルな生活リズムの提供
②住居、教育、仕事、余暇などの1週間のノーマルな生活上のリズムの提供
③1年間のノーマルなリズムの保障
④人生においてのノーマルな発達的社会的経験の機会の保障
⑤本人の選択や願いの尊重
⑥男女が共に暮らす世界の尊重
⑦ノーマルな経済水準の保障
⑧施設の規模や立地場所が一般市民と同等にノーマルなものであるべき
（ベンクト・ニィリエ／河東田博・橋本由紀子・杉田穏子訳編『ノーマライゼーションの原理——普遍化と社会変革を求めて』現代書館、1998年）

で、生活介護、自立訓練、就労移行支援、就労継続支援を単独または多機能に運営している事業所も対象となります。実際には、障害者支援施設や福祉サービス事業所は、「障害者総合支援法」第5条の規定した事業の複数の指定を受け、多機能・総合的に運営されているところが大半となります。

障害者施設で保育実習を実施する場合、障害者支援を総合的に多方面から学ぶことが可能になる反面、対象者の障害の理解に加えて、障害者制度や施策(サービス)についても幅広く事前学習を行うことが必要となります。

## 4. 障害児入所施設、障害者入所施設の運営体制

### 1 障害児入所施設の職種と配置基準

障害児入所施設の職種と配置基準は以下のとおりです。

①主な職種(常勤、非常勤)
・管理者(施設長)、児童発達支援管理責任者
・保育士、児童指導員、指導員、ケースワーカー、看護師、心理士
・医師、作業療法士(OT)、言語聴覚士(ST)、理学療法士(PT)
・職業指導員、栄養士、調理員、運転手、事務員

②児童指導員および保育士の配置基準
・主として知的障害児、自閉症児　4.3：1
・主として盲児、ろうあ児、乳幼児　4：1、少年　5：1
・主として肢体不自由児　3.5：1
・児童指導員　1人以上、保育士　1人以上

医療型障害児入所施設の場合は、看護師、医師、OT、ST、PTの配置基準が高くなります。

### 2 障害者入所施設の職種と配置基準

障害者入所施設の職種と配置基準は以下のとおりです。

①必要な主な職種(常勤、非常勤)
・管理者(施設長)、サービス管理責任者
・生活支援員(保育士、児童指導員等の資格者)、支援員
・ケースワーカー、機能訓練指導員、看護師、医師(嘱託医を含む)
・理学療法士(PT)、職業指導員、栄養士、調理員、運転手、事務員

②児童指導員および保育士の配置基準

・夜間における入浴、排泄などの介護や日常生活上の相談支援等を実施。
・利用者の平均障害程度区分に応じた人員配置の基準を設け、これに応じた報酬単価を設定。
・夜勤職員、1～3人以上。
・休日等の職員配置は、利用者の状況に応じ必要な支援を行うための勤務体制を確保。

③障害者支援施設の総合的な職種、職員配置
・障害者支援施設は、障害者入所支援施設と日中活動の障害者福祉サービス事業（短期入所、生活介護、就労継続支援等）を総合的に運営しているところが大半である。
・福祉サービス事業ごとに、サービス管理責任者の配置、必要な職種、職員配置基準が指定されている。
・障害者入所支援施設、生活介護等の事業は、平均障害程度区分ごとに支援員の配置基準がある。また、常勤職員と非常勤職員を組み合わせた「常勤換算」の配置基準が定められている。
・就労移行支援、就労継続事業等の事業では、職業指導員、作業指導員、機能訓練指導員等の専門職員の配置により、報酬単価に加算設定されている。

　以上のことから、福祉サービス事業の種類、平均障害程度区分、就労支援事業の特性等に応じた施設（事業所）ごとに職種や職員配置の特色があり、児童福祉施設の職種、職員配置基準と比べて複雑になっているのがわかります。

　障害者入所施設等で実習を行うには、オリエンテーションなど事前学習が重要です。また養成校教員らも、児童福祉施設以上に実習先施設ごとの事業内容、目的、運営基準、特色等の理解を深めておく必要があります。

## 5. 両施設の仕事内容と一日の流れ

### 1 障害児入所施設（概要）

図表8-1に障害児入所施設の一日の流れを示します。

**図表8-1** 障害児入所施設の一日の流れ

| 時刻 | 事項・業務 | 具体的内容 |
|---|---|---|
| 6：00 | 起床<br>朝の生活支援<br>朝食 | ・健康観察、起床支援、**日常生活支援**＊<br>・食事支援（介助、栄養指導） |
| 8：00 | 登校支援 | ・登校付き添い |
| 9：00 | 引き継ぎ<br>日中支援<br>通院支援<br>計画、記録<br>ケースワーク<br>生活支援<br><br>医療支援 | ・夜勤宿直者と管理者、日勤者の打ち合わせ<br>・幼児等の保育プログラムの実施<br>・病気等児童の通院、医療機関との連携<br>・個人支援計画の作成、個人記録記載<br>・保護者、通学先、関係機関との連絡調整<br>・清掃保守（居室、施設内の共同スペース）<br>・生活学習用具、衣類等の整備<br>・必要児童への個別支援 |
| 12：00 | 昼食支援<br>午睡支援<br>ケースカンファレンス | ・幼児の食事支援<br>・幼児の健康支援、午睡支援<br>・緊急の生活課題、個別支援計画、保護者支援、関係機関との連携、医療的課題等の協議 |
| 15：00 | 入浴支援<br>登校支援<br>余暇支援<br>学習支援<br>引き継ぎ | ・幼児の入浴支援<br>・登校（帰寮）支援、健康観察、おやつ支援<br>・余暇プログラムの実施<br>・宿題、個別課題の支援<br>・日勤職員、看護師等から夜勤者への引き継ぎ |
| 18：00 | 夕食 | ・食事支援（介助、栄養指導） |
| 19：00 | 入浴支援<br>余暇支援 | ・学齢児の入浴支援<br>・余暇支援 |
| 21：00 | 就寝支援 | ・健康観察、就床就寝の支援 |
| 22：00 | 安全巡回<br>夜間支援 | ・安全確認、健康確認<br>・個別支援、医療支援、排泄支援 |
| 24：00 | 記録 | ・業務日誌、個人記録の記載 |

＊ **用語解説**
**日常生活支援**
日常生活動作（ADL）の支援。食事、排泄、着脱、保清（清潔）、移動の支援などがある。

## 2 障害者入所施設（概要：生活介護事業併設を想定）

図表8-2に障害者入所施設の一日の流れを示します。

**図表8-2** 障害者入所施設の一日の流れ

| 時刻 | 事項・業務 | 具体的内容 |
|---|---|---|
| 6：00 | 起床 | |
| | 朝の生活支援 | ・健康観察、起床支援、日常生活支援 |
| | 朝食 | ・食事支援（介助、栄養指導）、投薬 |
| 8：00 | 通所支援 | ・就労継続事業・他施設通所者への支援 |
| 9：00 | 引き継ぎ | ・夜勤宿直者と管理者、日勤者の打ち合わせ |
| | 日中支援移行 | ・生活介護事業への移動、連絡調整 |
| | 通院支援 | ・利用者の通院、医療機関との連携 |
| | 計画、記録 | ・個別支援計画の作成、個人記録記載 |
| | ケースワーク | ・家族、通所先、関係機関との連絡調整 |
| | 生活支援 | ・清掃保守（居室、施設内の共同スペース） |
| | | ・生活用具、衣類等の整備 |
| | 医療支援 | ・必要利用者への個別支援 |
| 12：00 | 昼食 | ・病気等での在所利用者の食事支援、投薬 |
| | ケースカンファレンス | ・緊急の生活課題、個別支援計画、活動支援、関係機関との連携、医療的課題等の協議 |
| 16：00 | 入浴支援 | ・入浴支援（介助度の高い利用者支援） |
| | 余暇時間支援 | ・個別活動の支援 |
| | 引き継ぎ | ・日勤職員、看護師等から夜勤者への引き継ぎ |
| 18：00 | 夕食 | ・食事支援（介助、栄養指導） |
| 19：00 | 入浴支援 | ・入浴支援（入浴自立者の補助支援） |
| | 余暇時間支援 | ・自由時間の余暇支援 |
| 21：00 | 就床就寝支援 | ・投薬、健康観察、就床就寝の支援 |
| 22：00 | 就寝 | |
| | 安全巡回 | ・安全確認、健康確認 |
| 24：00 | 夜間支援 | ・個別支援、医療支援、排泄支援 |
| | 記録 | ・業務日誌、個人記録の記載 |

注1：生活介護等の事業所と併設して運営している場合、利用者は、おおむね10〜16時の時間は、日中活動として該当事業所の支援を受けて過ごすことになる。
注2：他事業所の日中活動に通所する利用者は、障害者入所施設と就労継続支援等施設の両事業所から支援を受けることになる。事業所間および相談支援事業者との綿密な連携が必要となる。

### 演習課題

①障害児・者入所施設が、歴史的・制度的にどのように進展したかについて、簡潔にまとめてみましょう。

②ノーマライゼーションの理念を学んだうえで、実習生として大切にする姿勢をまとめてみましょう。

③地域（大学、自宅周辺）の障害児・者施設の種別、形態、目的、特色、地域交流行事などについて調べてまとめてみましょう。

レッスン**9**

# 児童発達支援センター・児童発達支援事業所等での実習

このレッスンでは、福祉型児童発達支援センターおよび児童発達支援事業所と、医療型児童発達支援センター（医療型児童発達支援）の法律上の位置づけと果たすべき機能を学んだうえで、職員の設置基準や役割、施設実習で行う内容について理解していきましょう。

## 1. 福祉型児童発達支援センター・児童発達支援事業所

### 1 法律上の位置づけと果たすべき機能

　2012（平成24）年の「児童福祉法」改正前までは障害児通所施設は、「児童福祉法」の知的障害児通園施設・肢体不自由児通園施設・難聴幼児通園施設に分かれ、「障害者自立支援法」の児童デイサービス事業（就学前障害児通園事業、障害児学童保育事業）および、短期入所事業と相互に補完し合いながら、障害児療育システムの中核を担ってきました。

　改正後には、「障害者自立支援法」から「障害者総合支援法」への改正、「発達障害者支援法」の成立を受け、療育・通園事業については「障害児通所支援」という形で統合されました。

　障害児通所支援の内容は、①児童発達支援、②医療型児童発達支援、③放課後等デイサービス及び保育所等訪問支援です。

　児童発達支援とは、「児童福祉法」第6条の2第2項において「障害児につき、児童発達支援センターその他の厚生労働省令で定める施設に通わせ、日常生活における基本的な動作の指導、知識技能の付与、集団生活への適応訓練その他の厚生労働省令で定める便宜を供与すること」と定義されています。児童発達支援事業は、児童発達支援を行う事業となります。

　福祉型児童発達支援センターは、このような支援を行う事業所の一つで、「日常生活における基本的動作の指導、独立自活に必要な知識技能の付与又は集団生活への適応のための訓練」（「児童福祉法」第43条）を行っています。主に、児童発達支援と、保育所等訪問支援などの実施や相談支援の地域相談を行います。

　施設に通所している子どもは、発達に障害のあるおおむね3歳から就学前までの幼児が中心ですが、施設によっては、0歳から受け入れを

**＊用語解説**
**自閉スペクトラム症**
発達障害に分類され、①対人的コミュニケーションと相互作用の障害、②限局された反復する行動や興味（こだわり）があり、幼少期より症状が見られる。

している施設もあります。障害の種類としては、**自閉スペクトラム症**＊がかなり多くを占めていますが、そのほかにもダウン症、脳性まひなど、さまざまな障害のある子どもがいます。また、知的障害だけでなく、肢体不自由をともなう重度重複障害の子どもの通所も認められるようになり、サービスの一元化が図られている施設も増えています。

それらの障害のある子どもが、できるだけ身近な地域で支援を受けられることや、障害の特性にかかわらず適切な対応を受けられることを基本とし、障害のある子どもとその家族への支援を行い、家族支援や地域の関係機関と連携することが求められています。

すなわち、障害のある子どもが通所することで、将来的にできる限り社会適応し、住んでいる地域の幼稚園・保育所・学校で集団生活を送ることを目標としているのが、児童発達支援センターなのです。

なお、通所している子どもとその保護者に対しての養護内容は、主に4つあげられます。

①生活指導：基本的生活習慣（食事、着脱、排泄など）に必要な技術の習得・指導、遊びや子どもとの関わりを通じて生活の基礎的な社会ルールについて指導する。

②保護者等との連絡：送迎時に、職員が保護者に対して、子どもの施設での様子や施設に通うにあたって必要なことを報告・連絡を行う。

③入所した児童に対する健康診断：入所する子どもに対して、心身の状態の診断や治療を行う。

④心理学的および精神医学的診査：通所している子どもを適切に発達支援するため、随時心理学的および精神医学的診査を行う。

### 2　職員体制と配置基準

福祉型児童発達支援センターの場合、受け入れる障害の種別によって、職員体制と配置基準が異なります（図表9-1）。

### 3　保育士の仕事内容と役割

児童発達支援センターでは、発達に障害がある子どもを毎日保護者のもとから通園させ、基本的生活習慣や社会性等を身につけ、子どもが将来できる限り社会に適応できるように支援しています。

また、今日では、子どもへの支援だけでなく、保護者・家族支援、地域支援の役割を担うこととされ、その機能強化が進められています。

①**基本的生活習慣（食事、着脱、排泄）の自立支援**

食事、衣服の着脱、排泄といった基本的生活習慣の確立は、社会生活

## 図表9-1　福祉型児童発達支援センターの職員体制、配置基準

| 種類 | 職員体制 | 職員の配置基準 |
|---|---|---|
| 知的障害児 | 嘱託医（精神科または小児科の診療に相当の経験を有する者）、児童指導員、保育士、栄養士、調理員、児童発達支援管理責任者、機能訓練担当職員（日常生活を営むのに必要な機能訓練を行う場合） | 児童指導員、保育士、機能訓練担当職員の総数は、通じて児童の数を4で除して得た数以上 |
| 難聴児 | 嘱託医（眼科または耳鼻咽喉科の診療に相当の経験を有する者）、言語聴覚士、児童指導員、保育士、栄養士、調理員、児童発達支援管理責任者、機能訓練担当職員（日常生活を営むのに必要な機能訓練を行う場合） | 児童指導員、保育士、言語聴覚士、機能訓練担当職員の総数は、通じて児童の数を4で除して得た数以上（ただし、言語聴覚士の数は、4人以上でなければならない） |
| 重症心身障害児 | 嘱託医（内科、精神科、神経科を組み合わせた名称を診療科名とする診療科、小児科、外科、整形外科またはリハビリテーション科の診療に相当の経験を有する者）、看護師、児童指導員、保育士、栄養士、調理員、児童発達支援管理責任者、機能訓練担当職員（日常生活を営むのに必要な機能訓練を行う場合） | 児童指導員、保育士、看護師、機能訓練担当職員の数は、通じて児童の数を4で除して得た数以上（ただし、機能訓練担当職員の数は、1人以上でなければならない） |

出典：「児童福祉施設の設備及び運営に関する基準」をもとに作成

を営むのにとても大切なことです。早い時期から個別に支援することにより自立への道をつけていきます。

### ②社会性の発達支援

社会性の基礎となる母子関係を育て、対人関係の広がりを支援することは、将来、地域社会で生活していくうえで役立ちます。また、遊びなどを通じて生活の基礎的なルールを学び、言葉の理解を広げることによりコミュニケーション能力の発達支援をしていきます。

### ③保護者・家族支援

特に保護者が子どもの障害を受け入れ、子どもの姿を正しく把握できるようになると、子どものよりよい発達が促進されます。

### ④地域支援

地域の障害のある子どもへの相談支援や、地域の保育所等に通う障害のある子どもへの支援を行います。

## 4　保育士業務の一日の流れ

### ①子どもが登園するまで

保育士は子どもたちが施設に登園するまでにさまざまな業務を行います。出勤したら当日に登園する子どもの確認をし、その後、子どもを迎えいれるために、掃除や当日行うプログラムの準備を行います。また、急遽欠席する子どもの保護者からの電話の応対を行うこともあります。

バス通園を行う場合は配車の確認をし、運転手とともに子どもを迎えに行きます。子どもを保護者から引き受ける際に、子どもの健康状態や

精神状態、必要な情報の引き継ぎを受けましょう。子どもたちがバスの中で、安心して過ごせる配慮も必要です。

②子どもが登園したあと

親子で自主登園する子どももいれば、一人でバス登園する子どもなど登園の様子はさまざまです。登園後にまず行うことは、子どもの健康状態や精神状態などの体調チェックや連絡帳の確認です。当日出席する子どもがそろうまで、子どもと自由遊びを行い、おむつ交換やトイレットトレーニングなどの排泄介助を行います。

子どもがそろったら朝の会を行います。朝の会では、子どもの点呼を行い、当日のプログラムの確認をします。プログラムを行う際には、子どもの様子をよく見て、安全で過ごせているかの確認をしましょう。

昼食の時間になったら、排泄や手洗いの介助を行い、その後、給食の配膳をします。食事が始まったら食事の介助を行います。終わったら、

**図表9-2** 福祉型児童発達支援センターにおける保育士の一日の流れ

| 時刻 | 業務 | 具体的内容 |
|---|---|---|
| 8：00 | 出勤<br>朝礼 | ・出勤簿に押印する。<br>・利用者の出欠確認や予定を確認し、朝礼業務を遂行する。 |
| 8：30 | 活動準備 | ・バス通園の送迎準備を行う。<br>・園内や園庭の清掃をし、その日の活動の準備を行う。 |
| 9：30 | 登園 | ・登園の受け入れをする。<br>・保護者からの連絡事項の申し送りや、連絡帳のチェックをする。<br>・子どもの健康状態や精神状態を把握する。 |
| | 自由遊び | ・子どもとスキンシップをすることで、朝の会や主な活動に向けて子どもの精神状態を整える。 |
| | 排泄 | ・おむつ交換やトイレットトレーニングの子どもの対応をする。 |
| 10：00 | 朝の会 | ・集団生活のなかでの子どもの動きを把握する。<br>・保育士同士や他職種との連携を行う。 |
| 11：30 | 排泄・手洗い<br>昼食 | ・子どもの排泄や手洗いの介助を行う。<br>・昼食の配膳・下膳を行う。 |
| 13：00 | 自由遊び | ・保育士と保護者で子どもを見守る。<br>・連絡帳や配布物を通して保護者支援を行う。 |
| 13：30 | 帰りの会<br>あいさつ | ・子どもとともに一日の活動を振り返る。 |
| 14：00 | 降園 | ・自主通園およびバス通園の送り出しを行う。<br>・使用した部屋の清掃を行う。 |
| 14：30 | スタッフ・ミーティング | ・他職種を交えて、一日の活動の反省を行う。 |
| 16：00 | 記録 | ・業務日誌や児童記録を作成する。 |
| 16：45 | 終礼 | ・利用児童の出欠確認や全体報告を受ける。 |
| 17：00 | 業務終了 | |

下膳をします。

　帰りの会までには、個々の連絡帳に連絡すべきことを記入します。帰りの会では、本日行ったプログラムについて振り返り、連絡帳を配布します。

　帰りの会終了後には、自主降園の子どもとバス降園の子どもの数を確認し、自主降園の子どもは保護者が迎えに来るまで待ち、バス降園の子どもはバスに乗車させ送ります。バス降園を行う際には、保護者に引き渡す際にいくつかの連絡を伝えます。

③**子どもが降園したあと**

　すべての子どもが降園したら、ケース記録に本日のプログラムのときの子どもの様子を記入します。また、園の掃除を行ったり、今後のプログラムの準備を行ったりします。さらに、個々の子どもに対しての援助計画を作成し、ケースカンファレンスの準備をします。最後に、翌日に登園する子どもの確認を行います。

　以上の流れをまとめると、図表9-2のようになります。

## 2. 医療型児童発達支援センター

### 1　法律上の位置づけと果たすべき機能

　医療型児童発達支援センターは、「日常生活における基本的動作の指導、独立自活に必要な知識技能の付与又は集団生活への適応のための訓練及び治療」（「児童福祉法」第43条）を目的とする施設で、旧法の肢体不自由通園施設のほか、医療機関による重症心身障害児・者通園事業からの移行もみられます。

　医療型児童発達支援センターを利用している子どもは、一般的には、身体が不自由もしくは手足を思うように動かせない肢体不自由児と呼ばれる子どもたちです。つまり、原因に関係なく四肢（上肢・下肢）および体幹に一定の基準以上の運動機能障害のある子どもたちを総称しています。

　肢体不自由は中枢神経系の障害によるものと、先天性または後天性の疾病や外傷によって骨・筋肉・関節・皮膚・神経系統の損傷のために長期にわたって運動障害を示すものとの2つに分けられます。しかし、その障害の程度や種類は多様であり、原因となる病名は多岐にわたります。

　かつては、ポリオや先天性股関節脱臼がかなりの割合で占められていましたが、現在では、その多くは脳性まひが原因となっています。また、

肢体不自由であるとともに、知的障害やてんかん、自閉症スペクトラムなど、心身ともに重度の重複障害をともなっていたりすることもあります。

医療型児童発達支援センターは、「身体が不自由な就学までの子ども」であることと、「家庭において生活し通所が可能な子ども」がその対象であり、ほとんどの場合、子どもは保護者と一緒に通園しています。

施設では、必要な訓練や治療、親子のふれあい遊びや音楽活動など、遊びを通してその力を伸ばす支援、またさまざまな経験を積むことを通して生活の充実を図れるよう支援を行います。また、子ども一人ひとりの成長・発達にあわせ、個別の支援計画を作成しています。作成にあたっては保護者の方との話し合いを大切にし、家庭と施設が連携をとりあって、共同で子育てをしていくことを重視しています。さらに、福祉型児童発達支援センター同様、家族支援や地域支援も行われ、利用児童と家族の状況に応じて、地域の関係諸機関と連携しながらより適切な支援が行えるような計画の作成と実践に取り組んでいます。

### 2 職員体制と配置基準

医療型児童発達支援センターの職員体制は、医療法に規定する診療所として必要な職員、児童指導員、保育士、看護師、理学療法士または作業療法士、児童発達支援管理責任者がいます。

#### ①児童指導員

生活指導や学習指導など、子どもと直接的に関わる仕事のほか、家族支援や地域の子育て支援も行います。教育・福祉系の大学卒業生などが任用されます。

#### ②看護師

障害のある子どもに対する療養上の世話、または診療の補助を行います。国家資格が必要です。

#### ③理学療法士（PT）

医師の指示のもと、身体に障害のある子どもに対し、主としてその基本的動作能力の回復を図るため、治療体操やそのほかの運動を行い、電気刺激、マッサージ、温熱そのほかの物理的手段を加えたりする者です。国家資格が必要です。

#### ④作業療法士（OT）

医師の指示のもと、身体または精神に障害のある子どもに対し、主としてその応用的動作能力または社会的適応能力の回復を図るため、手芸、工作そのほかの作業をさせる者です。国家資格が必要です。

⑤児童発達支援管理責任者
　障害系の児童施設における個別支援計画の管理などを担う。実務経験者で必要な研修を修了した者などが任用されます。

## 3　保育士の仕事内容と役割

　施設における支援は、主に医療グループと生活グループで行われます。医学的なケアとしては、診療、理学療法・作業療法・言語療法による機能訓練が中心になっています。生活グループ（保育業務）では、生活指導や、友だちやスタッフとの関わりを通して人を見る力、聴く力、模倣の力などを育てています。また、年間を通じて季節に応じた行事も催され、年齢、健康面、運動発達や精神発達の状況に応じたクラスに分かれて行われています。

①基本的生活習慣（食事、着脱、排泄）の自立支援
　保育士等が「一人ひとりがもっている力を発揮できる」環境づくりを大切にしながら、いろいろな遊びや行事を通して心身の成長と発達を促しています。具体的には、食事、排泄などの基本的生活習慣を身につける取り組みを行っています。食事、衣服の着脱、排泄といった基本的生活習慣の確立は、社会生活を営むのにとても大切なことです。早い時期から個別に支援することにより自立への道を開きやすくします。

②社会性の発達支援
　保育士等が中心になって「子どもが楽しく過ごせる」ことを目的に、社会性の基礎となる母子関係を育て、対人関係の広がりを支援することは、将来、地域社会で生活していくうえで役立ちます。また、遊びなどを通じて生活の基礎的なルールを学び、言葉の理解を広げることによりコミュニケーション能力の発達支援をしていきます。さらに、近隣の幼稚園や保育所と交流を行うことで、同じ世代の子どもと関わる機会をつくることも重要です

③保護者・家族支援
　保護者が子どもの障害を受け入れ、子どもの姿を正しく把握できるようになると、子どものよりよい発達が促進されます。さらには、父親母親教室の開催、家族参観、個別懇談、近隣の幼稚園、保育所との交流保育など、さまざまな取り組みも行われています。

④地域支援
　地域の障害のある子どもへの相談支援や、地域にある保育所等に通う障害のある子どもへの支援を行います。

### 4 保育士業務の一日の流れ

医療型児童発達支援センターの一日の流れは、先述の福祉型医療発達支援センターの流れとほぼ同じです。ここでは異なる点のみを説明します。

#### ①子どもが登園するまで

医療型児童発達支援センターでは登園前に、医療関係職種との打ち合わせをすることもあります。

#### ②子どもが登園したあと

医療型児童発達支援センターでは、治療やリハビリテーションを行う子どもがいれば、医療関係職種と協働で行います。

以上をまとめると、図表9-3のとおりです。

**図表9-3** 医療型児童発達支援センターにおける保育士の一日の流れ

| 時刻 | 業務 | 具体的内容 |
|---|---|---|
| 8:00 | 出勤 | ・出勤簿に押印、身支度を行う。 |
|  | 朝礼 | ・一日の流れの確認。 |
|  |  | ・登園する児童を確認する。 |
|  | 送迎準備 | ・バス通園の送迎準備。 |
|  | 活動準備 | ・園内や園庭の清掃、当日の活動準備を行う。 |
| 9:00 | スタッフ・ミーティング | ・他職種とプログラムの活動目的や役割分担を行う。 |
|  |  | ・自主登園の親子やバス通園の子どもの出迎えを行う。 |
| 9:30 | 登園 |  |
|  |  | ・保護者からの申し送りや連絡帳のチェックをする。 |
|  | 申し送り | ・看護師とともに体調や精神状態を把握する。 |
|  | 検温・視診 | ・おむつ交換やトイレットトレーニングの子どもの対応を行う。 |
|  | 排泄 |  |
|  |  | ・集団活動のなかでの子どもの動きを把握する。 |
| 10:00 | 朝の会 | ・主活動の準備や運営を行う。 |
|  | 主活動 | ・保育士同士や他職種と連携する。 |
|  |  | ・子どもの排泄や着脱の介助を行う。 |
| 11:45 | 排泄・着替え | ・主活動の片づけや昼食の配膳・下膳を行う。 |
|  | 昼食 | ・飲食の見守りや介助を行う。 |
|  |  | ・歯磨きの難しい子どもへの対応を行う。 |
|  | 歯磨き | ・子どもと関わる。 |
| 13:15 | 自由遊び | ・連絡帳や配布物で保護者支援を行う。 |
|  |  | ・子どもとともに一日の活動を振り返る。 |
|  | 帰りの会 | ・子どもの送り出し。 |
|  | 降園 | ・他職種と一緒に、一日の活動の反省や今後の方針を話し合う。 |
| 14:30 | スタッフ・ミーティング |  |
|  |  | ・業務日誌や児童記録を作成する。 |
| 16:00 | 記録 | ・翌日の活動準備を行う。 |
|  | 活動準備 |  |
| 17:00 | 退勤 |  |

**演習課題**

①知的障害児、難聴児、重症心身障害児に関わるにあたって、注意しなければならないことをあげてみましょう。
②児童発達支援センターに通っている子どもの保護者に連絡するにあたって、注意しなければならないことをあげてみましょう。
③児童発達支援センターに配属されている医療専門職との連携はどのように行われているかあげてみましょう。

レッスン10

# 児童厚生施設およびその他の施設・事業所での実習

このレッスンでは、児童厚生施設およびその他の施設・事業所の役割や機能を学びます。児童厚生施設は、「児童福祉法」で定められている児童の健全育成を図る場として設置されています。児童厚生施設およびその他の施設・事業所の種別や果たすべき事柄、固有の役目についてさらなる理解を深めていきます。

## 1. 児童厚生施設

### 1 児童厚生施設とは何か

「児童福祉法」に基づき、児童福祉に関するさまざまな事業を行う児童福祉施設の一つとして、児童厚生施設があります。児童厚生施設とは、「児童遊園、児童館等児童に健全な遊びを与えて、その健康を増進し、又は情操をゆたかにすることを目的とする施設[1]」とされています。「児童」と名称がつけられていますが、乳幼児や学童だけを対象としているわけではありません。対象年齢が0歳から17歳までと幅広い点も、児童厚生施設の特徴です。以下に、いくつかの児童厚生施設について概観していきます。

▶出典
[1]「児童福祉法」第40条

### 2 児童厚生施設の種類と機能

①児童館

児童館とは、「児童福祉法」第40条で規定された児童厚生施設の一つです。児童に対して健全な遊びを提供する屋内型児童厚生施設で、全国に4,541か所あります（2017年10月）[2]。「児童福祉施設の設備及び運営に関する基準」（以下、「基準」）において、児童館は規模・役割に応じて、さまざまな形態が存在します（図表10-1）。

1）児童館における設置基準

児童館における設置基準については、「基準」第37条第2号において「児童館等屋内の児童厚生施設には、集会室、遊戯室、図書室及び便所を設けること」と示されています。

2）児童館における職員体制と配置基準

児童厚生施設の職員については、「基準」第38条において「児童の遊びを指導する者を置かなければならない」と定められています。さらに

▶出典
[2] 厚生労働省「平成29年社会福祉施設等の調査の概況」2017年

図表10-1 児童館の種類

| | |
|---|---|
| ①小型児童館<br>(2,680か所) | 小地域を対象として、児童に健全な遊びを与え、その健康を増進し、情操を豊かにするとともに、母親クラブ、子ども会など地域組織活動の育成助長を図る等、児童の健全育成に関する総合的な機能を有する施設。 |
| ②児童センター<br>(1,725か所) | 面積が336.6㎡以上で、小型児童館の機能に加えて、運動を主とする遊びを通じての体力増進を図ることを目的とする事業・設備のある施設。また大型児童センターは、面積が500㎡以上で、中学生、高校生などに対しての育成支援を行う施設。 |
| ③大型児童館<br>(21か所) | 原則として、都道府県内や広域の子どもたちを対象とした活動を行っており、さらに以下の3つに区分されている。<br>・A型児童館（面積2,000㎡以上）<br>　児童センターの機能を有するとともに、都道府県内の小型児童館、児童センターおよびその他の児童館の指導および連絡調整等を行う中枢的機能を有するもの。<br>・B型児童館（面積1,500㎡以上）<br>　豊かな自然に恵まれた一定の地域内に設置され、児童が宿泊しながら、自然を生かした遊びをとおして協調性、創造性、忍耐力等を高めることを目的としている。宿泊施設と野外活動設備を有するもの。<br>・C型児童館（面積基準なし）<br>　広域を対象として、児童に健全な遊びを与え、児童の健康を増進し、または情操を豊かにするもの。多様な児童のニーズに総合的に対応し、芸術、体育、科学等の総合的な活動ができるように、劇場、ギャラリー、屋内プール、宿泊研修室、児童遊園等が付設されているもの。 |
| ④その他の児童館<br>(115か所) | 小型児童館に準じ、公共性および永続性を有し、それぞれ対象地域の範囲、特性および対象児童の実態等に相応しているもの。児童の健康増進に加え、母親クラブや子ども会など地域組織活動の育成・助長を図る施設。 |

「児童の遊びを指導する者」の要件として、以下に該当する者でなければならないことが示されています（図表10-2）。

児童館での職員として必要な資格は、保育士や教諭免許状、あるいは国家資格ではありませんが、児童健全育成推進財団が認定する**「児童厚生員」資格**\*が該当します。実際には保育士が中心となっている地域が多いようです。

児童厚生施設において、専門職員が遊びの指導を行うにあたり「児童厚生施設における遊びの指導は、児童の自主性、社会性及び創造性を高め、もって地域における健全育成活動の助長を図る」ことが遵守すべき事項として示されています。

3）職員の役割について

児童館を中心とする児童厚生施設における職員の役割として、それぞれの専門性を生かして、以下のような役割があげられます。

・利用者に対する遊びの指導

※ 用語解説
「児童厚生員」資格
一般社団法人児童健全育成推進財団が独自に認定し推進しているもので、二級、一級、一級特別指導員、児童健全育成指導士からなっている。本資格が設置された経緯は、「児童の遊びを指導する者」の専門性があいまいで不安定な立場のまま配置されていたため、専門的知識・技術を身につけるための具体的指標が必要となり誕生したものである。

**図表10-2** 児童厚生施設における職員要件

①都道府県知事の指定する児童福祉施設の職員養成学校その他の養成施設の卒業者
②保育士資格所有者
③社会福祉士資格所有者
④高等学校（もしくはそれに類する学校）卒業後、2年以上児童福祉事業に従事した者
⑤幼稚園、小学校、中学校、義務教育学校、高等学校または中等教育学校の教諭となる資格を有する者
⑥次のいずれかに該当する者であって、児童厚生施設の設置者が適当と認めたもの
・大学において、社会福祉学、心理学、教育学、社会学、芸術学もしくは体育学を専修する学科またはこれらに相当する課程を修めて卒業した者
・大学において、社会福祉学、心理学、教育学、社会学、芸術学もしくは体育学を専修する学科またはこれらに相当する課程において優秀な成績で単位を修得したことにより、同法第102条第2項の規定により大学院への入学が認められた者
・大学院において、社会福祉学、心理学、教育学、社会学、芸術学もしくは体育学を専攻する研究科またはこれらに相当する課程を修めて卒業した者
・外国の大学において、社会福祉学、心理学、教育学、社会学、芸術学もしくは体育学を専修する学科またはこれらに相当する課程を修めて卒業した者

出典：「児童福祉施設の設備及び運営に関する基準」をもとに作成

・地域における子育て支援事業の企画・実施
・地域諸機関（就学前施設・小学校・中学校・自治会・自治体）との連携

### ②児童遊園

　**児童遊園**は屋内型児童厚生施設である「児童館」と並び、「児童厚生施設」の一つとなっており、屋外型児童厚生施設のことを指します。主として繁華街、小住宅密集地域、小工場集合地域など遊び場に恵まれない地域に設けられるもの、都市公園との相互補完的な機能を有するものとなっています。そこでは、幼児や低学年の児童を主な対象に、児童厚生員や民間有志者による遊びの指導が行われています。近年では、児童の交通道徳やマナーなどを学びつつ交通事故を防止する目的として、交通公園が設置されているところもあります。

1）児童遊園における設置基準

　「基準」第37条第1号において、「児童遊園等屋外の児童厚生施設には、広場、遊具及び便所を設けること」と示されています。

2）職員の配置

　児童館同様、「基準」第38条において、児童厚生施設の職員として「児童の遊びを指導する者を置かなければならない」と定められています。

### ③こどもの国

　「こどもの国」は、児童の健全育成のための総合的な児童厚生施設と

> ◆補足
> **児童遊園と公園との違い**
> 児童遊園は、「児童福祉法」で定めるところの屋外型児童厚生施設である。通常は各自治体の条例によって設置されることが多い。それに対して公園は、いわゆる都市公園法に基づき設置された施設である。地域によっては紛らわしい名称を付している場合もあり、注意を要する。

して、緑豊かな自然と変化に富んだ起伏などを生かし、児童の健康の増進と情操を豊かにする機能を有する施設です。厚生労働大臣が指定した社会福祉法人こどもの国協会が運営する施設や、地方自治体およびそのほかの法人が運営するいわゆる「**地方こどもの国**」が、北海道のほか各地に設置されています。

### 3　児童厚生施設の役割と特性

#### ①役割

　児童厚生施設の役割は、「遊びを通じて児童の健全育成を図る」ことにあります。「健全育成」とは、次代を担う子どもたちの心身の健康と福祉を増進し、よりふさわしい育成環境の実現を図ることです[†3]。「健全育成」の目標として、①身体の健康を図る、②心の健康を図る、③知的適応能力を高める、④社会的適応能力を高める、⑤情操を豊かにする、の5つがあります。また「健全育成」という考え方は個人や家庭レベルで考えられるものではなく、組織的・集団的・継続的に地域の大人が取り組むことが重要とされています。つまり、児童厚生施設は地域に密接した施設であり、地域の特性が反映された運営がされているのです。

#### ②特性

　児童厚生施設の特性として以下の点があげられます[†4]。

1）利用者の非限定性

　利用者は0歳から18歳未満のすべての子どもを対象としています。そして、いつ、どこでも、誰でも利用できる施設となっています。利用について特別の制限がなされてはいません。つまり、そこではさまざまな世代の子どもが集まり、出会いがあり、遊びがなされます。

2）支援の連続性

　児童厚生施設に来る子どものなかには、いろいろな事情を抱えている子どももいます。いろいろな子どもと関わることにより、子どもの問題が顕在化しやすくなります。地域にある施設であるため、その子どもと長期的に関わることができ、子どもに対して連続しての支援が可能となります。

3）遊びの重視と積極的活用

　児童厚生施設における活動の基本は「遊び」です。「児童福祉法」においても、「遊び」を子どもの「健全育成」を図るために活用すると示されていることからも明らかです。「遊び」は子どもの心身の発達のみならず、多くの効果をもたらすものとして認識されています。さまざまな「遊び」を提供するところ、すなわち子どもにとって遊びの基地が児

**補足**

**地方こどもの国**
「地方こどもの国」は、以下の都道府県に設置されている。北海道、青森県、栃木県、群馬県、千葉県、埼玉県、山梨県、福井県、静岡県、岐阜県、愛知県、滋賀県、広島県、鳥取県、香川県、沖縄県。

**出典**

†3　児童健全育成推進財団編『児童館・放課後児童クラブテキストシリーズ①健全育成論』児童健全育成推進財団、2014年、29頁

**出典**

†4　児童健全育成推進財団編『児童館・放課後児童クラブテキストシリーズ②児童館論』児童健全育成推進財団、2015年、23-26頁

童厚生施設なのです。

4）子どもの自己決定の尊重

1）で触れたように、児童厚生施設はほかの児童福祉関連施設とは異なり、自由に利用することができます。児童厚生施設に行くか行かないかの決定権は、子ども自身にあります。また、施設での活動や遊びに参加するかしないかも、決定権は子ども自身にあります。子どもが自分のしたいことを自分の意思で決定でき、それを実現できるところはほかの児童福祉施設ではみられないものです。

5）地域との密接な関係性と諸問題の発生予防

児童厚生施設は地域と密接した施設ですが、そこにはさまざまな人が出入りしています。これは子どもの「健全育成」にとって重要なことであり、地域の大人が積極的に活動に関わることによって実現されるものです。児童厚生施設を訪れる子どものなかには問題を抱える子も少なくありません。地域における子どもの福祉の増進に加え、いじめや児童虐待という深刻な問題を早期に発見、予防することが可能となります。

③活動内容

児童厚生施設のうち、ここでは児童館の活動を中心に解説します。

児童館では「遊び」の指導や提供が中心となります。近年では、「遊び」の指導や提供にとどまらず、未就園の子どもやその保護者を対象とする子育て支援事業に積極的に取り組む施設もあります。また、厚生労働省が子育て支援策として推進している「つどいの広場*」を企画・運営する児童館もあります。さらに共働き世帯の増加にともない、留守家庭の子どもが安心していられる場の設置ニーズが高まってきていることで、放課後児童クラブを運営するところもあります。このように、児童館では地域の子どもやその保護者への多様なニーズにこたえるため、多種多様の活動がなされています。

④職員構成と職務内容

児童館の職員として、館長や「児童の遊びを指導する者」（主に保育士・幼稚園教諭・社会福祉士・児童厚生員などの有資格者）がいます。職務内容は「遊びの指導」を中心として、遊びのイベント企画やクラブ運営、子育て支援事業や子育て相談、児童クラブの運営など、それぞれの施設や地域のニーズに沿ってさまざまなことが行われています。さらに日常的な遊びの指導と並行して、事務的な仕事や職員研修、地域との調整や地域主催の諸行事への参加、各種ボランティアの受け入れと育成、中学生・高校生の職場体験や保育実習などの実習生の受け入れなどがあります（図表10-3、10-4）。

**用語解説**
**つどいの広場**
「つどいの広場」事業は厚生労働省が推進する子育て支援政策の一つである。主に未就園の乳幼児をもつ親子が気軽に集まり、打ち解けた雰囲気のなかで語り合いながら交流をし、子育てに対する不安解消を図る場を提供する事業である。実施主体は市町村や委託を受けた団体であり、公共施設や空き店舗など、地域でのスペースを活用し、1日5時間、週3日以上開設することとされている。

**図表10-3** 児童館における一日の流れ（平日）

| 時刻 | 業務 | 具体的内容 |
|---|---|---|
| 8:30 | 出勤、職員ミーティング 館内清掃、施設点検 | ・スケジュール、行事などの確認<br>・子育て支援等で気になるケースについて、情報共有と確認<br>・玄関やロビー、遊戯室などを清掃し、来館者の受け入れ準備をする<br>・各種掲示物やチラシを整理し、館内環境の美化につとめる<br>・館内の施設や遊具、外周や駐車場を点検 |
| 9:00 | 開館　来館者の受け入れ 未就園児対象の行事準備 | ・来館者への対応<br>・空き時間を利用し、チラシの作成やメールの確認、企画案の作成などを行う<br>・未就園児とその保護者を対象とする「ママ講座」開催に向けて、用具の点検や清掃・消毒、受付などの準備を行う |
| 10:00 | 未就園児対象の行事 | ・平日は小学生以上の子どもの利用がないため、未就園の乳幼児を対象とする子育て支援関連行事を開催<br>・各種遊び体験やベテラン保育士・保健師・栄養士による相談コーナーも実施される<br>・行事終了後、子育てに不安を抱える保護者の相談対応 |
| 12:00 | 事務関連の仕事 | ・来館者がいる場合は来館者の対応<br>・来館者がいない場合は事務的仕事や遊び環境の整備、各種行事の準備を行う<br>・職員は交代で休憩をとる |
| 14:30 | 自由来館児童の受け入れ | ・小学校から帰宅した子どもが来館するため、児童への遊び提供や援助を行う<br>・児童と一緒に遊戯室や屋外で遊びをともにする。必要に応じて、児童に遊びの提供をする。宿題や読書をする児童への見守り |
| 17:00 | 閉館 | ・帰宅する児童への声かけや見守り<br>・翌日に備えてトイレや遊戯室などの館内清掃、施設点検をする<br>・事務的仕事、翌日のスケジュール確認、引き継ぎ、問題がある場合はミーティングなどを行う |
| 17:30 | 職員退出 | ・火の始末、窓戸締まりなど確認後、玄関施錠 |

**図表10-4** 児童館における一日の流れ（土・日・祝日）

| 時刻 | 業務 | 具体的内容 |
|---|---|---|
| 8:30 | 出勤、職員ミーティング 館内清掃、施設点検 | ※平日と重複する部分は省略<br>・児童向けの企画や施設外での活動がある場合は、事前の準備や行事の実施有無などの確認をする |
| 9:00 | 開館　来館者の受け入れ 各種の行事準備 | ・土曜日・日曜日・祝日は開館と同時に児童が多くやって来るため、対応を適切に行う<br>・午前中に実施予定の行事やクラブ活動に向けて、用具の点検や清掃・消毒、受付などの準備を行う |
| 10:30 | 児童対象の行事 | ・児童対象の行事（工作教室・ドッジボール大会・折り紙教室など）を開催<br>・各種の遊び教室ではボランティアを招くことも多いため、事前の打ち合わせを行う<br>・次回の企画に向けて、行事終了後、参加児童へのアンケートを実施する |
| 12:00 | 昼食 | ・土・日・祝日および長期休暇中は館内で昼食をとることができるため、事前に昼食場所を準備する<br>・遊びをする児童の指導や見守り<br>・空いている時間を利用し、事務的仕事や遊び環境の整備、各種行事の準備を行う<br>・職員は交代で休憩をとる |
| 13:30 | クラブ活動 | ・土曜日は児童館主催のクラブ活動を実施するため、参加者への指導や援助を行う<br>・好きな遊びをしたい児童への遊びの提供や指導を行う。宿題や読書をする児童への見守り |
| 17:00 | 閉館 | ※平日と重複する部分は省略<br>・行事やクラブ活動を通じて、気になる児童についての情報交換を行う。必要に応じて、小学校などへ連絡し、関係各所と協議を行う |
| 17:30 | 職員退出 | ※平日と重複する部分は省略 |

## 2．その他の施設・事業所

### 1　その他の施設・事業所とは何か

　その他の施設・事業所とは「その他社会福祉関係諸法令の規定に基づき設置されている施設であって保育実習を行う施設として適当と認められるもの」と「保育実習実施基準」で示されています。この条件に該当する施設として、児童館に併設されている放課後児童クラブ（以下、「児童クラブ」）があります。本来「児童クラブ」単体として実習が想定されることはありませんが、前述のように児童館に併設されている「児童クラブ」は多く存在しています。ここでは、児童館での実習をより深め

る目的として、既存の「児童クラブ」を中心に説明します。

### 2 放課後児童クラブの役割と機能

「児童クラブ」とは、「放課後児童健全育成事業」で示されている事業を提供する場のことを指します。「放課後児童健全育成事業」は、「児童福祉法」第6条の3第2項の規定に基づき、保護者が労働などにより昼間家庭にいない小学校に就学している児童に対して、授業の終了後に児童館などを利用して適切な遊びおよび生活の場を提供して、その健全な育成を図るものとされています。運営されている場所は、児童厚生施設である児童館をはじめとして、学校の敷地内で空き教室を利用した施設などがあります。全国2万2,608か所で実施され、登録児童数は102万4,635人となっています（2015年5月時点）。

①**機能と役割**

「児童クラブ」の機能は先ほど述べたように、授業終了後、就労などの事情により保護者がいない家庭の子どもの健全育成を図るというところにあります。児童館で「児童クラブ」が併設されるのは、児童館が地域に密着した児童福祉施設であることに加えて、「遊び」を中心として、子どもの発達を保障し、子どもの居場所づくりを推進できるという点につきます。また、地域が子どもの健全育成を図るという、児童厚生施設の方向と「児童クラブ」の方向が一致している点も見逃せません。

②**事業内容**

「児童クラブ」における事業内容は、おおよそ以下のとおりとなっています。
・放課後児童の健康管理、安全確保、情緒の安定
・遊びの活動への意欲と態度の形成
・遊びを通しての自主性、社会性、創造性を培うこと
・放課後児童の遊びの活動状況の把握と家庭への連絡
・家庭や地域での遊びの環境づくりへの支援
・その他放課後児童の健全育成上必要な活動

「児童クラブ」では、障害のある子どもの受け入れを行っているところもあります。この場合、障害のある子どもが「児童クラブ」を利用する機会を確保するうえでの適切な配慮や環境整備を行うことが求められます。児童厚生施設同様、子どもの健全育成としての場が「児童クラブ」であり、そして「遊び」を中心として健全育成を図るという点が児童厚生施設と共通しています。

### ③職員体制

「児童クラブ」では、年齢や発達の状況が異なる子どもを同時にかつ継続的に育成支援を行う必要があること、安全面での管理が必要であることなどから、支援の単位ごとに２人以上の**放課後児童支援員**[*]（「基準」第38条第２項各号のいずれかに該当する者であって、都道府県知事が行う研修を修了したもの）を置かなければならないとされています。ただし、そのうち１人は、補助員（放課後児童支援員が行う支援について放課後児童支援員を補助する者）に代えることができるとされています。

### ④職務内容

利用する子どもにとって、「児童クラブ」は安心して過ごせる生活の場でなければなりません。そのために子どもの活動に必要となる空間や安全性の確保や時間の配慮といった環境整備をはじめとして、子どもの生活の連続性を考慮した遊びや活動の企画や指導・提供、さらには子どもの心身の健康への配慮など、職員の仕事は多岐にわたっています。そして保護者と日常的・定期的な情報交流や子どもの通学する小学校や地域との緊密な連携など、子ども以外での関わりも非常に重要となっています。日常の業務を円滑に遂行するための職員研修、事故やけが・災害など不測の事態が発生した場合の対応など、子どもと直接関わらない間接的な事項への対応も職員の重要な職務となっています。子育て支援の観点では、児童虐待の早期発見や予防から、子どもの発達や養育環境の把握も求められています。児童虐待が疑われる場合には、市町村また

> [*] **用語解説**
> **放課後児童支援員**
> 放課後児童支援員は以下の要件のいずれかを満たし、都道府県知事が行う研修を修了したものとなっている。
> ・保育士有資格者
> ・社会福祉士有資格者
> ・高等学校卒業後、２年以上児童福祉事業に従事した者
> ・幼稚園、小学校、中学校、高等学校または中等教育学校の教員免許状取得者
> ・大学もしくは大学院で、社会福祉学、心理学、教育学、社会学、芸術学、体育学を専修する学科・研究科、またはこれらに相当する課程の修了者

**図表10-5** 「児童クラブ」における一日の流れ（平日）

| 時刻 | 業務 | 具体的内容 |
|---|---|---|
| 13:30 | 児童の受け入れ活動 | ・低学年児童の下校にあわせて、受け入れをする。大雨などの場合は小学校まで迎えに行く<br>・出欠確認、手洗い、うがいなど健康チェックを行う |
| 15:00 | おやつ<br>学習・自由時の指導 | ・低学年の児童から順次、おやつを食べる<br>・空き時間を利用し、事務的仕事や遊び環境の整備、各種行事の準備を行う<br>・職員は交代で休憩をとる |
| 18:30 | 児童の退所 | ・保護者の迎えにあわせて、児童が帰宅する<br>・必要に応じて、保護者と意見交換をする |
| 19:00 | 職員ミーティング | ・翌日以降の予定確認や気になる児童についての情報交換を行う。必要に応じて、小学校などへ連絡し、関係各所と協議を行う |
| 19:30 | 閉所 | ・片づけ、火の始末、窓戸締まりなど確認後、玄関施錠 |

は児童相談所への通告を含めて、適切な対応が求められます（図表10-5）。

### 演習課題

① あなたの住居（もしくは通学）する周辺の児童厚生施設およびその他の施設・事業所を訪問し、職員の人に話を聞いてみましょう。
② 児童厚生施設およびその他の施設・事業所における職員の役割について、話し合ってみましょう。
③ 1）乳幼児、2）小学生、3）中学生、4）高校生を対象とした場合、児童厚生施設でどのような「遊び」の提供が考えられるか、話し合ってみましょう。

### 参考文献

**レッスン5**
厚生労働省　「乳児院運営指針」　2012年
厚生労働省　「児童養護施設運営指針」　2012年
厚生労働省　「乳児院運営ハンドブック」　2014年
厚生労働省　「児童養護施設運営ハンドブック」　2014年
全国乳児福祉協議会　『改訂新版 乳児院養育指針』　全国社会福祉協議会　2015年

**レッスン6**
相澤仁・野田正人編　『施設における子どもの非行臨床』　明石書店　2014年

**レッスン7**
厚生労働省　「平成27年度全国児童相談所一覧」　2015年
厚生労働省　「児童相談所関係資料」　2015年
厚生労働省　「社会的養護の現状について」　2016年
厚生労働省雇用均等・児童家庭局　「児童養護施設入所児童等調査結果」　2015年
全国社会福祉協議会・全国母子生活支援施設協議会（編）「平成22年度全国母子生活支援施設実態調査報告書」　2011年

**レッスン8**
立花直樹・波田埜英治編著　『児童家庭福祉論（第2版）』　ミネルヴァ書房　2017年

**レッスン9**
小倉常明・大沼良子　『ポイントで解説　幼稚園・保育所・福祉施設　ガイドブック』　みらい　2003年
小野澤昇・田中利則・大塚良一　『保育の基礎を学ぶ　福祉施設実習』　ミネルヴァ書房　2014年
小原敏郎・直島正樹・橋本好市・三浦主博編　『本当に知りたいことがわかる！　保育所・施設実習ハンドブック』　ミネルヴァ書房　2016年
守巧・小櫃智子代表　『施設実習　パーフェクトガイド』　わかば社　2014年

**レッスン10**
太田光洋編著 『幼稚園・保育所・施設実習完全ガイド(第2版)』 ミネルヴァ書房 2015年

---
**おすすめの1冊**

**厚生労働省 「児童自立支援施設運営ハンドブック」 2014年 など各施設版**
　これらハンドブックは児童養護施設・乳児院・児童心理治療施設・母子生活支援施設のものもあり、すべてウェブ上で読むことができる。運営指針に基づきつつ、新人職員や第三者評価機関などが読む事を想定して作られているので、大変わかりやすく、現場に密着した内容になっている。

# 第3章

# 施設実習の実際

本章では、各施設の実習について、どのような実習体験をし、それによりどんなことを学ぶべきかについて理解していきます。それぞれの施設での実習体験がのちに保育士になったときに生かされるものになるよう、本章で具体的にイメージし、準備していきましょう。

レッスン11　施設実習の一日
レッスン12　施設実習での体験と学び

レッスン11

# 施設実習の一日

このレッスンでは、さまざまな施設での実習の一日について学びます。同じ種別であっても、各施設によって、理念や方針、実践方法などが異なり、独自の取り組みもなされていますが、より学びを深めるために、基本的な施設での実習の流れと内容を理解し、実習準備を整えておきましょう。

## 1．乳児院

### 1 保育実習の目的とねらい

乳児院での保育実習の目的とねらいは、以下のとおりです。
①乳児院で暮らしている子どもたちと生活をともにしながら、乳児院での生活の一日の流れを理解し、施設の役割や機能を具体的に理解する。
②子どもを観察し、子どもとの関わりをとおして子ども理解を深める。
③保育士による保育を見て学び、体験することによって、乳幼児への保育方法の実際について学ぶ。
④乳児院での生活における保育計画、観察、記録、自己評価などについて具体的に理解する。
⑤乳児院における保育士の具体的な業務内容や職業倫理、保護者支援について具体的に学ぶ。

### 2 保育実習モデル（乳児院）

乳児院での実習においては、特に事故やけが、感染症などに気をつけましょう。事前に、事故やけがの防止、感染症への知識と対策について学んでおきます。実習前から実習中、実習後まで、体調管理に留意し、体調チェック表などに記録して管理することが望まれます。体調が悪い場合は無理して実習を継続せず、実習担当者に相談し、医師の診断を受けて、感染症かどうかを調べます。感染症であった場合は、医師からの許可がなければ実習を再開してはいけません。爪や髪、服装など身だしなみも乳幼児のけがにつながります。事前学習で実習の心得をしっかり学んで理解しましょう。実習中は、勝手な判断は危険です。必ず、職員にほうれんそう（報告・連絡・相談）を行いましょう。

図表11-1に乳児院での保育実習の流れを示します。

### 図表11-1 乳児院での保育実習モデル

| 時期 | プログラム | 具体的内容 |
|---|---|---|
| 実習前 | 事前学習 | ・児童家庭福祉に関する基本的知識を習得する<br>・社会的養護に関する基本的知識を習得する<br>・乳児院に関する基本的知識を習得する<br>・乳幼児の発達と心理に関する基本的知識を習得する<br>・乳幼児への保育内容を理解し、基本的技術を習得する<br>・感染症や障害に関する基本的知識を習得する<br>・職員の職種や業務内容について理解する<br>・保育士の職業倫理・守秘義務について理解する<br>・子どもの権利擁護と保護者支援について理解する<br>・実習日誌などの記録の取り方を学ぶ<br>・実習の目標・課題を明確にし、実習計画を立てる<br>・実習生としてのマナー・心得について理解する |
| | 事前オリエンテーション | ・実習施設の歴史や概要、運営方針を理解する<br>・配属先や実習内容について説明を受け、準備を整える<br>・実習生の心得について説明を受け、理解する |
| 実習中 | 1週目 | ・実習生の心得と施設でのルール（規則）について説明を受け、留意事項（時間・身だしなみ・体調管理など）を確認する<br>・乳幼児との関わり方について説明を受け、理解する<br>・環境整備について説明を受け、理解する<br>・実習の目標・目的を明確にしておく<br>・乳幼児の顔と名前を覚える<br>・職員に積極的に質問し、生活の流れを理解する<br>・乳幼児の状況・職員構成・勤務形態・業務内容を確認し、理解する<br>・日々の実習日誌などの記録をとおして実践を振り返り、職員から助言・指導を受ける<br>・日案・指導計画案について担当保育士に相談しながら作成する |
| | 2週目 | ・子ども一人ひとりと関わりながら理解を深める<br>・子どもの心身の状態に応じた対応を学ぶ<br>・健康管理や安全対策など、環境整備の意味を理解しながら実践する<br>・生活の流れを理解し、望ましい養護内容について考察を深める<br>・施設の役割や機能について理解を深める<br>・保護者支援について学ぶ<br>・専門職としての保育士の役割や職業倫理について理解を深める<br>・職員間の役割分担や連携について学ぶ<br>・日案・指導計画案に沿って保育を実践し、省察、自己評価を行い、アドバイスを受ける |
| 実習後 | 事後指導 | ・実習での具体的な体験や課題の達成度を振り返り、自己評価を行う<br>・実習体験を実習報告書にまとめ、発表する<br>・実習施設からの評価と面接によって、自己課題を明確化する |

## 2. 児童養護施設

### 1 保育実習の目的とねらい

児童養護施設での保育実習の目的とねらいは、以下のとおりです。
①児童養護施設で暮らしている子どもたちと生活をともにしながら、施

設での生活の一日の流れを理解し、施設の役割や機能を具体的に理解する。
②多様な背景をもつ、幅広い年齢層の児童との関わりをとおして子ども理解を深める。
③保育士による児童への保育・養護・援助を見て学び、体験することによって、その実際について学ぶ。

**図表11-2** 児童養護施設での保育実習モデル

| 時期 | プログラム | 具体的内容 |
|---|---|---|
| 実習前 | 事前学習 | ・児童家庭福祉に関する基本的知識を習得する<br>・社会的養護に関する基本的知識を習得する<br>・児童養護施設に関する基本的知識を習得する<br>・児童の発達と心理に関する基本的知識を習得する<br>・児童への保育・養護・援助内容を理解する<br>・感染症や障害に関する基本的知識を習得する<br>・職員の職種や業務内容について理解する<br>・保育士の職業倫理・守秘義務について理解する<br>・子どもの権利擁護と保護者支援について理解する<br>・実習日誌などの記録の取り方を学ぶ<br>・実習の目標・課題を明確にし、実習計画を立てる<br>・実習生としてのマナー・心得について理解する |
| | 事前オリエンテーション | ・実習施設の歴史や概要、運営方針を理解する<br>・配属先や実習内容について説明を受け、準備を整える<br>・実習生の心得について説明を受け、理解する |
| 実習中 | 1週目 | ・実習生の心得と施設でのルール（規則）について説明を受け、留意事項を確認する<br>・子どもとの関わり方について説明を受け、理解する<br>・環境整備について説明を受け、理解する<br>・実習の目標・目的を明確にしておく<br>・子どもの顔と名前を覚える<br>・職員に積極的に質問し、生活の流れを理解する<br>・子どもの状況・職員構成・勤務形態・業務内容を確認し、理解する<br>・日々の実習日誌などの記録をとおして実践を振り返り、職員から助言・指導を受ける<br>・日案・指導計画案について担当保育士に相談しながら作成する |
| | 2週目 | ・子ども一人ひとりと関わりながら理解を深める<br>・子どもの心身の状態や年齢に応じた対応を学ぶ<br>・自立支援へ向けた養護実践について理解を深める<br>・子どもの主体的な生活への援助について考察を深める<br>・健康管理や安全対策など、環境整備の意味を理解しながら実践する<br>・施設の役割や機能について理解を深める<br>・保護者支援について学ぶ<br>・専門職としての保育士の役割や職業倫理について理解を深める<br>・職員間の役割分担や連携について学ぶ<br>・日案・指導計画案に沿って保育を実践し、省察、自己評価を行い、アドバイスを受ける |
| 実習後 | 事後指導 | ・実習での具体的な体験や課題の達成度を振り返り、自己評価を行う<br>・実習体験を実習報告書にまとめ、発表する<br>・実習施設からの評価と面接によって、自己課題を明確化する |

④児童養護施設での生活における自立支援計画、観察、記録などについて具体的に理解する。
⑤児童養護施設における保育士の具体的な業務内容や役割、職業倫理、保護者支援について具体的に学ぶ。

### 2 保育実習モデル（児童養護施設）

　児童養護施設でも、事故やけが、感染症などに留意しなければいけません。事前に、事故やけがの防止、感染症への知識と対策について学び、実習前から実習中、実習後まで、体調管理に留意し、体調チェック表などに記録して管理することが望まれます。体調が悪い場合は、必ず、医師の診断を受けて、感染症かどうかを調べます。

　実習中は、勝手な判断は危険ですし、トラブルのもととなります。必ず、職員にほうれんそう（報告・連絡・相談）を行いましょう。児童養護施設で暮らしている子どもたちは、さまざまな背景をもち、年齢層も幅広いため、柔軟な対応が必要となります。子どもたちと生活をともにするなかで、表面的な言葉や態度だけでなく、かくれている子どもたちの気持ちやニーズにも気づけるように、職員に子どもの様子を報告し、積極的に質問し、子どもの理解を深めます。

　子どもたちは、実習生の様子をよく見ています。自分の言動が、子どもたちに、どのように影響するのかを絶えず意識しておかなければいけません。安易な約束はせず、約束したことは、たとえ小さなことであっても、必ず守りましょう。小さなことの積み重ねが、信頼関係につながっていくのです。

　図表11-2に児童養護施設での保育実習の流れを示します。

## 3．児童自立支援施設

### 1 保育実習の目的とねらい

　児童自立支援施設に入所している子どもの多くは、入所前までに非社会的・反社会的な行動を経験していることは先に述べたとおりです。そのような子どもたちに対する支援の方法を学ぶことが、児童自立支援施設における実習の目的であり、ねらいであるといえます。

　支援には、直接子どもに対応する支援と、環境設定をする支援があります。

　師岡は、『保育者論（第2版）[†1]』において、3～5歳の子どもに対す

▶出典
†1　師岡章「子どもと一緒に心と体を動かす仕事」汐見稔幸・大豆生田啓友編『保育者論（第2版）』ミネルヴァ書房、2016年、69-93頁

る保育者の役割を、①（子ども個々人と、その家族と、子ども集団全体の）理解者、②（子どもがさまざまな方法や善悪、痛みや喜び、憧れの対象などを学び取る）モデル、③（子どもと一緒に行動する）共同作業者、④（指導ではなく、側面的にサポートをする）遊びの援助者、⑤（子どもが精神的に安定するための）心のよりどころ、という5つに整理しています。これはほとんどそのまま、児童自立支援施設の職員が、子どもに直接対応するときの役割にも当てはまります。子どもたちの理解者であり、大人としてのモデルであり、生活をともにつくっていく共同作業者であり、日々の成長を側面的に支える援助者であり、子どもたちが安心して心のよりどころにできる存在が、児童自立支援施設の職員です。実習ではこの5つの役割を、子どもの前でどう果たすのかということについて考察を深めます。

　環境を設定する支援についても、多くの学びがあります。目に見える部屋の様子や建物、各寮舎のメンバー構成だけではなく、さまざまな施設内のルールやタイムスケジュール、またそれらを決めるプロセスなども、自立支援という視点から考えられて日々運営されています。これらの運営のあり方や、支援の背景にある意味を知ることも、実習の大切な目的の一つです。

　入所している子どもたちは、いずれ施設を退所し、そのほとんどが実親や血縁者と関係をとりながら人生を歩んでいくことになります。職員は、将来子どもたちが施設を退所した後のことも想定して、家族関係調整を行います。いわば、大きな意味での環境設定の支援です。これについて現場の状況を学ぶことも、実習目的として大変重要な事項です。ただし、大変デリケートな事例が多いため、子どもの家族や地域関係の情報はすべて教えてもらえるとは限りません。また、たとえ教えてもらえたとしても、守秘義務を徹底するなど、情報の管理には十分配慮する必要があります。

### 2　保育実習モデル（児童自立支援施設）

　図表11-3に、児童自立支援施設での保育実習の流れを示します。

### 3　保育実習モデル（児童自立支援施設）の解説

　児童自立支援施設や児童養護施設に実習に行くにあたり、実習前に**自己覚知**\*を十分に行っておくことが重要です。自己覚知は一朝一夕に成されるものではありません。しかし、さまざまな経験をしてきた子どもたちと接する前に、せめて自分自身の思考パターンや、物事のとらえ方

\* **用語解説**
**自己覚知**
自分自身の特徴を、自らの関心、能力、価値観、偏見、社会的状況、成育歴等あらゆる面からみて、あるがままの自分を理解し、受け入れること。

## 図表11-3 児童自立支援施設での保育実習モデル

| 時期 | プログラム | 具体的内容 |
|---|---|---|
| 実習前 | 事前学習 | ・可能な限りの自己覚知を図る<br>・子ども家庭福祉に関する基本的な法制度を理解する<br>・子どもの権利と自立支援について理解する<br>・児童自立支援施設について基本的な知識を習得する<br>・児童自立支援施設を利用している子どもたちの特性や入所にいたる背景について学び、理解する<br>・実習先施設の歴史や沿革、支援方針、施設のある地域の特性について調べ、理解する<br>・子どもと保護者との関係性について学び、理解する<br>・保育の基本的な知識と技術を習得する<br>・生活施設で必要とされるケアワークについて理解し、習得する<br>・実習テーマや課題、目標を明確にし、自分なりに学びの計画を作成する<br>・実習生として求められるマナーを身につける |
| 実習前 | 事前オリエンテーション | ・実習スケジュールについて確認する<br>・実習生として立案した学びの計画と、実習指導計画をすり合わせ、必要があれば修正をする<br>・実習プログラムについてすり合わせをする<br>・実習中の注意事項について説明を受ける<br>・実習にかかる金銭のやりとり（食費、宿泊費など）について確認する<br>・実習先の歴史や理念、支援方針について説明を受ける<br>・施設内見学をする |
| 実習中 | 1週目 | ・子どもの顔と名前を覚える<br>・施設の一日の流れを理解する<br>・実習生としての一日の流れを理解する<br>・施設内のルールや業務マニュアルについて理解する<br>・指導担当職員からのスーパーバイズの受け方について理解し、実践する<br>・子どもたちの特性について体験的に理解する<br>・子どもとの接し方について体験的に理解し、考察し、実践する<br>・施設内の情報共有のシステムを理解する<br>・他専門職の役割と業務内容を学び、そのなかでの保育士の役割について考察を深める |
| 実習中 | 2週目 | ・子どもたちの特性や入所にいたる背景について理解し、これを踏まえた支援のあり方について考察を深める<br>・入所している子どもとその家族との関係性について学ぶ<br>・夜勤（泊り込み）業務を体験し、夜間の業務について理解する<br>・施設内の他職種連携について理解を深める<br>・施設外の他職種連携について理解を深める<br>・栄養士や臨床心理士からのレクチャーを受け、施設内での多様な関わり方について理解を深める<br>・施設と施設内分校・分教室の連携についての具体的な実践例を知ることで、理解を深める<br>・学んだことをもとに、一人の子どもについて自立支援計画案を立案し、助言を受ける<br>・実習最終日には振り返り、全体総括を行う |
| 実習後 | 事後指導 | ・お礼状を書く<br>・現場での体験を振り返り、当初の実習目標を参考に、自己評価をする<br>・ほかの施設で実習をしてきた学生と議論し、子ども家庭福祉全体のなかでの児童自立支援施設の役割について理解を深める<br>・実習報告会の準備をする<br>・実習報告会で発表する<br>・実習報告書をまとめる |

（児童自立支援施設職員・実習経験者からの聞き取りをもとに作成）

の偏りをある程度自覚しておく必要があります。新しい価値観に出合う前の心の準備をしておくのです。ときには、入所児との関わりのなかで、実習生自身のトラウマティックな体験が再起され、思わぬ行動にでてしまうことがあります。最悪の場合、実習生自身が傷ついたり、入所している子どもの支援にも影響がでることがあります。このようなことを防ぐためにも、実習前に自己覚知の作業を行いましょう。

また事前学習の際には、施設の機能や法的な枠組み、入所児童の特性、入所にいたる背景などについて学びます。施設に入所していた子どもの作文や、『児童自立支援施設運営ハンドブック』（厚生労働省、2014年）などを読んでおくのもよいでしょう。最近は、発達障害などの特性をもつ子どもも増えていますので、これについても事前に学習しておきましょう。また、子どもと一緒に野外の活動やスポーツに参加する機会もありますので、心身を健康に保ち、体力をつけておきましょう。

実習中はほとんどの時間を子どもとともに過ごします。まずは一人の実習生として誠実に、関係性を構築していきます。それから、子ども同士のやり取りや、子どもと職員のやりとりを観察し、自分なりの考察を深め、実践してみましょう。このとき、目の前の事象に対して「なぜそのようなことが起こっているのか」「どうしてこの子どもはこんなことをするのか」「この職員の言動にはどういう意図があるのか」など、意味を考えることが大切です。子どもの言動には、何らかのメッセージがあります。職員も何らかの意図をもって、子どもに関わっています。施設内のルールや業務マニュアル、環境設定なども、さまざまなことに配慮した結果、そのような形になっているのです。これらについて考察を深めることで、実習はより意味のあるものになります。

実習後の振り返りは大変重要です。自分自身の実習経験を報告書にまとめます。同じクラスで、児童自立支援施設の実習に行く学生はそれほど多くないでしょう。ぜひほかの施設で実習した仲間と意見交換をしてください。子ども家庭福祉に共通する考え方と、児童自立支援施設独自の役割を再び認識する、よい機会になるでしょう。

# 4. 児童心理治療施設

## 1 保育実習の目的とねらい

児童心理治療施設は、家庭の代替を目的とした施設ではなく、治療を目的とした施設です。それを念頭に置いて実習をすることで、多くの学

びが得られるでしょう。

　まず、児童心理治療施設における実習では、総合環境療法について体験的に学ぶことができます。児童福祉施設のなかでも児童心理治療施設は特に環境が構造化されています。さまざまな専門職が連携して、一人ひとりの子どもに合った環境をつくり出す意義とその具体的な方法を知ることは、この施設における実習の大きな目的の一つになります。

　その連携において、保育士は子どもたちに対してどのような役割を果たすのでしょうか。『情緒障害児短期治療施設（児童心理治療施設）運営ハンドブック』によると、保育士等ケアを直接担う職員（ケアワーカー）には「日常生活においては、子どもとの関係づくりのためにさまざまな〈遊び〉の師匠であり、〈学習〉の先生であり、〈くらし〉に関わる先達であり、〈こころ〉の悩みの相談相手になるような能力[†2]」が求められるとされています。このような保育士に求められる能力について、子どもと関わるなかで学ぶことも、重要な実習目標になります。

　子どもの家庭復帰を目指すならば、施設職員から家族に対する働きかけは欠かせません。家庭復帰をしたあとも子どもの特性に合わせた環境をいかに整備していくのか、また、いずれは社会人として自立していくことを見通して、家庭ではどのように対応すべきなのか、施設職員は家族とともに考える必要があります。そのため職員は、子どもの家族に対して「子どもの治療を目的とした、ともに歩んでいくパートナー」として接しています。この働きかけの姿勢についても、大きな学びになるでしょう。

　児童心理治療施設は、臨床心理士や医者、看護師など、社会福祉分野ではない専門職が多くいる施設です。これらの専門職との連携のあり方を学ぶことができます。

　また、施設外の専門機関である児童相談所や学校（分校・分級）との連携も欠かせません。特に学校は子どもの日中生活の大半を過ごす場所ですので、密な連携が欠かせません。これら施設外の他職種との連携の具体的な方法や、スムーズな連携のための工夫等も大切な実習の目的の一つとなるでしょう。

### 2　保育実習モデル（児童心理治療施設）

　図表11-4に、児童心理治療施設での保育実習の流れを示します。

### 3　保育実習モデル（児童心理治療施設）の解説

　実習の事前学習として、入所している子どもたちの特性をしっかりと

▶出典
†2　厚生労働省『情緒障害児短期治療施設（児童心理治療施設）運営ハンドブック』2014年、116頁

## 図表11-4 児童心理治療施設での保育実習モデル

| 時期 | プログラム | 具体的内容 |
|---|---|---|
| 実習前 | 事前学習 | ・可能な限りの自己覚知を図る<br>・子ども家庭福祉に関する基本的な法制度を理解する<br>・子どもの権利と自立支援について理解する<br>・児童心理治療施設について基本的な知識を習得する<br>・児童心理治療施設を利用している子どもたちの特性や入所にいたる背景について学び、理解する<br>・実習先施設の歴史や沿革、支援方針、施設のある地域の特性について調べ、理解する<br>・子どもと保護者との関係性について学び、理解する<br>・保育の基本的な知識と技術を習得する<br>・生活施設で必要とされるケアワークについて理解し、習得する<br>・実習テーマや課題、目標を明確にし、自分なりに学びの計画を作成する<br>・実習生として求められるマナーを身につける |
| 実習前 | 事前オリエンテーション | ・実習スケジュールについて確認する<br>・実習生として立案した学びの計画と、実習指導計画をすり合わせ、必要があれば修正をする<br>・実習プログラムについてすり合わせをする<br>・実習中の注意事項について説明を受ける<br>・実習にかかる金銭のやりとり（食費、宿泊費など）について確認する<br>・実習先の歴史や理念、支援方針について説明を受ける<br>・施設内見学をする |
| 実習中 | 1週目 | ・子どもの顔と名前を覚える<br>・施設の一日の流れを理解する<br>・実習生としての一日の流れを理解する<br>・施設内のルールや業務マニュアルについて理解する<br>・指導担当職員からのスーパーバイズの受け方について理解し、実践する<br>・子どもたちの特性について体験的に理解する<br>・子どもとの接し方について考察し、実践する<br>・施設内の情報共有のシステムを理解する<br>・他専門職の役割と業務内容を学び、そのなかでの保育士の役割について考察を深める |
| 実習中 | 2週目 | ・子どもたちの特性や入所にいたる背景について理解し、これを踏まえた支援のあり方について考察を深める<br>・夜勤（泊り込み）業務を体験し、夜間の業務について理解する<br>・施設内の他職種連携について理解を深める<br>・施設外の他職種連携について理解を深める<br>・施設と地域のつながりについての具体的な実践例を知ることで、理解を深める<br>・施設と学校のつながりについての具体的な実践例を知ることで、理解を深める<br>・学んだことをもとに、一人の子どもについて自立支援計画を立案し、助言を受ける<br>・実習最終日には振り返り、全体総括を行う |
| 実習後 | 事後指導 | ・お礼状を書く<br>・現場での体験を振り返り、当初の実習目標を参考に、自己評価をする<br>・ほかの施設で実習をしてきた学生と議論し、子ども家庭福祉全体のなかでの児童心理治療施設の役割について理解を深める<br>・実習報告会の準備をする<br>・実習報告会で発表する<br>・実習報告書をまとめる |

（児童心理治療施設職員からの聞き取りをもとに作成）

学んでおきましょう。一般的な保育所や児童養護施設にいる子どもたちと比べると、特別な配慮が必要な子どもが多く入所しています。実習開始までに事前に学んでおくと、実際に実習に入ったとき、スムーズな理解につながるでしょう。

　実習に入ってまず行いたいのは、子どもの顔と名前を一致させることです。子どもの名前を呼び、笑顔であいさつすることから、信頼関係の構築は始まります。

　子どもの状況によっては、接し方が難しい場合があるかもしれません。こちらからのコミュニケーションがなかなか子どもに受け入れられずに困ったり、逆に非常に馴れ馴れしく接してこられて戸惑ったりというようなことが考えられます。どうしたらよいのかわからないときには、必ず職員に聞きましょう。実習生が勝手に判断して接すると、ときには子どもの治療の妨げになることもあるかもしれません。このような経験は、専門職として子どもと適切な距離を保つ方法を学ぶよい機会になります。

　個人情報の保護の観点から、入所にいたる子どもの背景については、実習生にはあまり詳細に教えてもらえないかもしれません。しかし、子どもたちは自分の治療目的をきちんと認識して生活しています。室内に貼ってあるルール表や、その時々の職員の声かけ、子どもの行動から、その背景にあるものについて考察を深めましょう。

　また、これはどのような施設の実習にでも共通することですが、実習終了時に、安易に再訪の約束をしないことです。一般的な社交辞令のようなつもりで言ってしまったとしても、その一言で、子どもたちは「あの実習生さんは、また来ると言っていた」と期待してしまいます。果たせない約束は、子どもの心を不安定にするだけだと理解しましょう。

　実習が終わったあとは、自身の実習経験を振り返り、改めて子どもの言動や支援の一つひとつの意味、児童心理治療施設自体の意義等を考えます。また、ほかの施設で実習をしてきた学生と、ぜひ意見交換をしてみてください。おそらくほかの児童福祉施設と比較して、ずいぶん違うところがあると改めて認識し、同時に他施設とも共通する子ども家庭福祉の理念にも気づくでしょう。この振り返りをとおして、児童心理治療施設の機能をさらに明確に理解することができ、そのなかで保育士の果たす役割もみえてくるのではないでしょうか。

# 5. 母子生活支援施設

## 1 保育実習の目的とねらい

　母子生活支援施設に入所している世帯の年齢や入所にいたる理由はさまざまです。安心できる環境の提供、安定した生活の保障から、母親と子どもそれぞれが抱える課題に対応し、両者の関係調整の支援が行われます。

　実習を行ううえで、利用者のなかには、DV被害などで居場所を隠している場合もあるため、安全確保の問題からも実習前後を含め、守秘義務厳守を徹底する必要があります。

　藏野[†3]は、母子生活支援施設における保育実習の目的として、「利用者（母親と子ども）についての理解」「母子生活支援施設についての理解」「保育士の職務と役割の理解」「養護・保育技術の修得」「保育者としての自己理解と新たな学習課題の発見」の5つをあげています。

　ここでは、上記の目的から「利用者についての理解」「保育士の職務と役割の理解」「養護・保育技術の修得」の3つに焦点を当てて、くわしく説明していきます。

　実習中は、利用者理解の機会が多く設定されています。たとえば、日中は母親が就労等で外へでているため、未就学・未就園児（母親のリフレッシュを図るための一時保育も含む）や下校後の学童との関わりが中心となり、場合によっては、病児や病後児、出生直後の新生児が対象となることもあります。

　また、実習生は家事一般の補助的な役割として各世帯のなかに加わることがあり、子育ての不安や子育ての方法を知らない母親に対して、保育所等のような「先生」という立場ではなく、ひとりの大人としての関わりが求められます。職員がどのような姿勢で関係を築いているのか、接し方をよく観察し、母親の思いに寄り添える実習にしていきましょう。

　保育内容については、保育所での保育に準じて行われ、学童保育も児童館や学童クラブに準じて運営されます。病児や病後児、新生児の場合は、健康管理や感染症予防措置への細心の注意が必要となります。

　さらに、今まで落ち着いた生活を送ることができなかったために、基本的な生活習慣が身についていない、自分の気持ちを上手く伝えられず、言葉よりも先に手がでてしまう、心身における発達上の遅れが認められる、そうした不安定さがみられる子どももいます。そうした子どもには信頼できる大人の存在は必要不可欠です。大人に対する信頼感を回復し

▶出典
†3　藏野ともみ「実習の現場——子どもの生きる場」阿部和子・増田まゆみ・小櫃智子編『保育実習（第2版）』ミネルヴァ書房、2014年、55頁

ていくために、どう向き合い、その気持ちをどう受け止めていくかを常に考えておくことが大切です。

## 2 保育実習モデル（母子生活支援施設）

母子生活支援施設における保育実習モデルを、図表11-5に示します。

## 3 保育実習モデル（母子生活支援施設）の解説

ここでは、母子生活支援施設の保育実習モデルについて、実習の流れに沿って解説していきます。

「事前学習」として、子ども家庭福祉における基本知識を再度理解しておかなければいけません。施設・機関の理解から、ひとり親家庭の置かれている社会状況、経済的な実態などについて把握し、入所理由や関連した法制度も見直しておく必要があるでしょう。加えて、『母子生活支援施設運営指針ハンドブック』を熟読し、基本的理念や役割、支援のあり方について学習しておきましょう。

「事前オリエンテーション」では、主に施設の概要や環境構成、実習における留意点などを確認します。事前学習を踏まえ、利用者の状況（利用者の人数、子どもや母親の年齢層等）、施設のサービス、保育内容など、具体的な話を聞き、実習計画書や各課題に役立てましょう。また、実習中のスケジュールや形態（宿泊・通勤）、食費等の経費、持ち物、提出書類は必ず確認し、初日からしっかり学べるようにしましょう。

母子生活支援施設の実習は、主に「観察実習」「参加実習」「指導実習」の3段階に区分することができます。各段階で、目標や課題等が異なるため、今はどの段階かを意識しながら実習に臨みましょう。

「観察実習」は、職員や利用者の活動から一日の流れを把握することが前提となります。職員が母親や子どもとどのような関係を築いているのか、母親間、子ども間でも利用者の個性の違いがみえてくるでしょう。また、保育や援助の内容についても、利用者の到達目標に近づくための職員による配慮や連携が行われているか、観察をとおして学んでいきましょう。

「参加実習」では、利用者の顔と名前を覚え、個々に応じたコミュニケーションを図りましょう。利用者一人ひとりの実態把握、個別の課題を意識し、自立支援計画や保育計画の進行への参加、その妥当性についても考察してみましょう。さらに、乳児から学童（高校生まで）と子どもの年齢に応じた関わり方について学ぶ機会にもなるでしょう。

「指導実習」としては、利用者の行動や生活習慣、関係性を振り返り、

## 図表11-5 母子生活支援施設での保育実習モデル

| 時期 | プログラム | 具体的内容 |
|---|---|---|
| 実習前 | 事前学習 | 【事前オリエンテーションまで】<br>◎実習施設に関する基本的知識を獲得する<br>◎利用者の入所背景や支援について事例等から学ぶ<br>◎職員の職種や業務内容について理解する<br>◎『母子生活支援施設運営指針ハンドブック』を読む<br>◎地域における関連施設・機関やボランティア等を把握する<br>◎子ども家庭福祉関連の法制度等の基本的知識を習得する<br>◎保育士の職業倫理、守秘義務について理解する<br>◎相談援助に関する基礎的知識および技術を修得する<br>◎子どもの親の権利擁護について学び、問題意識を高める<br>◎実習の課題を明確にした実習計画書を作成する<br>◎実習日誌や記録の取り方について学ぶ<br>◎子どもの年齢に応じ、少人数による室内外の遊びを準備する<br>◎生活支援における調理や清掃など、家事全般の技術を修得する<br>◎実習生として求められるマナーを身につける（挨拶、服装、態度、言葉づかい、時間厳守等） |
| 実習前 | 事前オリエンテーション | ◎実習計画書を再検討し、より具体的な実習課題を設定する<br>◎実習の具体的課題を検討する<br>◎施設の歴史や概要および運営方針の説明を受ける<br>◎実習の留意事項および個人情報の取り扱い等の説明を受ける<br>◎施設見学を行う<br>◎事前課題を確認し、実習までに作成する |
| 実習中 | 1週目<br>観察実習<br>参加実習 | ◎施設の沿革・形態・利用世帯の状況・職員構成・業務内容等を確認し、運営方針を理解する<br>◎施設の日課をとおして一日の流れを把握し行動する<br>◎施設のルールや業務マニュアルなどを理解する<br>◎各職種（保育士、母子支援員、少年指導員）の業務に参加し、役割や仕事内容を把握する<br>◎利用者とのコミュニケーションを積極的に図る<br>◎利用者の顔と名前を覚える<br>◎職員による母と子の関係性について観察する<br>◎未就学・未就園児、学童等の支援の姿勢を学ぶ<br>◎利用者に対する接し方について理解する<br>◎利用者の現状把握をし、理解する<br>◎母子寮での各世帯の生活について理解する<br>◎利用者にとって安心・安全な居場所づくりについて学習する |
| 実習中 | 2週目<br>観察実習<br>参加実習<br>指導実習 | ◎職員のチームワークや職員間の連携について理解する<br>○各職種間の会議やカンファレンスに列席する<br>○同一法人内の施設（乳児院・保育所・児童養護施設・障害児・者施設・高齢者施設等）を見学し、関係や連携を理解する<br>○児童相談所や学校・医療機関などの関連施設・機関による関係や連携について学習する<br>◎地域における施設の役割や関わりを理解する<br>○施設における一時保護委託の現状について考える<br>○施設の小規模分離型（サテライト型）について理解する<br>○施設のトワイライトステイ事業について理解する<br>◎利用者の行動や変化、関係性を振り返る<br>◎利用者の自立支援や退所後のアフターケアについて考える<br>◎安全に留意し、月齢にあわせた関わりを学ぶ<br>◎乳幼児の基本的生活習慣の重要性を学ぶ<br>◎利用者ニーズにあわせた保育の提供の背景を学ぶ<br>◎生活指導・学習指導・遊びを通じて、子どもの年齢に応じた関わり方ができる（同年齢・異年齢・性別）<br>◎行事への参加を通じて子どもとの関係性を深める<br>◎愛着障害や発達障害を内在する子どもとの関わり方を学ぶ<br>◎全体総括を行う |
| 実習後 | 事後指導 | ◎具体的な体験や課題達成度を振り返り、自己評価する<br>◎実習体験を実習報告書にまとめる<br>◎実習体験をとおした自己覚知等について学ぶ |

◎：基本的に達成すべき項目、○：達成することが望ましい項目
出典：関西福祉科学大学社会福祉実習教育モデル研究会編『相談援助実習ハンドブック』ミネルヴァ書房、2014年をもとに作成

ニーズにあわせた支援・指導を考え、実践していきます。施設内保育や学童を設置しているところでは、設定保育（責任実習）を実施する場合もあります。各段階で、確認したいことや聞きたいことがあれば、時間と場所を考えて、積極的に実習担当職員へ質問を行い、専門職の実習生として客観的な視点をもつことを心がけましょう。

## 6. 児童相談所一時保護所

### 1 保育実習の目的とねらい

児童相談所一時保護所は、子どもにとってはじめての施設であり、安心・安全を軸に入所前の不適切な生活による不健康の改善や習慣の見直し、次の施設等に向かうための準備を行うところです。入所している子どもの多くが不安定な状況下で保護されているため、落ち着いた環境づくりが基盤となります。また、保護中に新たに問題が発生したり、退所後に問題が発生するのを防ぐために、さまざまなルールが設けられています。

実習生には、入所理由の異なる子どもたち一人ひとりの経緯を理解し、その気持ちや状況に寄り添った姿勢が望まれます。年齢が近いため、"親しみやすさ"から職員には話せない悩みを打ち明けてくる子どもがいる一方で、大人に対する不信感から実習生を受け入れられず、反発したり反抗的な態度をとる子どもも少なくありません。子どもとの関わり方や対人関係による距離感（必要以上の身体接触など）で悩んだ場合は、必ず職員の指示を仰ぎ、決して勝手な判断で行動したり個人的なつながりをもつようなことは避けましょう。たとえ実習生であっても、ここで出会う大人との関わりが少なからず子どもたちの今後に影響を与えることを常に意識し、受容的な接し方を心がけるようにしましょう。

幼児から高校生が生活をともにしていることから、実習中は生活指導が中心となり、基本的な家事全般またはその援助などを行う場合もあります。幼児に対する保育や小中高生への教育・学習指導を行う際には、事前に子どもの置かれている社会的状況や普段の生活の様子などを把握し、どのような目的やねらいを定め指導を行うかを職員と相談しながら取り組みましょう。さらに、グループ活動やレクリエーションを行うことを考え、子どもと一緒にできる屋外および室内遊びなどを調べておくとよいでしょう。

児童相談所一時保護所では、短期間に集団のメンバーが激しく入れ替

わり、子どもの個別課題と同時進行で集団の維持の対応をするなど、難しい支援が求められています。実習生は、子どもの姿だけでなく、職員の動きについてもよく観察し、指導や援助における行動の意図を考え実践へとつなげていくことが重要といえます。加えて、他職種との連携やケースカンファレンスの機会があれば、積極的に参加することで、職員間の援助方針や子どもへの理解がより深まるでしょう。

一時保護所の性質上、保護者の同意を得られず入所している子どももいます。実習を行ううえで、安全確保のためにも、実習前後を含め、知り得た守秘事項をけっして口外しないよう、十分注意が必要です。

### 2 保育実習モデル（児童相談所一時保護所）

児童相談所一時保護所における保育実習モデルを、図表11-6に示します。

### 3 保育実習モデル（児童相談所一時保護所）の解説

ここでは、保育実習モデルを参考に実習の流れを解説していきます。

「事前学習」として、児童相談所、そして児童相談所一時保護所が担う役割や機能について把握しておくことが求められます。必ず「児童相談所運営指針」と「一時保護ガイドライン」を確認し、また「児童福祉法」をはじめとする子ども家庭福祉関連の法律や制度についても見直しておきましょう。

児童相談所一時保護所は、実習期間中でも頻繁に子どもの入退所があります。コミュニケーションの機会を逃さないためにも、初めて入所を経験する子どもとの関わり方や社会的背景、また支援や指導方法の基礎をしっかりと学習しておく必要があります。

実習先である児童相談所一時保護所の概要や環境構成、実習への留意点などは「事前オリエンテーション」で確認しましょう。入所している子どもの状況（人数、年齢層など）や、生活指導および教育・学習指導などの様子を聞き、具体的なイメージをもって実習に取り組めるよう準備をしましょう。実習計画書についても、オリエンテーション後に再度検討を行い、実践に即した実習課題を設定することが望ましいです。

児童相談所一時保護所に限らずどの実習にもいえることですが、実習生は、現場職員の知識や技術を学ぶために行くのです。その第一歩として、常に観察する意識をもつことが大切です。職員の動きや子どもとの関わりをただ見ているのではなく、たとえば、ある言葉かけにはこうしたねらいがあるなどの考察を行うことで、現場で磨かれた経験にふれる

### 図表11-6 児童相談所一時保護所での保育実習モデル

| 時期 | プログラム | 具体的内容 |
|---|---|---|
| 実習前 | 事前学習 | 【事前オリエンテーションまで】<br>◎「児童相談所運営指針」と「一時保護ガイドライン」をもとに、実習先の基本的知識を獲得する<br>◎入所児童の背景や支援について事例等から学ぶ<br>◎職員の職種や業務内容について理解する<br>◎地域における関連施設や機関等を把握する<br>◎児童福祉法、児童虐待防止法、少年法等の子ども家庭福祉関連法制度について調べる<br>◎保育士の職業倫理・守秘義務について理解する<br>◎相談援助に関する基礎的知識および技術を修得する<br>◎子どもの権利擁護と自立支援を学び、問題意識を高める<br>◎実習の課題を明確にした実習計画書を作成する<br>◎実習日誌や記録の取り方について学ぶ<br>◎子どもの年齢に応じ、少人数による室内外の遊びを準備する<br>◎生活指導における調理や清掃等、家事全般の技術を修得する<br>◎実習生として求められるマナーを身につける（挨拶、服装、態度、言葉づかい、時間厳守等） |
| 実習前 | 事前オリエンテーション | ◎実習計画書を再検討し、より具体的な実習課題を設定する<br>◎実習の具体的課題を検討する<br>◎実習先の歴史や概要および運営方針の説明を受ける<br>◎実習先の見学を行う<br>○事前課題を確認し、実習までに作成する |
| 実習中 | 1週目 | ◎各部署の概要・形態・入所児童の状況・職員構成・業務内容等を確認し、運営方針を理解する<br>◎日課をとおして一日の流れを把握し行動する<br>◎業務マニュアルや生活上のルールなどを理解する<br>◎各職種（保育士、児童指導員）の業務に参加し、役割や仕事内容を把握する<br>◎入所児童とのコミュニケーションを積極的に図る<br>◎入所児童の顔と名前を覚える<br>◎職員による入所児童との関係性について観察する<br>◎未就学・未就園児、学童等の支援・指導の姿勢を学ぶ<br>◎入所児童に対する接し方について理解する<br>◎入所児童の現状把握をし、理解する<br>◎入所児童にとって安心・安全な居場所づくりについて学ぶ<br>◎医療ケアについて、看護師等から説明を受ける |
| 実習中 | 2週目 | ◎職員のチームワークや職員間の連携について理解する<br>◎各職種間の会議やカンファレンスに列席し、個々のケースに応じて、どのような支援・指導が検討されているかを学ぶ<br>◎学校や医療機関等の関連施設・機関との連携について学ぶ<br>◎地域における施設の役割や関わりを理解する<br>◎入所児童の行動や変化、関係性を振り返る<br>◎入所児童の自立支援や退所後のアフターケアを考える<br>◎入所児童の心理的ケアについて考える<br>◎入所児童に必要な社会資源の活用について考える<br>◎全体総括を行う |
| 実習中 | 設定保育 | 指導案作成<br>◎入所児童の基本的生活習慣の重要性を学ぶ<br>○安全に留意し、月齢にあわせた関わりを学ぶ<br><br>保育の実施<br>◎生活指導・学習指導・遊びを通じて、子どもの年齢に応じた関わり方を学ぶ（同年齢・異年齢・性別）<br>◎愛着障害や発達障害を内在する子どもとの関わり方を学ぶ<br><br>振り返り<br>◎入所児童のニーズにあわせた保育の提供の背景を学ぶ<br>◎子どもの権利擁護と自立支援に即した生活指導を考える |
| 実習後 | 事後指導 | ◎具体的な体験や課題達成度を振り返り、自己評価する<br>◎実習体験を実習報告書にまとめる<br>◎実習体験をとおした自己覚知等について学ぶ |

◎：基本的に達成すべき項目、○：達成することが望ましい項目
出典：図表11-5と同じ

ことができるはずです。また、確認や疑問があれば、時間と場所を考慮したうえで実習担当職員に質問することも重要です。

実習のなかで、子どもと積極的にコミュニケーションを図ったり、一日の流れを理解することは実習生として基本といえます。児童相談所一時保護所では、さまざまな課題を抱えた年齢の異なる子どもとの接し方や、職員・施設間での連携について学ぶことができます。さらに、安心・安全な居場所づくりや集団生活におけるレクリエーションなど、実習生の視点のもち方で、多様な課題がみえてきます。

保育実習モデルには「設定保育」とありますが、学童（高校生まで）を対象とする学習指導を行う場合もあります。そうした際、実習生も一人の職員としての立場から、ニーズに応じた支援や指導を実践しなければなりません。子どもたちが次のステップに進むために職員として何ができるか、実習担当職員とよく相談し指導案の作成、実践へとつなげていきましょう。

## 7. 障害児入所施設（一部、障害者入所施設と共通）

### 1 保育実習の目的とねらい

障害児入所施設および障害者入所施設での保育実習の目的とねらいは、以下のとおりです（障害児入所施設、障害者入所施設共通）。

①障害児・者入所施設で暮らしている子どもや利用者と生活をともにしながら、施設での生活の一日の流れを理解し、施設の役割や機能を具体的に理解する。
②多様な状況の障害をもった子どもや利用者を観察し、利用者との関わりをとおして各々の発達や障害の状況について理解を深める。
③保育士による保育や支援を見て学び、体験することによって、障害をもつ子どもや利用者への保育、支援方法の実際について学ぶ。
④障害児・者入所施設での生活における個別支援計画、観察および支援の記録などについて具体的に理解する。
⑤障害児・者入所施設における保育士、支援員の業務内容や職業倫理、保護者支援について具体的に学ぶ。

### 2 保育実習モデル（障害児入所施設、障害者入所施設共通）

障害児・者入所施設での実習においては、安全管理、衛生管理が重要になります。これらの施設では、自分で安全や衛生をコントロールする

ことにハンディを抱えた子どもや利用者が多いため、安全衛生管理委員会などを設置して、施設ごとに独自の危険予知（**KY活動**\*）に取り組んでいるところが増えています。実習中は、特に事故やけが、感染症などに気をつけましょう。また、爪や髪、服装など身だしなみも

※ **用語解説**
**KY活動**
事業者が事故や災害を未然に防ぐことを目的に、その作業に潜む危険を予想して指摘しあう訓練である。ローマ字による表記「Kiken Yochi」の頭文字をとってKY活動とよぶ。

**図表11-7** 障害児入所施設・障害者入所施設共通での保育実習モデル

| 時期 | プログラム | 具体的内容 |
|---|---|---|
| 実習前 | 事前学習 | ・児童家庭福祉に関する基本的知識を習得する<br>・障害者福祉制度に関する基本的知識を習得する<br>・障害児入所施設に関する基本的知識を習得する<br>・子どもの発達と心理に関する基本的知識を習得する<br>・感染症や障害に関する基本的知識を習得する<br>・施設職員の職種や業務内容について理解する<br>・保育者の支援内容を理解し、基本的技術を習得する<br>・職員の職業倫理・守秘義務について理解する<br>・子どもの権利擁護と保護者支援について理解する<br>・実習日誌などの記録の取り方を学ぶ<br>・実習の目標・課題を明確にし、実習計画を立てる<br>・実習生としてのマナー・心得について理解する |
| 実習前 | 事前オリエンテーション | ・実習施設の歴史や概要、運営方針を理解する<br>・実習内容について説明を受け、準備を整える<br>・実習生の日課、心得、マナーについて、理解する |
| 実習中 | 1週目 | ・施設の日課やルール（規則）を理解し、留意事項（実習時間・マナー・体調管理など）を確認する<br>・利用者との関わり方について説明を受け、理解する<br>・利用者の顔と名前を覚える<br>・利用者の状況・職員構成・勤務形態・業務内容を確認し、理解する<br>・環境整備について説明を受け、理解する<br>・実習の目標・目的を明確にしておく<br>・職員に積極的に質問し、生活の流れを理解する<br>・日々の実習日誌などの記録をとおして実践を振り返り、職員から助言・指導を受ける<br>・担当保育士に相談しながら日案・指導計画案を作成する |
| 実習中 | 2週目 | ・子ども一人ひとりと関わりながら理解を深める<br>・子どもの発達や障害状況に応じた対応を学ぶ<br>・健康管理や安全対策など、環境整備の意味を理解しながら実践する<br>・障害児入所施設の役割や機能について理解を深める<br>・生活の流れを理解し、望ましい支援内容について考察を深める<br>・職員間の役割分担や連携について学ぶ<br>・施設保育士の役割や職業倫理について理解を深める<br>・日案・指導計画案に沿って保育を実践し、省察、自己評価を行い、アドバイスを受ける |
| 実習後 | 事後指導 | ・障害児入所施設での実習をとおして、具体的な体験や課題の達成度を振り返り、自己評価を行う<br>・実習体験を実習報告書にまとめ、発表する<br>・実習施設からの評価と面接によって、自己課題を明確化する |

子どもや利用者のけがにつながります。事故やけがの防止、感染症への知識と対策について、事前学習で実習の心得をしっかり学んで理解しましょう。

実習前から実習中、実習後まで、体調管理に留意し、体調チェック表などに記録して管理することが望まれます。体調が悪い場合は無理して実習を継続せず、実習担当者に相談し、医師の診断を受けて感染症かどうかを調べます。感染症であった場合は、医師からの許可（診断書など）がなければ実習を再開してはいけません。

また、実習中に勝手な判断は危険です。必ず職員に、「ほうれんそう」（報告・連絡・相談）を行いましょう。

障害児入所施設および障害者入所施設における保育実習モデルを、図表11-7に示します。

## 8. 障害者入所施設

### 1 保育実習モデル（障害者入所施設）

障害者入所施設における保育実習の目的とねらいは、前節の障害児入所施設のなかで述べてあります。

障害者入所施設における保育実習モデルを、図表11-8に示します。

### 2 保育実習の内容と実習例

施設の日課に応じて実習をすすめます。障害者入所施設では、日中活動での実習が重要になります。障害者入所施設は総合型の施設運営が多く、施設入所支援のシフトのなかでの、日勤・早番勤務・遅番勤務・夜勤（宿直）、また**日中活動のなかでの生活介護や就労継続支援**に配置されて実習を実施していきます。

障害者入所施設における実習予定モデルを、図表11-9に示します。

### 3 障害者入所施設での実習

#### ①実習の基本姿勢

施設入所支援において実習する場合、利用者の「生活の場」に入り、学ばせていただくという意識と姿勢が何より重要です。夜間支援も含めて、24時間365日の日常生活全般において、利用者それぞれの必要（ニーズ）に応じた支援が展開されていることを理解しましょう。

---

◆補足
実習中に関わる主な日中活動の事業
①生活介護
入浴・排泄・食事等の介護、調理・洗濯・掃除等の家事、生活等に関する相談・助言等、日常生活上で必要な支援、創作的活動・生産活動の機会の提供のほか、身体機能や生活能力の向上のために必要な援助を行う。
このサービスでは、自立の促進、生活の改善、身体機能の維持向上を目的として通所によりさまざまなサービスを提供し、障害のある人の社会参加と福祉の増進を支援する。
②就労継続支援
通常の事業所に雇用されることが困難な障害者につき、就労の機会を提供するとともに、生産活動等の機会の提供を通じて、その知識および能力の向上のために必要な訓練を行う事業のことをいう。雇用契約を結び利用する「A型」と、雇用契約を結ばないで利用する「B型」の2種類がある。

## 図表11-8 障害者入所施設での保育実習モデル

| 時期 | プログラム | 具体的内容 |
|---|---|---|
| 実習前 | 事前学習 | ・障害者福祉、制度に関する基本的知識を習得する<br>・障害者入所施設に関する基本的知識を習得する<br>・発達と心理に関する基本的知識を習得する<br>・感染症や障害に関する基本的知識を習得する<br>・施設職員の職種や業務内容について理解する<br>・支援員の支援内容を理解し、基本的技術を習得する<br>・支援員の職業倫理・守秘義務について理解する<br>・障害者の権利擁護について理解する<br>・実習日誌などの記録の取り方を学ぶ<br>・実習の目標・課題を明確にし、実習計画を立てる<br>・実習生としてのマナー・心得について理解する |
| 実習前 | 事前オリエンテーション | ・実習施設の歴史や概要、運営方針を理解する<br>・実習内容について説明を受け、準備を整える<br>・実習生の日課、心得、マナーについて理解する |
| 実習中 | 1週目 | ・施設の日課やルール（規則）を理解し、留意事項（実習時間・マナー・体調管理など）を確認する<br>・利用者との関わり方について説明を受け、理解する<br>・利用者の顔と名前を覚える<br>・利用者の状況・職員構成・勤務形態・業務内容を確認し、理解する<br>・夜間・休日支援と日中活動に関するしくみを理解する<br>・環境整備について説明を受け、理解する<br>・実習の目標・目的を明確にしておく<br>・職員に積極的に質問し、生活の流れを理解する<br>・日々の実習日誌などの記録をとおして実践を振り返り、職員から助言・指導を受ける<br>・担当支援員に相談しながら日案・指導計画案を作成する |
| 実習中 | 2週目 | ・利用者一人ひとりと関わりながら理解を深める<br>・利用者の発達や障害状況に応じた対応を学ぶ<br>・健康管理や安全対策、環境整備の意味を理解しながら実践する<br>・障害者入所施設の役割や機能について理解を深める<br>・日中活動の役割や機能、特色を理解する<br>・生活の流れを理解し、望ましい支援内容について考察を深める<br>・職員間の役割分担や連携について学ぶ<br>・支援員、施設保育士の役割や職業倫理について理解を深める<br>・指導計画案に沿って支援を実践し、省察、自己評価を行い、アドバイスを受ける |
| 実習後 | 事後指導 | ・障害者入所施設での実習をとおして、具体的な体験や課題の達成度を振り返り、自己評価を行う<br>・実習体験を実習報告書にまとめ、発表する<br>・実習施設からの評価と面接によって、自己課題を明確化する |

## ②生活の介護支援での実習

　施設では、利用者の介護の必要度に応じて日常生活の支援が行われています。支援員の介助支援をしっかり観察して、支援員の指導のもと実際の介助を体験します。観察と介助体験を繰り返しながら生活支援での実習を深めていきます。特に、利用者の性別というプライベートに踏み込む衣服着脱、排泄、入浴での介助支援は、実習生も「同性介護」とな

### 図表11-9 障害者入所施設での実習予定モデル

| | Aさん | Bさん | Cさん |
|---|---|---|---|
| 第1日目 | 寮（日勤） | 寮（日勤） | 寮（日勤） |
| 第2日目 | 寮（遅勤） | 介護 | 就労 |
| 第3日目 | 介護 | 介護 | 就労 |
| 第4日目 | 寮（早勤） | 寮（遅勤） | 介護 |
| 第5日目 | 休日 | 寮（早勤） | 介護 |
| 第6日目 | 寮（遅勤） | 休日 | 寮（早勤） |
| 第7日目 | 就労 | 寮（遅勤） | 休日 |
| 第8日目 | 就労 | 介護 | 寮（遅勤） |
| 第9日目 | 就労 | 就労 | 寮（遅勤） |
| 第10日目 | 介護 | 就労 | 介護 |
| 第11日目 | 介護 | 就労 | 就労 |
| 第12日目 | 介護 | 介護 | 介護 |
| 備考 | | | |

注：寮：施設入所支援　介護：生活介護事業　就労：就労継続支援事業（B型）

ります。

#### ③個別支援計画に基づいた実習

　障害者の支援ではすべての利用者に、一人ひとりの生活年齢、発達年齢、生活経験、社会経験、健康状況、家族や地域との関わり、といった幅広い視点からまとめ上げた「個別支援計画」が作成されています。この計画は、何より利用者本人の希望や目標、意思表示を土台にして、担当の支援員（保育士）とサービス管理責任者が原案を作成して、ケースカンファレンスで協議して決定します。実習生は、この計画に沿ってすすめられている支援内容を理解したうえで、支援員の指導のもと計画内容に沿った生活介助や支援を行いましょう。

#### ④ 日中活動での実習と学び

　「障害者自立支援法」成立以降の障害者支援は、入所施設やグループホームでの生活支援と日中活動事業（施設）での活動（就労）支援を柱にすすめられています。障害者支援施設での実習では、日中活動である生活介護、就労継続支援等の事業の目的、概要、実施内容などをしっかり事前学習したうえで、実習に臨むことになります。実習期間のなかで配置された実習日には、事前に学習した知識、支援員から説明される内

容をもとに、利用者の活動場面、就労現場に実際に参加して、実際の体験や一人ひとりの利用者への支援を経験していきます。成人の障害者にとっては、「それぞれの能力を十分に発揮して働く」ことがとても大切になります。生活介護での創作、芸術、ものづくり、作業などの活動内容は、「働く」という意味を土台に展開されています。この考え方を常に意識して、配置されたどの実習場面でも、利用者とともに、積極的に取り組み実習を深めていきましょう。

## 9. 福祉型児童発達支援センター

### 1 保育実習の目的とねらい

#### ①通所している障害のある子どもを理解する

　障害のある子どもは、生活上さまざまな困難を抱え生活しています。そのため、その子どものこれまでの成育歴や身体的・心理的障害を適切に理解することが不可欠となります。特に障害についての基礎的な理解を十分にしておかなくてはなりません。その基礎的な理解とは、医学的理解、心理的理解、生活の理解です。

　しかし、実際に子どもと関わると、今までに学んできた知識が概論的であり、具体性に欠けることに気づかされることでしょう。したがって、その子どもの年齢が何歳かという視点ではなく、発達は何歳何か月レベルであるかを押さえることが大切です。また、職員と同じ方法で関わっても、子どもたちの反応は違っていたり、拒否されてしまうこともあるかもしれません。どうしてなのか理由を考えてみてください。施設の職員は診断名によって援助方法を考えるのではなく、通所してくる子どもたち一人ひとりの姿をしっかりととらえ、家族背景も含め、総合的な視点に立って療育目標や課題を設定し、援助方法を考えていることがわかるでしょう。

　一般的な障害の特性を確認しておくことはもちろん、実習においては、目の前の子どもを通じて、個を重視した障害の理解が求められます。さらに障害のみに目を向けるのではなく、生育歴や、働きかけ・働きかけられるという具体的な相互交流を通じて、理解を深めていくことが大切です。

#### ②施設で働いている保育士等の専門職の理解

　この施設には、施設長を筆頭に、児童指導員、保育士等といったいわゆる直接援助職員と、栄養士、調理員、看護師、嘱託医、運転手、事務

員等の間接援助職員がいます。そこでは、「教育」「保育」ではなく「療育」が行われています。

そこで、まずは障害のある子どもに対して、保育士がどのような療育を行っているのかを理解する必要があります。その後、ほかの専門職がどのような関わり方をしているのかを理解し、保育士とほかの専門職との連携を学ばなければいけません。

子どもが通っている保育所・幼稚園との連携や、就学後の小学校・特別支援学校と連絡を取り合い、子どもを取りまく社会が変容してきた実態を大切にして、その子どもにとって適正な進路先を保護者と一緒に検討していきましょう。

### 2 保育実習モデル（福祉型児童発達支援センター）

福祉型児童発達支援センターにおける保育実習モデルを、図表11-10に示します。

### 3 保育実習モデルの解説

#### ①実習開始前（オリエンテーションを含む）

福祉型児童発達支援センターおよび児童発達支援事業所での実習を行うにあたり、事前学習としてそれらの根拠法および条文はもちろんのこと、障害についての基本知識の理解が必要です。実習で子どもに対して介助する場面があるので、食事・排泄・衣服の着脱など生活支援技術の基本的知識・技術を習得しておかなければなりません。

オリエンテーションでは、施設の概要を確認する際に通所している子どもの障害の状況や通所理由を聞き、理解しましょう。施設内を見学する際に、保育所・幼稚園との設備の違いを見比べるのもいいかもしれません。また、子どもがいる時間であれば、可能な限り関わってもよいでしょう。

#### ②実習中（設定保育を含む）

実習をすすめていくなかで、通所している障害のある子どもを理解するように努めることが大切です。その際に、子どもとコミュニケーションを図ることが重要になります。子どもとのコミュニケーションは、文字や発言という言語コミュニケーションのみならず、表情や声など非言語コミュニケーションを踏まえたものが必要です。そのなかで、子どもと信頼関係を構築するプロセスを学ぶことができます。さらに、障害があることでの生活上の困難を理解することができます。

通所している子どもを理解することは、保育士が行う支援につながっ

### 図表11-10 福祉型児童発達支援センターでの保育実習モデル

| 時期 | プログラム | 具体的内容 |
|---|---|---|
| 実習前 | 事前学習 | ・実習計画書を作成する<br>・児童家庭福祉に関連する基本的知識を習得する<br>・実習施設に関する基本的知識を習得する<br>・職員の職種や業務内容について理解する<br>・地域における関連施設・機関を把握する<br>・保育士に関する基本的知識および技術を習得する<br>・保育士の職業倫理・守秘義務について理解する<br>・通所児童の背景を学ぶ<br>・障害に関する基本的知識（医学的理解、心理的理解、生活の理解）を習得する<br>・生活支援技術（食事・排泄・衣服の着脱など）の基本的知識・技術を習得する<br>・実習日誌や指導案など、記録の取り方について学ぶ<br>・実習のテーマ・課題を明確にした実習計画書を作成する<br>・実習生として求められるマナーを身につける（挨拶、服装、態度、言葉遣い、時間厳守など） |
| | 事前オリエンテーション | ・実習計画書を再検討し、より具体的な実習課題を設定する<br>・施設の歴史や概要および運営方針の説明を受ける<br>・施設見学を行う |
| 実習中 | 1週目 | ・基本的なマナー（挨拶・服装・実習態度・言葉遣い・時間厳守・守秘義務など）について説明を受け、実習にあたっての留意事項を再確認する<br>・通所児童に対する接し方について理解する<br>・通所児童の顔と名前を覚える<br>・職員への質問の仕方について理解する<br>・施設の沿革・形態・通所児童の状況・職員構成・業務内容などを確認し、理解する<br>・施設の運営方針を理解する<br>・施設の日課をとおして一日の流れを把握する<br>・施設ルールや業務マニュアルなどを理解する<br>・施設における保育士の役割と業務内容を学ぶ<br>・通所児童との援助関係を形成する能力について考える |
| | 2週目 | ・地域における施設の役割や関わりを理解する<br>・他職種の役割と業務内容を理解する<br>・通所児童のケアを考える |
| | 設定保育 | 指導案作成<br>・児童の健康状態や精神状態を理解する<br>・職員が行っているプログラムの展開方法や留意点を学ぶ<br>・職員に指導案を確認してもらう<br><br>保育の実施<br>・事前準備を行う<br>・通所児童に対して、指導案に基づいて保育を行う<br><br>振り返り<br>・学生自身で振り返りを行う<br>・職員に助言をもらう |
| 実習後 | 事後指導 | ・実習での具体的な体験や課題達成度を振り返り、自己評価する<br>・実習体験を実習報告書にまとめる<br>・実習体験を通じた自己覚知について学ぶ |

ていきます。それは、子どもが抱えている生活上の困難に対して、施設として行う支援の計画を立てることです。その計画に基づいて、保育士が支援を実施していきます。そのプロセスをきちんと理解しなくてはなりません。

設定保育は、オリエンテーションのときに、実習の日時、場所、対象の子どもについて打ち合わせをしておく必要があります。実習期間中、子どもに関しての情報収集を行い、その後実習指導案を作成し、実習担当者とやりとりをしながら、情報収集の視点やプログラムの展開方法を学んでいきます。そして、実習担当者のアドバイスを受けながら、実際に設定保育を行っていきましょう。

③実習終了後

実習での具体的な体験や課題達成度を振り返り、自己評価をしましょう。そのなかで、実習生自身がもっている「障害のある子ども」のイメージを思い返して、障害のある子ども・人に対する理解を深めましょう。また、実習報告会などで報告する機会があれば、「障害のある子ども・人」に対する考えを述べてみましょう。

## 10. 医療型児童発達支援センター

### 1 保育実習の目的とねらい

①通所している障害のある子どもを理解する

肢体不自由は上肢、下肢、体幹に運動機能障害のある子どもを意味しています。しかし実際には、肢体不自由だけの子どもはごく少数に限られ、重複障害のある子ども、あるいは重症心身障害や知的障害のみの子どものほうが多く通っています。さらに、障害やその障害の程度、また、発達や年齢も千差万別で、一人ひとり違います。心身の発達が遅れていても、障害（疾患）があっても、一人の子どもであることに変わりはありません。

子どもに接するときには様子をじっと観察するだけでなく、触ったり、抱っこしたり、話しかけたり、玩具や絵本などをわたしたりしながら観察することがポイントです。その際、目に見える部分（表情や動き）だけではなく、目に見えない部分（心の動きや気持ち）も考えてみましょう。

②施設で働いている保育士等の専門職の理解

障害の特徴からして福祉専門職や医療専門職などの職員がいます。そ

れぞれの職種によって、職務内容や持ち場が違います。共通するところもありますが、その職種ならではの専門性があるので、そのことをまず知っておく必要があります。共通するところは、子どもたちの命を守り、発達を保障するということです。目指すところは同じでも、方法や入り方が異なるので、ほかの職種と意思の疎通を図りながら、子どもたち一人ひとりの成長発達を促していきます。ケース検討会議などの話し合いを重ね、互いに共通認識をもつことで、それぞれの仕事に役立てているのです。

③障害のある子どもの親・家族の理解

　生まれてきたわが子の発育が悪かったり、発達に疑問をもったり、はっきりと障害を宣告されたりしたときの親の不安や悲しみ、苦しみは、言葉で表すことができないくらい深く辛いものがあります。親なればこそ、受け入れがたい現実です。そうした親の苦しみや悲しみを同じように感じることは不可能かもしれません。

　しかし、より近いところで理解し、共感する努力が必要です。そばにいて話を聞くだけでも、気持ちが軽くなることもあるでしょう。親にも生活があり、さまざまなストレスにさらされた生身の人間です。しかし、ほかの兄弟姉妹のことなど、さまざまなことを抱えながらも通所を続けています。このような親を支援するためにも、保育士は多面的に人間をとらえ、援助していく力をつけなければなりません。親が安心して子育てができ、精神的に安定することこそ、大切な「育児環境」であるといえます。

## 2　保育実習モデル（医療型児童発達支援センター）

　医療型児童発達支援センターにおける保育実習モデルを、図表11-11に示します。

## 3　保育実習モデルの解説

### ①実習開始前（オリエンテーションを含む）

　医療型児童発達支援センターでの実習を行うにあたって、事前学習ではそれらの根拠法および条文はもちろんのこと、障害についての基本知識を理解する必要があります。特に障害について基礎的な理解を十分にしておかなくてはなりません。その基礎知識とは、医学的理解、心理的理解、生活の理解です。

　実習で子どもに対して介助する場面があるので、食事・排泄・衣服の着脱など生活支援技術の基本的知識・技術を習得しておきましょう。こ

**図表11-11** 医療型児童発達支援センターでの保育実習モデル

| 時期 | プログラム | 具体的内容 |
|---|---|---|
| 実習前 | 事前学習 | ・実習計画書を作成する<br>・児童家庭福祉に関連する基本的知識を習得する<br>・実習施設に関する基本的知識を習得する<br>・職員の職種や業務内容について理解する<br>・医療機関および関係職種について理解する<br>・地域における関連施設・機関を把握する<br>・保育士に関する基本的知識および技術を習得する<br>・保育士の職業倫理・守秘義務について理解する<br>・通所児童の背景を学ぶ<br>・障害に関する基本的知識（医学的理解、心理的理解、生活の理解）を習得する<br>・生活支援技術（食事・排泄・衣服の着脱など）の基本的知識・技術を習得する<br>・実習日誌や指導案など、記録の取り方について学ぶ<br>・実習のテーマ・課題を明確にした実習計画書を作成する<br>・実習生として求められるマナーを身につける（挨拶、服装、態度、言葉づかい、時間厳守など） |
| | 事前オリエンテーション | ・実習計画書を再検討し、より具体的な実習課題を設定する<br>・施設の歴史や概要および運営方針の説明を受ける<br>・施設見学を行う |
| 実習中 | 1週目 | ・基本的なマナー（挨拶・服装・実習態度・言葉づかい・時間厳守・守秘義務など）について説明を受け、実習にあたっての留意事項を再確認する<br>・通所児童に対する接し方について理解する<br>・通所児童の顔と名前を覚える<br>・職員への質問の仕方について理解する<br>・施設の沿革・形態・通所児童の状況・職員構成・業務内容などを確認し、理解する<br>・施設の運営方針を理解する<br>・施設の日課をとおして一日の流れを把握する<br>・施設ルールや業務マニュアルなどを理解する<br>・施設における保育士の役割と業務内容を学ぶ<br>・通所児童との援助関係を形成する能力について考える |
| | 2週目 | ・地域における施設の役割や関わりを理解する<br>・他職種の役割と業務内容を理解する<br>・医療的ケア（経管栄養、喀痰吸引）を観察する<br>・通所児童のケアを考える |
| | 設定保育 | 指導案作成<br>・児童の健康状態や精神状態を理解する<br>・職員が行っているプログラムの展開方法や留意点を学ぶ<br>・職員に指導案を確認してもらう<br><br>保育の実施<br>・事前準備を行う<br>・通所児童に対して、指導案に基づいて保育を行う<br><br>振り返り<br>・学生自身で振り返りを行う<br>・職員に助言をもらう |
| 実習後 | 事後指導 | ・実習での具体的な体験や課題達成度を振り返り、自己評価する<br>・実習体験を実習報告書にまとめる<br>・実習体験を通じた自己覚知について学ぶ |

の施設は医療関係職種が働いているので、それについて理解しておく必要性もあるでしょう。

オリエンテーションでは、施設の概要を確認する際に、通所している子どもの障害の状況や通所理由を聞いて理解しておきましょう。施設内を見学する場合は医療関係職種との連携を確認し、また、子どもがいる時間であれば、可能な限り関わってもよいでしょう。

②**実習中(設定保育を含む)**

実習をすすめていくなかで、通所している障害のある子どもを理解する必要があります。それには、子どもとコミュニケーションを図ることが大切です。子どもとのコミュニケーションは文字や発言だけの言語コミュニケーションのみならず、表情や声の質など非言語コミュニケーションを踏まえたものが必要になってきます。そのなかで、障害があることによる生活上の困難が徐々に理解できてくるでしょう。

通所している子どもを理解することは、子どもが抱えている生活上の困難に対して、支援の計画を立てることにつながります。施設ではさまざまな専門職が関わっているため、支援計画を作成するには医療専門職種との連携について学ぶ必要があります。

設定保育は、オリエンテーションのときに、日時、場所、対象の子どもについて打ち合わせをしておく必要があります。実習期間中、子どもに関しての情報収集を行います。その後、実習指導案を作成し、実習担当者とやりとりを行い、情報収集の視点やプログラムの展開方法を学びましょう。そして、実習担当者のアドバイスを受けつつ、実際に設定保育を行いましょう。

③**実習終了後**

実習での具体的な体験や課題達成度を振り返り、自己評価をしましょう。特に、医療関係職種など他職種との連携について、理解を深めることが大切です。また、実習報告会などで報告する機会があれば、「他職種との連携」に対する考えを述べてみましょう。

## 11. 児童厚生施設等

### 1 「保育実習Ⅲ」としての実習の目的とねらい

「保育実習Ⅲ」は、「保育実習Ⅰ」での実習を踏まえて、居住型児童福祉施設以外の児童福祉施設やそのほかの社会福祉施設について学習を深め、保育士として必要となる資質や専門性を養うことが目的とされます。

◆ 補足
**保育実習Ⅲ**
「保育実習実施基準」では「保育実習Ⅲ」における実習施設として、以下のものがあげられている。
児童厚生施設又は児童発達支援センターその他社会福祉関係諸法令の規定に基づき設置されている施設であって保育実習を行う施設として適当と認められるもの(保育所及び幼保連携型認定こども園並びに小規模保育A・B型及び事業所内保育事業は除く)。
→レッスン2

保育士として身につける事柄として、国が標準的な教授内容を示しています。そのうち「保育実習Ⅲ」のねらいは、以下のとおりとなっています[†4]。

①既習の教科目や保育実習の経験を踏まえ、児童福祉施設等（保育所以外）の役割や機能について実践を通して、理解する。
②家庭と地域の生活実態にふれて、子ども家庭福祉、社会的養護、障害児支援に対する理解をもとに、保護者支援、家庭支援のための知識、技術、判断力を習得する。
③保育士の業務内容や職業倫理について具体的な実践に結びつけて理解する。
④実習における自己の課題を理解する。

これは児童養護施設等を含む、「保育実習Ⅲ」全体としてのねらいとなっており、実習のねらいは当然施設ごとに変わります。

### 2 「児童館」における実習の目的とねらい

では「児童館」における実習の目的やねらいは、どのようなものが考えられるのでしょうか。上記の「保育実習Ⅲ」でのねらいを踏まえて、「児童館」での実習の目的は以下の3点に整理されます。
①児童館での活動を実践する。
②実践をとおして、保育士として必要となる資質・能力・技術を修得する。
③児童館で展開されるさまざまな子育て支援活動から、家庭や地域社会における福祉ニーズに対する理解力や判断力、子育て支援に必要とされるさまざまな能力を養う。

これらの目的を踏まえて、実習段階に応じてさらに細かなねらいや課題が設定されていきます（図表11-12）。

### 3 実習モデルの解説

#### ①事前学習

本実習は、実習の総まとめとして位置づけられるものです。これまでの保育実習Ⅰで学んだ実習経験を踏まえて、実習にあたっての準備をします。まず保育実習Ⅰと異なる施設であることから、実習施設の法的根拠や職員構成などの概要について調べましょう。実習に向けて、自分はどのような目標や課題をもって臨むのかを考えるために必要なことです。さらに、なぜ児童館を選択したのか、そして児童館での実習から何を学びたいのかを明らかにします。課題が不明確であると、結局、児童館に

▶出典
[†4] 厚生労働省「『指定保育士養成施設の指定及び運営の基準について』の一部改正について（平成30年4月27日）」2018年

行ったという体験しか残りません。同時に実習では職員とみなされるところから、社会人あるいは専門職として必要とされるマナーや立ち居振る舞いが要求されます。保育実習は、保育士としての自分の知識や技術を深めるために行われるものですから、この点はきちんと自覚していきたいものです。

②**事前オリエンテーション**

事前オリエンテーションは施設に直接出向いて、実習担当者から実習に向けて指導を受ける場です。勤務時間や実習内容といった、実習に必要となる実務的なことが中心となります。せっかくの機会なので、施設側から一方的に話を聞くだけではなく、自分自身からも質問するなど、積極的な参画が望まれます。

③**実習**

実習計画書に基づき、実習がなされます。利用児童や保護者との関わ

**図表11-12** 児童館での保育実習モデル

| 時期 | プログラム | ねらい | 具体的内容 | 備考 |
|---|---|---|---|---|
| 実習前 | 事前学習 | ・実習の意義について理解する<br>・実習先について理解する（設置根拠・特徴等）<br>・実習に対する心構えを理解する<br>・専門職として必要な職業倫理を理解する | ・これまでの実習を踏まえて、実習についての意義を確認する<br>・実習施設についての基本的知識を学ぶ<br>・実習記録の書き方、指導計画案・実習課題等を作成する<br>・実習生として必要となるマナーを身につける<br>・これまでの自身の実習を振り返りつつ、実習に向けての準備をする | |
| 実習前 | 事前オリエンテーション | ・実習施設の方針や実習方法の確認<br>・実習施設の見学<br>・実習に対する目標の明確化 | ・施設の概要・沿革・特徴・体制・実習方法・実習内容等の説明を受ける<br>・施設の案内を受ける<br>・実習計画や課題について確認を受ける | ・実習担当教員の指導・確認 |
| 実習中 | 1週目 | ・施設の理解<br>・施設の日課と職員の基本的な職務について理解する<br>・利用児童や保護者の実際を理解する<br>・利用者に対して必要となる援助を理解する | ・施設の形態、一日の流れ等を理解する<br>・活動を観察し参加することを通じて、利用する児童・保護者について理解する<br>・活動を観察し参加することを通じて職員の動きや職務内容について理解する | ・実習期間中、実習担当教員からの巡回指導を受ける |
| 実習中 | 2週目 | ・利用児童や保護者に対する理解をさらに深める<br>・指導計画の立案と実践 | ・1週目を踏まえて、さらに利用児童や保護者・職員について理解を深める<br>・指導実習を通じて、保育士として必要な知識・技術を身につける | |
| 実習後 | 事後指導 | ・実習内容を総括・確認する<br>・今後の方向性を明確化する | ・課題の達成状況や実習について報告を実施し、実習の成果を振り返る<br>・今後、必要となる自身の学習課題を明確にし、専門職観を確立する | |

りも重要ですが、職員の一員としての自覚をもって実習に取り組みましょう。職員からいろいろな指示を受けることがあります。その際は、テキパキとメリハリをもって臨みましょう。特に「指示待ち」の状態は利用者や職員に消極的と映るようですので、注意が必要です。実習記録や指導計画書は、決められた期日に提出することはいうまでもありません。また、実習先で知りえた情報を外部に漏らさないという、守秘義務が課せられていることも忘れてはならない事柄です。

④**事後学習**

　事後学習では実習の総括を行うとともに、実習で得た成果を振り返ります。その成果を仲間とともに分かち合うことで、次の成長へとつながっていきます。さらに実習での成果を授業内で発表する養成校もあります。近年、保育の場は**PDCAサイクル**[*]に基づきなされるべきであるとの考えが主流になってきています。自身の実習を振り返り省察することは、専門職に就いてからも必要であり、重要なことです。そのことを忘れないようにしましょう。

※ **用語解説**
**PDCAサイクル**
Plan（計画）→ Do（実施・実行）→ Check（点検・評価）→ Action（処置・改善）の頭文字をつなげたもので、これをつなげて環状、すなわちサイクル状にして、さらなる向上を図ることを目指す概念である。

演 習 課 題

①あなたが保育実習（ⅠまたはⅢ）で行く施設種別の「実習モデル」を確認して、学んだ事前学習と学べていない事前学習をチェックしましょう。

②あなたが保育実習（ⅠまたはⅢ）で行く施設種別の「実習モデル」を確認して、事前オリエンテーションで理解した内容と理解できていない内容をチェックしましょう。

③あなたが保育実習（ⅠまたはⅢ）で行く施設種別の「実習モデル」の実習1週目、2週目に記載されている各項目のなかで、実習計画書に書いた内容と書いていない内容をチェックしましょう。

レッスン**12**

# 施設実習での体験と学び

このレッスンでは、乳児院や児童養護施設などでどのような実習体験をし、その結果、どのような学びを行うのかを整理していきます。それにより、さまざまな施設での実習の意義を見出すことができるでしょう。

## 1. 乳児院

### 1 実習体験の意義と学び

あなたにとって、乳児院は身近な存在でしょうか。また、乳児院で暮らしている子どもたちや乳児院の生活について、どのくらい知っていますか。

まず、実習をとおして、乳児院で生活している子どもたちのことを正しく知ってほしいと思います。乳児院には、特別な子どもが入所しているのではありません。保護者など、育てる側に何らかの理由があって入所しているだけで、どの子どもも愛情にあふれた大人の世話を必要としているのです。入所理由などによって勝手なイメージを子どもたちに当てはめるのではなく、実習では、まずは目の前の子どものありのままの姿をよく知ってほしいと思います。たとえ一時的に不適切な環境のもとで過ごしていた子どもたちであっても、安心して自分をゆだねられる養育者がいる環境のもとでは、癒され、回復し、信頼関係や自己肯定感（自尊心）を取り戻して、豊かに育っていくことを学んでいきます。

乳児院では、子どもたちと生活をともにするので、子どものさまざまな様子を見ることができます。朝の様子、昼の様子、夜の様子、おなかがすいたとき、おなかがいっぱいのとき、眠いとき、活発に活動するとき、疲れたとき、安心なとき、不安なとき、甘えたいとき、一人の時間を楽しんでいるとき、他児と関わっているとき、養育者と関わっているときなど、一日のうちでも様子は変わりますし、今日と明日の様子も違うでしょう。そのような一日のなかでの子どもの様子の変化、また日々の様子の変化を知ることで、子ども理解が深まります。

乳児院の生活についても、勝手なイメージをもっていないでしょうか。乳児院がいかに家庭的な環境において「当たり前の生活」を保障しよう

としているかなどを、子どもたちと生活をともにしながら学びましょう。乳児院では、子どもの自立を目指して豊かな生活体験ができるように、さまざまな工夫がなされています。子どもを短時間預かっているのではなく、日々の生活の積み重ねによって子どもたちの成長と発達を支えていることも学ぶことができるでしょう。

実習では、保育士が一人ひとりの子どもの状態や状況に応じて関わっている様子を、実際に見て学ぶことができます。被虐待児、病児、障害児への対応など、専門的ケアが求められることもあります。そこで学んだことを生かし、保育の実践力を培うことが、実習の大きな意義であります。また、一人ひとりの子どもの成長・発達のために複数の職員がどのように関わっているのかなど、支援の連携についても学ぶことができます。

### 2 実習体験がどう生きるのか

子育ては、保護者が責任をもって行うものですが、保護者だけでできるものではありません。保護者だけに子育てとその責任を押し付けることは保護者を追い詰めることになり、それは結局子どもたちを追い詰めることになるということを、入所している子どもたちの背景から理解できるでしょう。なぜ子どもたちは入所に至ったのか、乳児院への入所以外の選択肢はなかったのか、乳児院退所後はどうなるのかなど、子どもにとっての最善の利益、最善の養育はどのようなものかを、子どもの立場に立って考えます。それにより、**保護者への支援が子どもへの支援につながる**ということ、保護者支援は保育士の重要な役割の一つであるということへの理解が深まります。さらに、今の子育て環境においてどのような支援が必要とされているのか、また不足しているものは何か、今後はどのようなものが求められるのかなど、保護者支援や地域支援機能の充実と推進についての課題を明らかにしましょう。

子どもにとっての最善の利益、最善の養育の保障のため、また家庭的な環境における「当たり前の生活」の実現のために、乳児院では養育単位の小規模化がすすめられています。さらに、里親支援担当職員を配置し、里親委託の推進も行われています。小規模化の実現のため、また里親支援のためにどのようなことに配慮したらよいのか、どのような課題があるのか、それぞれの実践事例から学び、理解を深めましょう。

多様な背景を抱えた子どもたちが入所し、被虐待児、病児、障害児への対応など、専門的ケアが求められています。保育士が身につけなければならない知識・技術・職業倫理について実践をとおして知り、その専

☑**法令チェック**
「児童福祉法」第2条第3項
国及び地方公共団体は、児童の保護者とともに、児童を心身ともに健やかに育成する責任を負う。

門性の向上のために自己研鑽を積むことの必要性を理解しましょう。実習をとおして、保育士としての自己課題を明確化することも大切です。

## 2. 児童養護施設

### 1 実習体験の意義と学び

　乳児院と同様、児童養護施設は、あなたにとって身近な存在でしょうか。また、児童養護施設で暮らしている子どもたちや児童養護施設の生活について、どのくらい知っていますか。

　児童養護施設には、なぜ自分が施設で暮らしているのかその理由を知らない子どももいます。知っている子どももいますが、知っていることと、納得していることは違います。どの子どもも愛され大切にされなければなりませんし、そのことを子どもたち自身が感じられる環境が、子どもたちの健やかな成長のために何より必要です。勝手なイメージを子どもたちに当てはめるのではなく、実習をとおして児童養護施設で生活している子どもたちのことを正しく知ってほしいと思います。

　児童養護施設では、子どもたちの安心・安全で安定した生活環境を整え、必要に応じて心のケアを行い、親子関係や家庭環境の調整もていねいに行います。心地よい生活のもとで、ありのままの自分を受け入れてもらえる大人と出会うことにより他者を信頼する気持ちが芽生え、また、生活空間を共有しているほかの子どもと、ときにはぶつかり合ったり、助け合い協力し合ったりしながら、社会性や協調性を身につけていきます。

　児童養護施設では、子どもたちと生活をともにするので、子どものさまざまな様子を見ることができます。一人のとき、ほかの子どもといるとき、大人といるとき、言葉で自分の気持ちを伝えるとき、言葉にできず態度で示すとき、大人との関係を求めるとき、拒否するとき、葛藤しているときなど、状況によって様子は変わりますし、施設内か施設外（学校や外出先）かなどの場面によっても変わってきます。そのような子どもの様子の変化を知ることで、子ども理解が深まります。子どもたちと生活をともにし、寄り添うことで、子どもたちが求めているものや思いに気づくこともあるでしょう。

　児童養護施設の生活についても、勝手なイメージをもっていないでしょうか。児童養護施設では、生活感と温かみを実感できるような生活環境を工夫し、子どもの自主性を尊重しつつ、基本的生活習慣を確立で

きるような取り組みがなされています。豊かな人間性と社会性を養い、自立した生活を営むために必要な知識や経験を得ることができるよう、日々の生活での関わりを積み重ねています。子どもたちと生活をともにしながら、児童養護施設での生活を学びましょう。

実習では、保育士が子どもと関わっている様子を実際に見て学ぶことができます。児童養護施設では、複雑で多様な背景をもつ幅広い年齢の子どもが一緒に生活しています。そのような子ども一人ひとりに応じた関わりを学ぶことができます。多様な子どもへの対応以外にも、親子関係や家庭環境の調整など、高い専門性が求められます。一人ひとりの子どもの成長・発達のために複数の職員がどのように関わっているのかなど、支援の連携についても学ぶことができます。学んだことを生かして保育の実践力を培うことが、実習の大きな意義であります。

### 2 実習体験がどう生きるのか

児童養護施設でも本体施設と養育単位の小規模化がすすめられています。さらに、里親やファミリーホーム（小規模住居型児童養育事業）の推進も行われています。小規模化の実現のため、また里親支援のためにどのようなことに配慮したらよいのか、どのような課題があるのか、それぞれの実践事例から学び、理解を深めましょう。

多様な背景を抱えた子どもたちへの対応のためには、高い専門性（知識・技術・職業倫理）が求められます。自己研鑽の必要性を理解しましょう。実習をとおして、保育士としての自己課題を明確化することも大切です。

## 3．児童自立支援施設

### 1 実習体験の意義と学び

児童自立支援施設における実習で、設定保育をすることはほとんどありません。実習内容は、子どもたちとともに生活し、活動をすることが中心になります。そのため、もしも事前学習が不十分で明確な目標がないまま実習に入れば、単に漫然と日々を過ごすだけになってしまう可能性があります。

しかし、しっかり事前学習をして目標をもって実習に臨めば、保育士として大変大きな学びを得られる場所です。

過去に筆者が実習指導教員として関わった実習生の多くは、実習後

「入所児は、街中にいる中高生よりずっと真面目でいい子どもたちだった」「きっちりした生活をしていて、素晴らしかった」「職員と入所児との強固な信頼関係を感じた」などという感想をよく述べています。しかし、どの子どもも入所当初からそのように真面目なわけでも、信頼関係が強固なわけでもありません。

　たとえば、不適切な生活をしてきた子どものなかには、「身近にいる大人は往々にして自分を裏切り、傷つけ、辛い思いをさせる存在であり、自分自身は、生きる価値もない存在だ」という認知をつくり上げていることがあります。児童自立支援施設の職員は、このような子どもに根気よく寄り添い、専門性を発揮して日々の生活をともにする必要があります。しかし、それまでの人生では慣れていない扱い（周りの大人は受容的で、自分は価値ある存在だという）を職員から受けると、逆に自分の認知（回りの大人は敵で、自分は人として駄目な存在だという）が崩されるという強い不安が子どもに生じることがあります。そのようなとき、従来の認知を保とうと、あえて自分が「裏切られ、傷つき、自分に価値がない存在だと扱われる」ように行動する子どももいます。それでも子どもとともにあるために、職員はさまざまな形で子どもと関わります。やがて少しずつ子どもとの信頼関係を構築し、子どもも自分自身への肯定感が芽生え始めます。それらは、職員一人ひとりが毎日「WITHの精神」で子どもと生活をともにし、根気強い関わりをするなかで生まれてくるものです。

　実習生は施設内の生活に参加することで、子どもの言動の背景や思い、これに対する職員の細やかな配慮などを目の当たりにします。一つひとつの経験の意味を深く考え、子どもに関わります。いわば保育士として最も基本的な「子どもに寄り添う」態度をしっかりと学べることが、この施設における実習の大きな意義だといえます。

## 2　実習体験がどう生きるのか

　児童自立支援施設での実習体験からは、今後専門職としての保育士になるにあたり、非常に多くの学びが得られます。筆者が過去に担当した実習生の言葉から、それらをみてみましょう。

　ある実習生が入所児と一緒に洗濯物を干していたとき、突然その子どもが自分の過去について語り始めたとのことでした。何気なく聞き始めたその話があまりにも壮絶で、実習生は絶句してしまいました。そしてその子どもは話の最後に、実習生に対し、「どう思いますか、僕の人生」と言ったそうです。実習生は、言葉に詰まって何も答えられませんでし

た。そして、何も答えられないという姿を子どもに見せた自分自身に戸惑いを覚えたそうです。この実習生はのちに、「自分という人間の、物事に対する視点や、考え方を試されているような瞬間だった」と語ってくれました。

　どんな実習の場でも、自分自身のあり方を問われるようなときがあります。特に児童自立支援施設のような入所型の児童福祉施設での実習は、自分の言動そのものが子どものモデルになります。子どもたちよりも少し年上の人生の先輩として、また生活者としてどうあるべきなのかを自らに問いかけ、自らをコントロールして子どもに関わることが求められます。実習期間中これを意識することで、専門職としてのアイデンティティの根底部分を学ぶことができます。それは、将来保育者としてどのような活躍をするにしても、大変意味のあるものではないでしょうか。

　また、上記の子どもは、どうして実習生に自分の過去について語り始めたのでしょうか。また、その感想を実習生に求めたのはなぜでしょうか。そもそも、洗濯物を一緒に干す意味は何でしょうか。それらの意味を探ると、子どもとその支援に対する理解が一層深まります。

　児童自立支援施設における日々の実習内容は、子どもたちの言動の意味を深く考え、その背景に何があるのかを考察し、そのうえで実践に移し、その後、自らの行動を振り返ることの繰り返しになります。それにより、子どもをより深く理解する方法や、その理解を踏まえて子どもの自立を支援する方法を学ぶことができます。保育者にとっては、どのような現場においても生かせる視点だといえます。

## 4．児童心理治療施設

### 1　実習体験の意義と学び

　児童心理治療施設の生活は、ほかの施設と比べても非常に構造化されています。構造化とは、生活の全体的な流れのなかで、それぞれの要素が、「いつ／どのように／どう始まり／どう終わるのか」「何をすべきで／何をしてはいけないのか」「トラブルが起こるのはどんなときで／起こりそうになったらどうすべきか／起こったときにはどうするか」「自分のすべきこと／してはいけないことは何か」などが整理され、明確化されていることです。

　わかりやすく構造化された環境があることで、子どもが自分の生活を見通すことができるようになります。これにより、子どもが自分自身を

コントロールしやすくなり、安心していられるようになります。子どもは安心・安全な環境のもとで主体性を発揮し、自分の治療すべき点の改善に取り組みます。そして、一般的な常識や規律を覚え、他者に対する共感や受容のあり方を知り、自分なりの自立の方法を獲得していくのです。

　実習が始まったばかりのころは、施設内にあるルールの多さに驚くかもしれませんが、実習がすすむにつれて、それらのルールの意味や大切さが理解できるようになるでしょう。およそ10日間、このような環境に身を置き、子どもたちと職員のやりとりを目にすることにより、環境の構造化とこれを踏まえた支援のあり方について体感的に学べることが、児童心理治療施設における実習の最大の意義になります。

　また、多様な専門職が働いている施設のため、それぞれの専門職について、どのような仕事で、どのような役割を担っているのかを知ることができます。また、それら他職種との連携の具体的な方法についても理解が深まります。

　子どもがいずれ施設から退所し、家族とともに生活を再開することを考えると、家庭をはじめとした退所後の受け入れ先との連携が大切になります。児童心理治療施設内の全面的に構造化された環境から、そのような配慮が十分にできていない環境に、いきなり子どもをさらすわけにはいきません。ある程度家庭環境が調整できてはじめて、退所が可能になります。児童心理治療施設にとって、家庭環境の調整も大切な仕事の一つです。保護者の社会的な環境やパーソナリティによって必要な支援は違ってきますが、どのような保護者も子どもの支援に行き詰まりを感じているという点では共通しています。この視点をもって保護者とともに歩んでいく姿勢は、保育者として大変重要な学びになります。

## 2　実習体験がどう生きるのか

　児童心理治療施設での実習を経験すると、心理療法や総合環境療法についての理解が深まります。それはすなわち、子どもの成長にとって、環境がどれほど大切なものであるのかを深く理解できるということです。

　筆者自身が学生時代にボランティアで出会ったケースをお話しします。

　ある施設内で、子ども数名とすごろくゲームをすることになりました。一人の子どもが、あと2マスで「あがり」になるとき、サイコロの目が「5」と出ました。このとき、2マスすすんで「あがり」になるのか、それとも2マスすすんで3マスもどるのか。これが子どもたちの間で言い合いになり、皆と違うルールを主張していた子どもがパニックを起

こして暴れてしまったのでした。

　筆者はこの経験から、「勝敗があるゲームは楽しいが、その分、トラブルにつながりやすい」ということを学びました。かといって、勝敗のあるゲームをしないのではなく、ゲームを始める前に、あらかじめさまざまな場面を想定して、ルールをきちんと決めておいたり、思わぬ事態になったときに冷静に話し合えるように場を整えたりといった方法で、トラブルが起こりにくい環境設定をすることが大切です。他者との折衝が難しい段階にある子どもには、勝敗を競う遊び自体を控え、違う遊びをするよう誘いかけるという配慮をする必要もあるでしょう。

　児童心理治療施設では、一見普通の営みが行われているように見える場面でも、このような環境設定上でのさまざまな配慮がなされています。何気ない生活を心穏やかに過ごせることが、子どもの心の安定につながるためです。この視点は、どのような保育の現場で働くにしても応用できる考え方です。

　さらに実習では、心理や医療等の他職種についての理解も深まります。保育士と他職種との視点の違いを知ると、自分の支援を客観的にとらえることができるようになります。また、子どもの服薬している薬の名前や心理療法の種類など、医療や医療分野の専門用語も施設内では当たり前に使われています。それらについて自分で調べたり学びを深めたりすることで、自らの支援の幅が広がっていきます。

　近年の福祉的支援は、どの分野においてもチーム支援で行われています。施設内外にわたる多様な職種との連携を学んだことなども、保育者として活躍する際に生かせるはずです。

## 5. 母子生活支援施設

### 1　実習体験の意義と学び

　実習体験で何を学ぶか。それは、配属先や実習生の姿勢によって異なりますが、明確な目的意識をもって取り組むことが望まれます。ただ保育士資格を取得するためだけだという考えなら、その時点で、実習の魅力に気づいておらず、損をしているといえるでしょう。また、少しでも実践に即した内容にするためには事前準備が大切です。養成校による事前指導、また配属先による事前オリエンテーションをとおして、どこまで実習に対するイメージを具体的にもてるかがポイントになります。

　母子生活支援施設は、既述のとおり、母親と子どもが世帯単位で入所

している施設です。つまり、母親・子ども・母子関係のそれぞれの視点から支援を考える必要があります。実習生は、子どもへの支援が中心となりますが、決して安易なものではありません。保育所でも同じですが、保育士は子どもにとって大きな影響を与える可能性のある仕事であり、個々の発達や多様なニーズに応じ、常に責任が伴うことを意識しておかなければいけません。さらに、母親、親子関係についても同等、もしくはそれ以上の支援が求められています。ぜひ実習という定められた期間で、一人の保育士として何ができるかを考える機会にしてください。

　教科書や参考書には「生活を支援する」と書かれていますが、現実はそんなに簡単に表現できるものではありません。母親や子どもそれぞれが抱えている悩みや課題は、相談してすぐに解決できるものではないことがほとんどです。複雑に絡み合った要因を少しずつ解くためには、さまざまな理論や技術、そして何より時間が必要となります。現場の保育士（もしくは、母子支援員・少年指導員）は、利用者に寄り添い、関係を築き、信頼を得られるよう日々を積み重ねています。そして、"受け止めることの大切さ"を理解しています。その実際を自分の目で確かめ、体験することに意味があります。また、保育士だけの力では決して解決できない問題も多くあります。各職種間の会議やケースカンファレンスを通じて、専門職・機関による連動した動き、チームアプローチの重要性についても学びを深めましょう。

　退所後、利用者は地域に戻ります。当然、アフターケアもありますが、予防の観点として、利用者の主体性や意欲の向上が保育士をはじめとするすべての職員の目指すべき目標です。だからこそ施設は、家庭に代わる生活の場であり、さらに地域との距離感を大事にしています。そうした細かな配慮や工夫が生活を保障することにつながり、保育士を目指す実習生に気づいてもらいたいことでもあります。

## 2　実習体験がどう生きるのか

　実習が終わると、配属先や養成校による事後指導で反省や振り返りが行われます。「実習で何ができ、何ができなかったか」を自己点検・自己評価から明らかにし、長所は磨き、短所は改善できるよう努力していくことが大切です。ここでは、母子生活支援施設での体験を次のステップへとつなげるために、施設、利用者、職員の3つの理解について考えていきます。

### ①施設の理解

　保育士は利用者のニーズに応じて、さまざまな情報を提供することが

求められます。利用者にとって、施設は社会資源の一つであり、支援の幅が広がることを意味しています。実習は、事前学習から含めて短い期間であるものの、一つの施設について集中して学習できることが強みです。施設の役割や目的、専門職の配置、他機関との連携、さらには生活環境・配慮等の学びが、今後、保育士の知識として役立つはずです。

### ②利用者の理解

利用者との出会いから、"誰一人として同じ人はいない"という考えを再認識することでしょう。これは当たり前のようですが、実習をとおしてはじめて実感できることだと思います。また、母子生活支援施設は子どもだけでなく母親への支援も求められるため、言葉かけ一つにしても、もっと多くの引き出しを用意しておくべきだったと痛感するかもしれません。実習日誌や記録を読み返すことでそれぞれの場面を思い出し、実習後の今ならどう関わり、接することができるかを考える機会をもつようにしましょう。

### ③職員の理解

実習生の目から見て現場の職員はどう映ったでしょうか。対人職は多忙です。誰にでも通用する技術などなく、利用者一人ひとりに異なる支援を考え、実践しなければなりません。お互いに助け合いながらチームワークで取り組む一方、職員が背負うべき責任は重いものがあります。しかし、職員も最初から何でもできたわけではありません。彼らも養成校や実習など同じ道を歩み、そして、今なお、現場の経験をとおして学び続けています。

どの実習も保育士として自分がどうしたいかを考えるためのヒントを与えてくれます。そのなかで、母子生活支援施設のように母子間での支援を学べる機会は少なく、貴重な体験です。経験を生かすためにも、まずは何を学んだかを整理することから始めましょう。

養成校は、将来現場に出るための基礎を学ぶ土台づくりの場です。理論と実践が歯車のように上手くかみ合うことが理想であり、そのことにより自身の"保育の質"の向上につながっていきます。

## 6. 児童相談所一時保護所

### 1 実習体験の意義と学び

保育所や施設での実習は、養成校で学んだ理論や実技を実際の保育や養護の場で体験するために行われます。さらに、ただ体験して終わるの

ではなく、現場で得た学びを再び学習の場で確認することで、より専門的な技能の獲得を目指しています。

　児童相談所一時保護所は、まさしく"社会的養護の入り口"であり、さまざまな課題を抱えた子どもが入所している場所です。その支援の難しいところは、児童養護施設等と同様、子どもが自分の意思によって生活をしているのではない場合があることです。家族から離れた寂しさやこれからの生活を見通せない不安などを見極め、子どもとどう関わり、接していくかが児童相談所一時保護所での実習における学びといえます。

　さまざまな課題を抱えた子どもと前に述べましたが、たとえば、虐待によるPTSD（心的外傷後ストレス障害）によって過去の記憶がフラッシュバックし、感情が不安定になり怯える子どもや、問題行動の原因が発達障害であったもののそれに気づいてもらえず、非行等のレッテルを張られた子どもなどいろいろなケースがあります。さらに、大人に対する不信感から試し行動で大人の対応を探ろうとする、また、自分の悩みや苦しみを攻撃性でしか表現できないなど、子ども一人ひとりが抱えているものは異なります。保育士はその子どもの状況だけでなく、取り巻く背景をも認識し、支援することが求められます。

　実習期間は限られており、また児童相談所一時保護所は子どもの入退所も多いことから、個々での深い関わりはできないかもしれません。そのなかでぜひ考えてもらいたいのは、私たちの生活と施設に入所している子どもの生活とで違いがあるのかということです。本来施設の生活は、家庭に代わり「通常の生活」を保障していくことが前提です。言い換えれば、施設の生活が地域での生活とかけ離れたものではないこと、その生活は子どもの意思に基づいていること、さらに、子どもが生活を実感できていることで初めて成り立つものといえます。

　児童相談所一時保護所の生活も目指すところは一緒ですが、保護を目的としていることから、いろいろな制約やルールがあり、学校と同じように日課で動く場面もあります。また毎日が集団生活であることから、ストレスやプライバシーの配慮など、細心の注意が必要となります。こうした生活の視点から保育士に求められる役割について深く考え、さらに専門職や機関との連携、チームアプローチの大切さを学ぶ機会にしてください。そして、何より子どもを保護し、健全な成長・発達を願う気持ちをもって毎日子どもと関わっている職員の姿から、積み重ねの重要性を感じてもらいたいです。

## 2　実習体験がどう生きるのか

　保育士を目指すうえで、なぜ施設で実習を行うのか、その理由について誰もが考えたことがあるのではないでしょうか。実習体験をより深い学びにするためにも、まずはこのテーマと向き合うことから始めましょう。

　保育士は保育所だけでなく、子どもが育つさまざまな場所（学校は除く）で活躍しています。では、保育士に求められている専門性とは何か。その一つに「生活を支える」ことがあげられます。「生活を支える」とは、子どもを養護すること、そして、成長や自立を支援することです。特に、児童相談所一時保護所は心身に傷を負った子どもが入る最初の場所ですが、決して支援の終着点ではありません。次のステップ（家庭復帰や施設入所、里親等）へ向かうための準備を行う場所でもあります。だからこそ、保育士は子どもの健康的な生活を保障し、心の拠り所となり、子どもが悲しみや苦しみと向き合い、今後の生き方を整理して自立していけるよう支援することが求められています。

　生い立ちや一時保護に至った経緯まではふれることができないかもしれませんが、皆さんが児童相談所一時保護所での実習を終えたとき、子どもへの対応に変化があることを期待します。また、さまざまな子どもと出会うなかで、子どもが"ありのままの自分"を出せ、それを保育士が受け入れることの大切さを理解し、子ども一人ひとりに合わせた支援について考えるきっかけにしてほしいと思います。誰にでも通用する支援などはありません。それぞれの子どもに合った支援を模索し、実践する保育士の姿勢から多くのことを学ぶはずです。さらに、子どもにとって、安全で安心な環境だけでなく、健康な状態で過ごせるような日課、関係の構築に向けたプログラムの考案等、保育士のさまざまな工夫や配慮を汲み取り、それが子どもにどんな効果をもたらしているかについてもぜひ考察してみてください。

　最後に、保育士は子どもに大きな影響を与える仕事です。そのなかでも、児童相談所一時保護所は支援の入り口として、子どもの将来にもつながる場所であることから、保育士の担う役割も重要といえます。そうした場所で実習を行うことは、保育士としての実践力を向上させるチャンスです。しかし、ただ、実習に行くだけでは得られるものは少ないでしょう。職員、そして、子どもから学ばせてもらうという謙虚な気持ちと、事前準備に万全を期して実習に臨んでください。

## 7. 障害児入所施設

　施設実習（保育実習Ⅰ）を終えた学生への事後指導での「学生の学び」（レポート等）をもとに、障害児・者施設での実習を終えた学生の変化について述べていきます。以下の学生の学びの分析については、元の論文†1の内容を、障害児・者の入所施設での実習の記述に関して再構成したものです。

#### ①施設に対するイメージの変化

　実習前に、「障害者は怖い」「特別な子どもがいる場所」「自分たちとは違う世界」といった偏見ともいえない漠然としたイメージを抱き、不安を感じている学生も少なくありません。しかし、実際に現場に入ることで実習前に抱いていた自分自身の偏見を自覚するようになります。そして、実習を終了した学生の多くが、事前に抱いていたイメージを払拭し、新たな「施設像」をつくり上げています。

#### ②漠然とした偏見がなくなる。

　「特別」だと想像していた施設利用の子どもが、実習生を含めた多くの人と関わり遊ぶなど、自分たちと変わらない「普通」の存在であることを実感的に学びます。「自分が思っていたよりも、皆とあまり変わらない生活をしていると思った」というように、実習前のイメージは、実際に関わった施設の子どもによって書き換えられ、「何らかの障害を抱えてはいるけれども、自分たちの育ってきた状況や、近所の子どもと変わらない存在」としてとらえ直されていきます。

　たとえば、「実習前までは、公共の場で障害者を見ると怖いなと思ってしまっていました。でもこの実習で障害者のイメージが180度変わり、今では一人の普通の人として見ることができるようになりました」というように、自分自身の偏見に気づき、「自分が思っていたイメージは、当てにならないただの偏見のかたまりであることが身にしみて理解できた」と変化しています。

#### ③視野の広がり：普段の考えや自身のふるまいの変化

　実習後、「普段の生活のなかでも、支援が必要な方がいれば一言声をかけ、実習で学んだことを生かしていきたいと思いました」というように、普段のふるまいにも変化が起こったという学生がいます。

#### ④子どもや利用者との関係の深まり

　障害児施設で実習を行った学生は、「初めは戸惑っていましたが、日が経つにつれ、子ども一人ひとりのことも少しずつ理解することができ、

▶出典
†1　高橋菜穂子・松浦満夫「施設実習を通じた学生の変化と学び──実習後の自由記述より」『大阪城南女子短期大学研究紀要』第49号、2015年、137-154頁

たくさんコミュニケーションをとることができました」と書いています。
#### ⑤保育者として必要な課題に気づく
　「なぜ障害児・者施設に実習に行くのか」といった実習前に抱いていた疑問に、実習をとおして自分自身で答えを見つけていくようになります。たとえば、障害児・者施設へ実習に行った学生は次のように書いています。「やっている内容は障害児・者施設も幼稚園も、人に何か教えるという点で一緒であり、ただ年齢が違うだけで、これから幼稚園にも障害をもった園児も入園してくると思うので、どのように対応するのかも覚えておいた方がいいよと職員の方が言っていて、障害児・者施設でも経験できてよかったなと思いました。今後私が幼稚園で働いた時、障害をもった園児が自分のクラスにいたら、どのような対応をし、皆と同じクラスで、皆と同じようなことをどうすればできるかなど、分かっていきたいと思います」。
#### ⑥就職先として施設を考える
　障害児・者施設で実習を行った学生は、「もっと障害について学んでいき、障害児・者施設でも働いてみたいという気持ちになった」と書いており、実習をとおして、新たな進路が浮上するというだけでなく、それに伴って自分自身を振り返ったり、さらに学びたいという意欲が生まれていることも、重要な学びの成果ではないかと考えられます。

## 8. 障害者入所施設

### 1 実習体験の意義と学び

　障害者入所施設であっても実習の意義や学べること、実習体験がどう生きるかについては、障害児施設と特に違いはありません。前節で取り上げたレポートをもとに、学生の変化についてみていきましょう。ここでも、以下の学生の学びの分析については、元の論文[†2]の内容を、障害児・者の入所施設での実習の記述に関して再構成したものです。

#### ①視野の広がり：普段の考えや自身のふるまいの変化
　障害者入所施設で、利用者から「電車や街などで避けられたり、笑われたりする」という体験を聞き、自分では気づかない何気ない日常のなかにも傷ついている人がいるという事実に直面します。職員の「障害者への理解を深めたい」という心情にふれることにより、自分も何か協力したいという気持ちが生まれ、自分自身の果たすべき役割についての自覚が芽生えた学生もいます。

▶出典
†2 †1と同じ

②利用者に対する新たな見方

　障害者入所施設では、「衣服の着脱、洗濯物をたたむなど、各自、自分で行っている利用者が多かった」と、素朴な驚きを感じる学生もいます。「援助しないと何もできない」存在であると漠然と感じていた利用者にも、当然のことながらそれぞれに症状や特性があることを理解します。

　そして、「物事への理解度に対して、同じ障害等級であってもかなり個人差がある」というように、「障害」と一括りにはできないこと、また障害の程度によって援助の仕方が違ってくるということに、学生たちは実習をとおして実感的に気づいていきます。それと同時に、「利用者同士が互いのことを理解し合っているので、思いやりや好意、冗談の言い合いなど、健常者と何も変わらないなと思いました」というように、表現の仕方は違うものの、その奥にある双方向的な感情の交流や、和やかな心情は、自分たち「健常者」と何も変わらないのだということにも気づいていきます。

③利用者との関係の深まり

　障害者入所施設でも同様に、「私の言葉かけに対しての返答がない人がたくさんいたが、ちゃんと私の言った行動をとってくださったので、ちゃんと伝わってるんだと思った。そう感じてからは、『段差ありますよ』『手すりにつかまってくださいね』『食堂へご飯を食べに行きましょう』など、理解されているので、一方通行の声かけと思わずに、たくさん声かけをする大切さを学びました」と語っています。

## 2　実習体験がどう生きるのか（障害児入所施設と共通）

①施設実習の学生への影響

　施設実習の大きな特徴は、学生にとってまったく体験したことのない現場で行う実習であるということです。障害児・者入所施設等で実習を行う場合、そこでの子どもや利用者について授業や教科書等で知識としてはもっているものの、実際に関わるのははじめてという学生がほとんどです。実習では、事前にもっていた漠然としたイメージや偏見をぬぐい去り、実際に出会う子どもや利用者からさまざまなことを学んでいきます。

　また、障害児・者入所施設では、障害をもった子どもや利用者が暮らすプライベートな場である「居住空間」における実習が中心となります。そこでは、日々の暮らしのなかで、寝食を含めて人々の生活の全体像をとらえながら、そのなかで生じる生活上の困難を支援していくことが求

められます。実習生も、その場の一員として宿泊をし、子どもや利用者の生活に寄り添うとともに、自分自身の基本的なマナーや生活態度、そこで生じるさまざまな心情についても見つめ直すことが求められます。

②施設保育士の養成

　保育士資格を取得した学生の就職先としては保育所が最も多いのですが、それ以外に、各種児童福祉施設で働く施設保育士という選択肢もあります。実習をきっかけに、将来の就職先として児童福祉施設をあげる学生もみられ、就職を見越して、実践的能力を高めるとともに、就職先としての施設理解や施設保育士としての自己の適性を見きわめるための役割も加わってきます（特に、選択科目である「保育実習Ⅲ」の意義）。

③保育士としての視野や資質の広がり

　施設実習の意義として、学生の保育に対する視野を広げることができるという点があげられます。多様な背景をもつ子どもや利用者に関わることで、固定観念や偏見を脱し、将来保育士として働くにあたって幅広い視野を培うことができます。実習先の障害児・者施設等は、当事者・職員・関係者による実績の積み上げや、戦後の社会や経済状況の変遷に適合させるための変革の繰り返しにより、社会や地域のなかで「当たり前の存在」として理解がすすんできています。保育士養成等の施設実習をとおして、多くの学生（若者）が、施設とその利用者への理解を深めた社会人として育っていくことの意義は大きいといえます。将来保育者として働くにあたっては、地域の施設やそこで暮らす人たちの権利擁護について担っていくことにもなります。

④「施設」や対人支援専門職の後継人材の育成

　少子化・人口減少社会に向かう日本においては、労働市場での若者人口の減少と外国人労働者の受け入れの難しさのなかで、「仕事の伝承」が大きな課題となります。今後も多様化したニーズに対応していく必要がある障害児・者施設では、新規職員の確保や定着率の向上は喫緊の課題です。正規職員や非常勤職員、夜間職員等の多様な勤務形態の職員確保が求められており、そのなかで将来の「後継人材」の育成の入り口になるのが、施設実習といえます。

　社会福祉全般において、重層的複合的な生活困難や福祉的ニーズが拡大していくなかで、対人支援専門職に寄せられる期待や役割は増しています。保育士や教員免許所持者は、数量的にも大きな社会福祉の人的資源となります。「施設実習」の質的向上は、将来的な対人支援専門職員の量的拡大とレベルの向上に大きく寄与していけると考えます。

### 3 共生社会への進展（障害児入所施設と共通）

　社会福祉の分野でも、さまざまなマイノリティを支援する部門の中核が障害児・者施設や児童養護施設といえます。施設における「ホスピタビリティ論争」や「施設の社会化」議論、ノーマライゼーション理念の進展を経て、これらの施設が地域福祉の発展と共生社会づくりに大きく寄与してきたことは厳然たる事実であります。今後も各施設が「共生社会の中核的位置」に存在して発展していくためには、施設実習の受け入れの拡大および充実と、ボランティアの拡充が課題となります。

## 9. 福祉型児童発達支援センター・福祉型児童発達支援事業所

### 1 実習体験の意義と学び

#### ①障害のある子どもの理解とその支援

　保育所や幼稚園での実習で、障害のある子どもに関わることはありますが、加配保育士や幼稚園教諭が多く関わっているためにあまり深くは関わることができません。つまり、障害特性について深く理解できないまま終わることが多いのです。福祉型児童発達支援センター（福祉型児童発達支援事業所）に通っている子どもに関わることは、障害特性について学ぶよい機会となり、より深く理解することにつながります。

　施設に通っている子どもは知的障害だけでなく、ほかの障害を重複していることがあります。そのため、福祉型児童発達支援センターでは障害の種別にとらわれずに、あらゆる障害を視野に入れた支援が行われています。このように福祉型児童発達支援センターでは、個々にある障害特性についてどのような配慮が行われているかを学ぶことができるのです。

　視覚障害では点字や歩行、聴覚障害がある場合は手話などの機能訓練プログラムが、食事や着替えといった日課のなかで行われています。自閉症の場合は、活動の流れや空間の用途をわかりやすく示す「構造化」の技法を用いた室内環境設定の方法を学ぶことができます。

#### ②障害のある子どもの保護者や家庭への支援

　障害のある子どもがいる家庭では、養育が非常に困難であるため、保護者が疲弊しやすいという厳しい現実があります。一見冷静で、わが子の障害を受容しているように見える保護者であっても、悲しみや不安などを抱え込みがちです。子どもへの愛情の有無に関係なく、虐待のリスクが高いことを認識しておきましょう。また、家庭内のさまざまな悩み

に関する相談やカウンセリングが行われています。さらに、保護者会も組織され、仲間づくりや情報交換も活発に行われています。

### ③他職種・地域との連携

　福祉型児童発達支援センター、福祉型児童発達支援事業所には、保育士・児童指導員・社会福祉士などの福祉専門職だけではなく、医師・看護師・理学療法士（PT）などの医療専門職も加わります。チームの一員として、保育士がどのような役割を担っているのか、観察をとおして学びましょう。

　職員は、子どもや利用者が通う地域の幼稚園、保育所の職員に対して、障害の特性に応じた援助を適切に行うための相談に応じています。また、卒園した子どもや家族に対しても、進路相談などアフターケアを行っています。どのように地域との連携がなされているか学んでいきましょう。

## 2 実習体験がどう生きるのか

　福祉型児童発達支援センター（福祉型児童発達支援事業所）は、障害のある子どもを対象とした施設です。実習期間中、子どもとの関わりをとおして、「障害」という言葉を考えてみてください。それが、今後、保育者として子どもと関わるときに生きてくるでしょう。

　学生のなかには「障害児」という言葉を聞いて、「何もできない子ども」というイメージをもっている人がいるかもしれません。そのため、実習内容を障害児のお手伝いであると思い込みがちです。また、障害のある子どもとうまくコミュニケーションが取れるかどうか不安に思い、実習を苦痛に感じる人もいるでしょう。

　しかし、実際に実習が始まり障害のある子どもと関わっていくなかで、「障害」という言葉のイメージが変わっていくと思います。障害のある子どもは何もできないということはないと気づき、その子どもができることを探すようになります。子どものマイナス面ばかりに目を向けるのではなく、プラス面をみて関わっていくことが大切なのです。

　また、障害のある子どもとのコミュニケーションについても、言語によるコミュニケーションだけではなく、仕草や表情、声のトーンなど非言語コミュニケーションの重要性に気づき、コミュニケーションの本質が理解できるようになるでしょう。さらに、障害者福祉の理念の一つである「ノーマライゼーション」の必要性に気づくと思います。障害のある子どもとその保護者は、地域に住んでいる子どもと同じように生活したいという思いをもっています。その反面、保護者は子どもの将来に対して不安をもっているのです。そのような場面にふれることは、「普通

の生活」とは何なのかを考えるよい機会となります。

　保育士として子どもに関わる際は、福祉型児童発達支援センターでの実習体験を生かして、子どもができないことだけに注意を向けるのではなく、できることを見つけ、子どもの全体像を見渡すことが大切です。また、保育で関わる子どもにとっての「普通の生活」とはどのようなことなのかを意識しながら、保育することが重要となります。

## 10. 医療型児童発達支援センター

### 1　実習体験の意義と学び

#### ①障害のある子どもの理解とその支援

　医療型児童発達支援センターに通う子どもは、福祉型児童発達支援センター（福祉型児童発達支援事業所）の福祉サービスに加えて、診療所として提供される医療サービスが必要です。子どものなかには、相手に伝わる形での自己主張が難しい子どもがいます。そのため、職員の都合に合わせた受動的な生活に陥りやすい危険性もあります。したがって、子どもの表情や感情を深く観察し、共感的に理解することで「声」を聞き取ることが大切になっていきます。このようなことから、言語コミュニケーションだけではなく、非言語コミュニケーションの大切さや意義を学ぶことができるでしょう。

　また、「年齢や発達に応じた質の高い生活」のための環境構成の意義を学ぶこともできます。生命の維持を目的とする医療的対応が優先されがちな状況のなかでも、どのような工夫がなされているかを観察してください。プレイルームにどのような玩具が用意されているかを調べたり、壁面装飾を観察するなど、さまざまなところから学ぶことができます。

　通所している子どものなかには、常時、医療的ケアが必要な子どももいます。呼吸や体温をモニターする機器を装着したり、水分補給や栄養補給のための点滴を受けたりしている子どももいます。感染に弱い子どもが多く、感染症にかかると重篤な状態に陥りやすい子どももいるので、援助者の側は高い衛生意識をもつ必要があります。また、手にとったものをなめたり、口に入れたりする子どもも多いので、窒息や誤飲の事故が起こらないよう室内環境を整えることが大切です。事故が起こらないような、物品の配置の仕方を学びましょう。

#### ②他職種との連携

　医療型児童発達支援センターの支援には保育士・児童指導員・社会福

祉士などの福祉専門職だけではなく、医師・看護師・理学療法士（PT）などの医療専門職も加わります。最終的な援助の目標は同じでも、それぞれの専門職特有の価値観や方法があるため具体的な援助の手順や優先順位が異なることがあります。子どもに対する共通認識をもつために、どのような工夫がなされているかを学びましょう。また保育士が、チームの一員としてどのような役割を担っているのかを観察し、理解を深めましょう。

### 2 実習体験がどう生きるのか

　医療型児童発達支援センターは、福祉サービスのみならず、医療サービスを提供する施設です。つまり、そこでは医療関係の専門職員が働いており、そのなかで保育士も働いているのです。この施設での実習をとおして、「保育士の役割」への理解を深めることができるでしょう。

　医療型児童発達支援センターでは、利用している子どもを支援するにあたり、一つの目標に向かってさまざまな専門職が関わっています。たとえば、医師は子どもの治療方針を決めて、看護師などの医療専門職に指示します。その方針に基づいて、看護師は療養上の世話を行い、理学療法士や作業療法士はリハビリテーションを行います。つまり、それぞれの適材適所に合わせて医療サービスを行っているのです。

　それでは、福祉サービスの担い手になってくる職種として、保育士にはどのような役割があるのでしょうか。保育士は子どもの保育を行い、保護者などに子どもの保育に関する助言・指導を行う職種です。そのため、保育士として「生活の質（QOL）」を常に意識しなければならないのです。保育士として「生活の質」を意識するということは、現在、規則正しい生活を送っているか、心身の健康に気をつかっているか、人間関係は順調であるかなど、保育士自身の生活の質を振り返るよい機会になるでしょう。

　また、「普通の生活」について考える実習にもなります。障害のある子どもと保護者は、地域に住んでいる子どもと同じような生活を送りたいという思いをもっています。それとともに、保護者は子どもの将来に対して不安をもっているのです。そのような場面にふれることで、「普通の生活」とは何なのかを考える機会となります。すべての子どもが「普通の生活」を送れるようにするには、どのような保育が必要になってくるのか学ぶことができるでしょう。

　医療型児童発達支援センターでの実習体験をとおして、保育士の役割をより深く理解できるようになると思います。ほかの専門職と同等に意

見交換ができるようになるためには専門的知識を活用することが必要で、実習での経験が生きてくるでしょう。常に、子どもにとって「普通の生活」とはどのようなことなのかという意識をもちながら、保育を展開することが大切です。

## 11. 児童厚生施設等

### 1 実習の意義と学び

　児童厚生施設では、主に「遊び」を通して子どもの健全育成を考えていくことが実習の中心となります。特に児童館では、毎日来館する子どもが特定でないこともあり、さまざまな年齢に応じた遊びをそのつど提供していかなければなりません。臨機応変に対応する能力が求められるだけでなく、子ども一人ひとりを洞察する際にも、子どもの変化や心の動きを察して支援方法を考えることが大切で、ある種の緊張感をともなう実習でもあります。そこがほかの実習と大きく異なるところです。しかし、ほかではできないようなさまざまな体験ができ、それが児童厚生施設における実習の意義であり、醍醐味であるともいえます。

　また、子どもとの関わりから遊びのあり方や効果的な指導方法および遊びの内容の研究、さらには子どもの発達との関わりからの遊びの意義を深めるなど、児童厚生施設では遊びそのものに特化した実習ができるという点にも意義があります。そして遊びの指導を通じて、子どもだけでなく、保護者との関わりや地域との関わりを学ぶことができます。ただし、実習期間中は目の前にいる子どもとの関わりや遊びの指導に集中してしまい、気づいてみたら実習が終わっていたということもあるでしょう。さらに実習中、子どもと遊ぶことは楽しかったけれども、そのときの施設指導者の直接的・間接的支援はどうであったのかと振り返ってみても、あまり思い出せないということを体験した人も少なからずいるのではないでしょうか。同時に、実習前に作成した計画どおりに実習がすすまないジレンマを感じたこともあったでしょうし、自分の描いていたような子どもとの関わりができなかったということもあるでしょう。

　こうした失敗談や苦い思い出は実習ではつきものですが、それ以上に実習中は、毎日が学びや発見でいっぱいで充実していたのではないでしょうか。学生の実習記録でも、「子どもの笑顔でやる気が出た」「お姉さんの教えてくれた遊びをまた明日やってほしいと頼まれうれしかった」などのコメントがあり、実習ならではの得がたい経験といえるで

しょう。

### 2 実習体験が、保育者としての今後にどう生かせるのか

　児童館に代表されるように、児童厚生施設は私たちの生活の身近にあります。児童厚生施設と名称自体は堅苦しいのですが、児童館は「遊び」の提供を通じて子どもの健全育成を図ることを目的としているためか、「社会福祉」という雰囲気があまり感じられないことがほかの施設と大きく異なるところかもしれません。しかし、近年の社会環境や家族環境の変化にともない、児童厚生施設のあり方そのものも変化しつつあります。前述したように、国が強力に推進する子育て施策において、児童厚生施設も重要な子育て支援拠点としての役割が期待されています。さらに、保護者の労働環境をサポートするうえでの「児童クラブ」の機能を併設する施設も増加するなど、時代のニーズに沿った支援が求められてきています。

　児童厚生施設では、地域の子どもやその保護者からのさまざまなニーズにこたえるため、地域を中心とした多種多様な活動が提供され展開されています。さまざまな福祉施設と連携や協力をしていくうえで、児童厚生施設での学びが生かされてきます。自分の勤務先が保育所であれば、児童厚生施設とは遊びを基盤としているという共通点があります。子ども以外にも、保護者や施設を取り巻く地域との関わりから施設のあり方や意義を考える点でも、実習での学びは生かされます。

　先ほど児童厚生施設は「社会福祉」の雰囲気が感じられないと述べましたが、ある意味、児童厚生施設が「社会福祉」の分野で存在しているからこそ、多種多様なニーズに対応する支援が可能になるのです。つまり「社会福祉」という概念が包括的なものとしてとらえられており、さらに多様な社会福祉活動と重複するような二重性を体現しているからかもしれません[3]。この点は、保育所をはじめほかの児童福祉施設と比較することで、保育や児童養護のあり方を考えるきっかけとなるでしょう。

　「実習は一生の宝」ともいわれています。専門職として職を得たのち、実習記録をもう一度眺める機会が訪れることもあるでしょう。当時、自分が実習をとおして何を感じ、何を体験してきたのかを振り返り省察することから、何らかの「気づき」がもたらされるでしょう。実習の成果そのものが、専門職としての自分を支えてくれることと思います。

　ときどき資格取得のためという義務感のみで実習を行う人がいますが、実習をするまでには多くの人の力を借りて、実習という場面が準備されます。多くの人が関わって実習が成り立っていることは、まさに社会福

▶出典
[3] 丸岡利則「社会福祉概念の構造——米国の社会福祉に関する概念整理」『関西福祉大学社会福祉学部研究紀要』第14巻第1号、2010年、53頁

祉の理念そのものであると考えます。自分自身も、さまざまな人に支えられながら現在があることを自覚する点においても、実習での学びは生かされます。

「初心忘るべからず」の諺(ことわざ)のとおり、前向きな専門職であるためにも、常に新鮮な気持ちをもち続け、実習での体験を大切にしてください。

## 演習課題

①あなたが保育実習（ⅠまたはⅢ）で実習計画書に掲げたテーマや目標をどれくらい達成できたのか振り返り、100点満点で点数をつけ、その理由を考えましょう。

②あなたが保育実習（ⅠまたはⅢ）を終えて気づいた自らの保育者としての課題をあげましょう。

③あなたが保育実習（ⅠまたはⅢ）でお世話になった施設種別について、実習に行く前と終えたあとでどのようにイメージや印象が変化したのか明確にしましょう。

**参考文献**……………………………………………………………………………
レッスン11、12
　全国保育士養成協議会編 『保育実習指導のミニマムスタンダード　Ver.2──「協働」する保育士養成』 中央法規出版　2018年
　関西福祉科学大学社会福祉実習教育モデル研修会 『相談援助実習ハンドブック』 ミネルヴァ書房　2014年

**おすすめの1冊**

**全国保育士養成協議会編『保育実習指導のミニマムスタンダード　Ver.2──「協働」する保育士養成』中央法規出版　2018年**
　全国の保育実習や保育実習指導において、重要かつ必要である共通的標準事項（ミニマムスタンダード）を1冊にまとめ、解説している。保育実習者に必携の書籍である。

# 第4章

# 実習の振り返りと評価

本章では、実習体験ののち、どのように振り返りや評価を行うのかについて学んでいきます。実習中に学んだことを実習の後に生かしていくために、学びを整理する振り返りがあります。また、実習で体験したことを客観的に捉え、評価していくことが必要です。

レッスン13　実習中の指導と実習後の学びの整理の方法
レッスン14　実習の評価と実際
レッスン15　実習の経験の活用と就職への心構え

レッスン **13**

# 実習中の指導と実習後の学びの整理の方法

ここでは実習中から実習後に至るまでの学びの意味や方法について説明します。実習中の学びは、今後も成長し続けることができるように、実習を終えてからも有効に生かしていくことが大切です。実習指導者および養成校の教員による指導の方法と実習生として大切な意識、実習の省察とまとめの方法について学びます。

## 1. 実習中の実習生への指導方法

### 1 実習先の指導者（職員）からの指導や助言

　実習が始まると、実習生は実習先でさまざまな体験をしながら、実習をすすめていきます。施設実習などでは、主に子ども・利用者との関わりのほか、施設や子ども・利用者の生活の環境整備に関連する支援（施設内の掃除や洗濯、調理補助など）があり、一つひとつのプログラムや内容についてていねいに取り組んでいきます。実習期間中は、実習先の実習指導職員をはじめとする職員から、実習内容についての指示や指導、助言を日々受けながら実習をすすめていくことになり、そのなかでも**実習指導者**＊（職員）より指導を受ける機会が多くあります。

　実習先の指導者（職員）の指導や助言は、専門職の保育者や実習生の先輩としての立場から実習での実習生の様子をとらえ、具体的な指摘や意見を述べるものです。このため、実習生に対する指導や助言の内容が、ときには実習生にとって厳しく感じられたり、辛く感じられたりすることがあるかもしれません。また、場合によっては、実習指導者（職員）に対して反発心などが生まれることもあるかもしれません。しかしここで考えたいことは、その実習指導者（職員）は実習生の実習内容を一方的に批判し、実習生を追い込むために指導しているのかということです。当然そのようなことはありません。実習を指導する職員は、自身の仕事だけでも忙しいなか実習生を受け入れているのであり、そのなかで後輩となる保育者を育てるため、また実習生によりよい実習をすすめてもらうために真剣に実習生に向き合っています。ですから、ときとして実習生から嫌われることも覚悟して、厳しく指導することもあるのです。このことを実習生はけっして忘れてはいけません。指導する職員の指摘や意見を冷静に受け止め、考えていくことが大切です。しかし、どうして

**◆補足**
**保育実習指導のミニマムスタンダード**
全国保育士養成協議会が、全国の保育士養成校が実施する実習指導の基礎条件を整備し、その標準的な事項を共有することで実習の質を高めるために2007年に策定された実習マニュアルである。2017年に改訂版がだされた。

**＊用語解説**
**実習指導者**
養成校においては、実習に関する全般的な事項を担当する教員（実習指導教員、実習指導者［教員］）を指す。実習施設においては、実習に関する全般的な事項を担当する職員（実習指導職員、実習指導者［職員］）を指す。

も辛いことがあった場合や、実習指導者に相談しにくいことがあるときはどうすればよいでしょうか。

## 2 実習訪問指導

　基本的には、実習中に、養成校の実習指導の担当教員や訪問指導の担当教員が、実習先を1回以上訪問し指導することになっています。これを実習**訪問指導**\*といい、この機会を利用して養成校の教員に実習に関するあらゆる相談をすることができます。実習訪問指導では、一人ひとりの実習生の実習の取り組みについて、実習先の実習指導者（職員）がどのように判断しているのかということを聞き取ります。そして、その内容を踏まえて養成校の訪問指導の担当教員が実習生と面談します。この面談は、個別面談する場合と、同時期に複数の実習生が参加しているときには、その実習生全員を対象としてグループ面談を行い、お互いの学びの様子を踏まえながら振り返る場合があります。

　この実習訪問指導では、実習開始から訪問指導当日までの実習の流れを、実習生の口頭や実習日誌などにより振り返ります。そして実習生は、具体的に何を学ぶことができているか、また、これまでの反省点や課題点、実習先指導者より受けた指導内容と指導を受けた後の実習の改善点などについて、養成校の訪問指導教員に報告します。この際に、実習で適切にすすめることができている内容を報告することも必要ですが、それ以上に、実習で感じている悩みや課題について訪問指導教員に報告・相談することが大切です。それは訪問指導教員には、実習生一人ひとりの成長を受け止めながら、うまくいっていないことについて実習生とともに対応を考える役割があるからです。このため実習中に誰にも相談できずに悩んでいることや不安に感じていることなどについて、正直な気持ちをできるだけ詳細に伝えることが重要です。また、実習先の実習指導者（職員）の見解と実習生自身が感じていることに差がある場合には、訪問指導教員がその差を埋めるため実習生に助言したり、実習先の実習指導者（職員）と調整したりすることもあります。このように、実習は実習生が一人ですすめるものではなく、養成校の教員や実習先の実習指導者とともにすすめていくものであり、実習生もこのことを理解することが必要です。

\* **用語解説**
**訪問指導**
養成校の指導者または養成校に所属する教員等が実習期間中に実習施設を訪問し、実習指導職員との連携のもとで実習生に対する指導を行うこと。

## 2. 実習後の学びの整理の意味と方法

### 1　実習で得た多くの体験や学び

　所定の日程とプログラムを消化すると、実習先での保育実習は終わります。実習中には、数えきれないほど多くの人との出会いやさまざまな体験があったと思います。実習中、担当として入ったフロアの子どもたちや利用者との日々における関わりはどのようなものだったでしょうか。たくさん会話できたこともあれば、接した子どもの発達や障害などの特性などから、十分に会話ができなかったこともあるかと思います。実習での会話の体験のなかで、あなたが特に印象に残っている言葉や話の内容はどのようなことでしょうか。

　また、実習指導職員をはじめ、多くの職員からさまざまなことを教わったでしょう。職員の生活支援や子ども・利用者への関わりを観察しながら見よう見まねで実習に取り組んだ場面もあったのではないでしょうか。その実習の取り組みや内容などについて、職員からたくさんの指導や助言をもらったことも思い出されるでしょう。こうした施設での直接的なやりとり以外にも、施設の様子やそこでの生活の観察をもとに、いろいろなことを感じ、学びにつながる多くの素材を得ることができたのではないかと思います。

　しかし、実習中のできごと（エピソード）をそのままにしておいては、実習生自身の気づきや成長につなげることはできません。実習の成果を高めるためにも、実習中に得た体験や自らの姿を整理しとらえ直し、これから保育者を目指してどのように歩むべきか、また、そのために必要な課題は何かを考える作業が必要となってきます（図表13-1）。

### 2　実習体験から学びの経験への整理

　図13-2は実習後の学びをイメージしたものです。実習中に体験した内容について、自らが作成した実習日誌などの実習記録（言語化されている記録）を見返すことが大切です。また、まだ実習日誌には記録されていないような、言語化していない（または言語化できなかった）実習中の体験については、実習後に改めて記述や口頭発表などの方法により言語化していきます。実習生自身が直接的に取り組んだ内容については言語化されることも多いと考えられますが、子どもや利用者同士のやりとりや、実習生が直接関わらなかった職員が行った援助や業務内容の詳細については、実習中に言語化することができなかったことも少なから

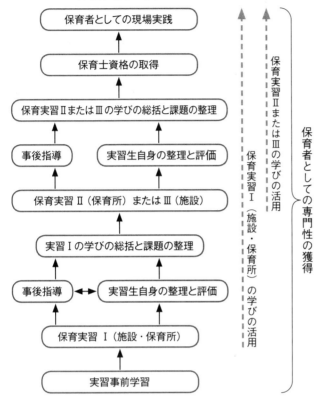

図表13-1 保育者としての専門性の獲得に向けた保育実習の積み上げ

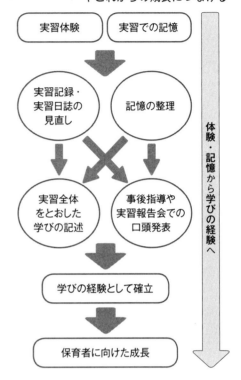

図表13-2 実習体験・記憶を学びの経験やこれからの成長につなげる

ずあると予測されます。このような実習先での様子について、自らの記憶をたどりながらできる限り早期に、そしてていねいに思い出して言語化することが重要です。

こうした実習体験や実習での記憶を言語化するプロセスによって、客観的な視点を用いて経験値へと結びつけていくという「体験から経験への整理」を行うことは、保育者に向けての成長には欠かせない学習となります。このなかで、保育者に必要な専門性を獲得するために、学びを整理し活用していくことが、実習の事後学習として必要です。

## 3. 実習記録に基づいた省察

### 1 実習記録の活用

実習記録と聞くと、実習中に書き上げた実習日誌のことだけを想像する人もいるかと思います。しかし実習日誌に、実習中のすべての気づき

や情報について書き切るのは難しく、現実として不可能です。一方で、実習中に実習日誌には書くことができなかったものには、実習生として直接とらえることができた気づきや、実習先の子どもたちや利用者の様子などの観察から学ぶことができたこと、実習先の指導者（職員）からの指導や助言のほか、実習中に入手することができた資料などもあります。これら実習日誌に書くことができなかった情報や感想などをそのまま放っておくと、せっかく学んだことも忘れていってしまいます。実習中に得ることができた情報や学んだことについてこれからも活用できるようにするためには、実習後に整理しておく必要があります。

　実習記録には、実習日誌をはじめ、実習中に得ることのできたさまざまな資料などが含まれます。具体的には、実習中に自らがメモとして残した大小の記録、実習先から提供された施設や子ども・利用者に関する資料などがこれに当たります。実習中は、これらのさまざまな記録や資料などを参考に、毎日の実習を終えた段階で整理し、その整理した内容を実習日誌に書き込んでいきます。実習日誌を含むこれらの実習記録の内容を改めて確認し、その記録の意味や要点を何度も読み直すことにより、実習の場面が鮮明に自身のなかで整理されるでしょう。

　一方で実習記録の柱となるのは、やはり実習日誌です。では、実習後に実習日誌をどのように活用すればよいのでしょうか。実習後に実習日誌を読んで「あんなことがあった」と思い出すことができます。しかし、そのような思い出の整理に使うだけでは、実習日誌を活用できたとはいえません。実習日誌を読み返すことによって、これから保育者になるために必要な専門性について考え、自らの実習経験を客観視することが必要です。わかりやすくいえば、これまで勉強してきた保育や子どもの発達、生活に関する知識や技術などを自ら取り組んだ実習内容と比較して、どのようなことが保育者を目指す実習生に必要な技術として生かすことができたのか、また生かすことができなかったのかということを見つめ直すとともに、保育者を目指すために必要な新たな課題を設定するということです。

### 2　実習の省察

　これら実習でできたことやできなかったことについて整理することを、実習の省察といいます。省察というと、言葉のイメージから、実習において失敗したことやできなかったことなどの反省点ばかり取り上げる実習生がいます。具体例をあげると、実習では自分が思うように子どもや利用者に関わることができず、また、実習指導者（職員）からも叱られ

てばかりでよかった点などはない、とマイナスの面しかみない人です。このように、実習日誌にも反省点を中心に記述した人がいるかもしれません。しかし、実習の当日には余裕がなくて毎日反省点ばかりを書いた人も、定められた実習期間が終了して振り返る際には、やり遂げることができたプラスの面も多く見つけられるはずです。

　たとえば、最初は人見知りや戸惑いなどで子どもや利用者とほとんど話ができなかった実習生でも、実習をすすめていくなかで少しずつ雰囲気や流れをつかむことができるようになり、実習終盤には子どもや利用者の様子を観察できるようになった人や、子どもや利用者との関係が築けるようになり、話ができる回数が少しずつ増えた人もいることでしょう。また、実習開始当初は掃除などの生活支援で何をすればよいかわからず、実習先の担当職員の指示を待っていたために消極的であると指導を受けた人でも、実習をすすめていくなかで流れをつかむことができ、自ら取り組むべき実習内容を考えて行動できたことが少しずつでも増えていったのではないでしょうか。そのほか、実習を終えて自らの未熟さを強く感じている人でも、その未熟さに気づけたことが実習のなかで学び取れた大きな成果の一つなのです。

### 3　実習後のまとめ

　実習日誌を含めた実習の省察の目的は、保育者になるために何ができていて、何ができていないのかを具体的に明らかにすることです。そのため、実習経験について実習日誌をもとに読み解くことが必要になってきます。

　実習日誌からの省察としては、実習後に「実習後のまとめ」の作成をとおして記入することで、自らの実習経験としてまとめていきます。この実習後のまとめは、それぞれの養成校で定められたフォーマットがある場合や、実習日誌に組み込まれていることもあります。この実習後のまとめには、実習で実際にあった学びの場やエピソードなどを交えながら、具体的に記述していくことが大切です。たとえば、「実習に行くことができてよかった」ということだけでなく、実習でどのような出来事があって、それによりどのようなことを学び、感じ取ったのかを記入します。そのうえで、保育者として必要な視点で学ぶことができたのかや、保育者を目指すにあたって身につけていくべき視点や技術（スキル）などの課題を発見できたのかなどを書くことが重要です。

　そのほか、実習後のまとめを書くときの留意点として、自分自身の言葉に置き換えて表現するということがあります。実習後のまとめでよく

見受けられるのが、自分の言葉で表現することを意識せずに、「保育者には高い専門性が必要である」「子どもの発達を理解することが求められる」といった教科書的な表現で書かれているものです。これらの内容にも実習での学びは当然あります。ただ、その経験をこれから自分のものとしてどのように生かしていけるのかということを考えると、これからの目標や課題として言葉にできれば、さらに成長していけるのではないでしょうか。たとえば、実習に参加した経験から、実習において「保育者をはじめとした職員の保育や子ども・利用者への支援や関わりをみて、保育の専門性として自分はここができていた（またはできていなかった）ため、これから一人ひとりの子どもの発達を意識した配慮ができるように発達過程についてさらに学びを深めていきたい」などという表現もできるかと思います。つまり実習は実習生自身が学ぶ主体であり、この学ぶ主体を主語に、これからどのようなことを自分の目標や課題とするのか、自分自身でステップを設定して実習後のまとめに反映させることが大切です。

## 4. 実習後の実習生への指導方法

### 1 事後指導の方法

実習を終えて養成校に帰ると、事後指導が行われます。この事後指導は養成校の実習担当教員が行います。事後指導の方法は、実習クラスのクラス全体で行うもの（全体授業）と、実習担当教員と学生一人ひとり（場合によっては少数の学生で行う）が個別で行うもの（個別指導）があります。

### 2 全体授業

全体授業の方法の一つに、小グループに分かれて実習生が相互に実習中に取り組んだ内容や実習体験について発表し、その発表内容から学生同士でお互いに意見の共有や問題点をあげていく取り組みがあります。

小グループに分かれる方法には、同じ施設種別（児童養護施設ごと、母子生活支援施設ごとなど）で集まってグループ分けをする方法と、領域を超えて異なる施設種（乳児院と障害児入所施設などの混合）で集まってグループ分けをする方法があります。

同じ施設種別で集まるグループ分けのねらいとしては、同じ施設種であっても施設によって援助理念や成り立ちの違いから実習内容が異なり、

子どもや利用者との関わりや支援方法に違いがあることを実習生相互で理解するためです【資料1】。

　異なる施設種別で集まるグループ分けのねらいとしては、保育士は0歳から18歳までの子どもを支援する役割のほか、障害のある子ども・利用者への支援でも活躍していることから、自らの実習先以外の施設種別での実習内容や子ども・利用者との関わりや保育者の支援の様子などについて学ぶためです。本来であれば、保育士を目指す実習生としては、幅広い施設種別で活躍する保育士の支援を学ぶためにすべての施設種別で実習することが望ましいと考えられますが、時間的な制約などもあることから、ほかの実習生の発表を聞き、その実習体験を共有し合うことが、一人ひとりの保育者に向けた知識やスキルの獲得を目指すために有効であると考えられます【資料2】。

### 3　個別指導

　個別指導では実習生と実習担当教員の個別面談を行います（教員と小グループで実施する場合もある）。個別面談では、実習中に起こったトラブルや悩みについての報告や、実習日誌の自己評価票に対する指導、実習先からの評価の通知と実習生自身が作成した自己評価票を比較しながら学びの到達点の整理や個々の実習の達成状況などについて実習担当教員に報告します。これらを踏まえて、これから必要な学習課題の設定など今後の方向性について、実習生が実習担当教員とともに明確化させていきます。

　全体授業や個別指導では、実習担当教員が実習生の気づきや課題に対して保育の専門性に基づいて客観的に評価し、実習生一人ひとりの今後の課題の設定を行うための指導や助言が行われます。このため、実習生が考えている実習での到達点や反省などの課題について、実習担当教員にできる限りその詳細を伝えることが大切です。

　このほか事後指導の授業では、実習先へのお礼状や実習自己評価票などについての説明や指導、保育実習Ⅰ（施設）であれば、次に続く保育実習Ⅱ（保育所）または保育実習Ⅲ（施設）に向けた課題を実習生同士で明確化させることなどが行われます【資料3】【資料4】。

**演習課題**

①実習先の指導者からの指導や助言にはどのような意味がありましたか。
②実習中の養成校の教員による訪問指導の際、実習生はどのようなことを伝える必要がありましたか。
③実習後の養成校での事後指導は、どのような方法で行われますか。

【資料1】

## 保育実習Ⅰ・Ⅲ（施設）＊同種別グループでの振り返りⅠ・進め方

【時間】　　：　　～　　：　　まで

1. **グループでの振り返りの意義：教員より説明（10分程度）**
   - これまでの自らの実習を振り返るなかで、自分の学んだ点、不足していた点を省み、自らの保育士としての課題を浮き彫りにする。
   - 同じ種別の機関や施設・事業所でも地域や保育の理念に特色があり、同じ通園施設であったとしても児童単独通園の場合もあれば、母子通園の場合もあり、同種別の機関や施設・事業所であっても個別性がある。
   - 他学生の実習体験を共有し、同種の他機関や施設・事業所について話を聞くことは、他機関や施設・事業所の様子を知る機会となり、保育士としての視野を広げ、考え方を深めることとなる。
   - 自らが作成した「実習計画書」のテーマ・目標や達成課題を振り返ることで、自らの保育の課題や成果を整理するとともに、ほかの実習生の取り組み状況や成果について学ぶことができる。
   ＊ただし、今回の振り返り会で知り得た情報は、決して他言せず、秘密保持を守ること。

2. **グループでの実習体験の共有Ⅰ（20分程度）　①②を1人3分程度で紹介し、残り時間で意見交換**
   司会：各グループで学生番号が最も前の実習生（全員が意見を言えるよう進行する）
   ①あなたが実習を行った機関や施設・事業所に関する紹介（種別・施設名）
   　「どのような子どもが、どのような形態で入所または通園していたのか」
   ②あなたが実習で経験した「施設保育士」に関する学びについて紹介
   　「子ども・保護者、職員との関わりを通じて学んだことを具体的に説明する」

3. **グループでの実習体験の共有Ⅱ（25分程度）　③④を1人4分程度で紹介し、残り時間で意見交換**
   司会：各グループで学生番号が最も前の実習生（全員が意見を言えるよう進行する）
   ③実習計画書のテーマ・目標と具体的達成課題について紹介
   　「実習のテーマ・目標や達成課題に取り組み、どの程度達成できたのかを説明する」
   ④指導案等を用いて、どのような設定保育または部分保育を実施したかについて紹介
   　「設定保育または部分保育のプログラム・保育のねらい・展開の様子など」

4. **グループでの振り返りのまとめ（10分程度）**
   「グループでの振り返り～実習体験を共有しよう～」のシートを使って個別にまとめをする。
   ＊　　：　　になったところで、一度区切り、記入シートを回収する。
   ＊本日提出できない場合、　　月　　日（　）の授業開始までに担当教員へ提出すること。

【資料2】

## 保育実習Ⅰ・Ⅲ（施設）＊異種別グループでの振り返りⅡ・進め方

【時間】　　：　　〜　　：　　まで

1．**グループでの振り返りの意義：教員より説明（10分程度）**
   - これまでの自らの実習を振り返るなかで、自分の学んだ点、不足していた点を省み、自らの保育士としての課題を浮き彫りにする。
   - 保育実習Ⅰ（施設）の実習施設には、①社会的養護施設「乳児院、児童養護施設、児童心理治療施設、児童自立支援施設、母子生活支援施設」、②障害児施設「通園型の児童発達支援センター（福祉型・医療型）と障害児入所施設（福祉型・医療型）」、③障害者支援施設「障害者入所施設（就労支援型・生活介護型・自立訓練型）と障害者通所施設（就労支援型・生活介護型）」、④児童相談所一時保護施設などがある。
   - 保育実習Ⅲでは、これらの①〜④の施設に加えて、児童厚生施設「児童館、児童遊園」、子育て支援センター、児童発達支援事業所、放課後デイサービス事業所、放課後児童健全育成事業（児童クラブ）などの法定施設などで実習を行っている。
   - 他種別の施設や事業所について話を聞くことは、他種別の施設や事業所の様子を知る機会となり、保育士としての視野を広げ、考え方を深めることとなる。
   - 自らが作成した「実習計画書」のテーマ・目標や達成課題を振り返ることで、自らの保育の課題や成果を整理するとともに、ほかの実習生の取り組み状況や成果について学ぶことができる。
   - ＊ただし、今回の振り返り会で知り得た情報は、決して他言せず、秘密保持を守ること。

2．**グループでの実習体験の共有Ⅰ（20分程度）　①②を1人3分程度で紹介し、残り時間で意見交換**
   司会：各グループで学生番号が最も前の実習生（全員が意見を言えるよう進行する）
   ①あなたが実習を行った施設に関する紹介（種別・施設名）
   　「どのような子どもが、どのような形態で入所または通園していたのか」
   ②あなたが実習で経験した「施設保育士」に関する学びについて紹介
   　「子ども・保護者、職員との関わりを通じて学んだことを具体的に説明する」

3．**グループでの実習体験の共有Ⅱ（25分程度）　③④を1人4分程度で紹介し、残り時間で意見交換**
   司会：各グループで学生番号が最も前の実習生（全員が意見を言えるよう進行する）
   ③実習計画書のテーマ・目標と具体的達成課題について紹介
   　「実習のテーマ・目標や達成課題に取り組み、どの程度達成できたのかを説明する」
   ④指導案等を用いて、どのような設定保育または部分保育を実施したかを説明する
   　「設定保育または部分保育のプログラム・保育のねらい・展開の様子など」

4．**グループでの振り返りのまとめ（10分程度）**
   「グループでの振り返り〜実習体験を共有しよう〜」のシートを使って個別にまとめをする。
   ＊　　：　　になったところで、一度区切り、記入シートを回収する。
   ＊本日提出できない場合、　　月　　日（　　）の授業開始までに担当教員へ提出すること。

レッスン13　実習中の指導と実習後の学びの整理の方法

## 【資料3】 保育実習Ⅰ（施設）〜実習体験を共有しよう〜

学籍番号　　　　　氏名：

Ⅰ. グループのメンバーの氏名・実習先種別・施設名を記入し、ほかの実習生の実習体験から「学んだこと」や「感じたこと」を記入しなさい

| No | 氏名 | 施設種別 | 実習施設名 | グループメンバーの実習体験談から学んだこと、感じたこと |
|---|---|---|---|---|
| 1 | | | | |
| 2 | | | | |
| 3 | | | | |
| 4 | | | | |
| 5 | | | | |

Ⅱ. 実習計画書のテーマや目標・達成課題に取り組んだあとの自己評価

Ⅲ. 設定保育または部分保育に取り組んで気づいた自身の課題

Ⅳ. 施設保育において大切であると実感していること

＊時間内に記入できなかった場合は、すべて記入のうえ、　　月　　日（　　）授業開始までに担当教員へ提出すること。

# 【資料4】 保育実習Ⅲ（施設）～実習経験を共有しよう～

学籍番号　　　　　氏名：

| I. グループのメンバーの氏名・実習先種別・施設名を記入し、ほかの実習生の実習体験から「学んだこと」や「感じたこと」を記入しなさい ||||||
|---|---|---|---|---|---|
| No | 氏名 | 施設種別 | 実習施設名 | グループメンバーの実習体験談から学んだこと、感じたこと ||
| 1 | | | | ||
| 2 | | | | ||
| 3 | | | | ||
| 4 | | | | ||
| 5 | | | | ||

Ⅱ. 実習計画書のテーマや目標・達成課題に取り組んだあとの自己評価

Ⅲ. 設定保育または部分保育に取り組んで気づいた自身の課題

Ⅳ. 施設保育士に向けての今後の自らの課題や目標

＊時間内に記入できなかった場合は、すべて記入のうえ、　　月　　日（　　）授業開始までに担当教員へ提出すること。

レッスン 14

# 実習の評価と実際

ここでは実習後に行われる評価の意味と方法について説明します。成長していくためには、実習の成果について実習生の感覚だけではなく、客観的に捉えることが求められます。そのために実習指導者や教員により行う他者評価と、実習生自身の自己評価による省察の実際について学びます。

## 1. 実習の他者評価の意味と種類

　実習生は、施設実習におけるさまざまな出来事や関わりをとおして、保育者として必要な知識や援助技術（スキル）とは何かについて考えることが大切です。そして、実習内容を踏まえ、これから保育者になるためにどのような知識やスキルが不足しているのか、また、それらをどのように身につけていくのかなど、今後の目標設定をする必要があります。そのためにも、実習の評価の整理をすることが重要になります。

　実習での評価と聞くと、施設や養成校により点数化された、いわゆる実習の成績のことだけをイメージする人もいるのではないでしょうか。もちろん実習の成績も評価の一つですが、実習における評価はそれだけではありません。評価とは、さまざまな方法により、実習の実際について振り返り、実習での到達点や課題を整理することです。

　実習の評価には、実習先の実習指導者（職員）や養成校の実習指導者（教員）など他者による評価（他者評価）と、実習生が自らの学びや気づきに対する評価を行う自己評価があります。

### 1　他者評価と自己評価

　実習が終わると、それぞれの実習先から養成校に実習評価票が送付されます。いわゆる実習先からの成績にあたります。この実習評価票には、実習生一人ひとりの実習での学びの到達点や課題点を踏まえながら、その実習のどこが適切であったのか、また場合によってはどこが適切ではなかったのかということにふれたうえで、所感として、今後保育者に向けて必要と考えられる取り組みなどが示されています。

　他者評価のねらいは、実習生一人ひとりの実習に対して、実習先の実習指導者（職員）や養成校の実習指導者（教員）が専門職としての視点

から、保育者の知識やスキルとして備わっているところや不足しているところを客観的に評価することです。また、実習評価票に示された内容だけではなく、実習生に対する所感や助言を施設と養成校の実習指導者が口頭で伝えることも多く、これらのやりとりも他者による評価であるといえます。このほか、実習後に養成校で行われる事後指導や実習報告会などで実習生が発表する実習体験報告に対するほかの学生からの感想や意見なども、他者評価の一つになります。

一方で自己評価とは、実習に参加した当事者としての主観的視点による感想を踏まえながら、自らの実習の到達点や今後の課題などについて客観的視点に基づきながら実習場面を思い返し整理していくことです。

### 2　評価のすすめ方とPDCAサイクル

いずれの評価も、実習前に実習生が立てた実習目標や実習生として学ぶべき実習課題について、実習での取り組みや、実習を終えてそれらをどのように達成することができたのかについて整理したうえで、今後の学びに生かしていくということが大切です。このように、計画（Plan）→実行・実施（Do）→点検・評価（Check）→改善（Action）することを英語の頭文字をとって「PDCAサイクル」といい、領域・分野を超えてさまざまな場面で使われています。そしてPDCAサイクルでは、実習生自身の主観的視点（その場面を当事者自身の視点で感じることや見ること）にとどまらず、客観的視点（第三者の立場から観察し考える視点）で評価することが必要です。

評価をすすめるにあたり、気をつけなければならないことがあります。それは、実習での評価の目的は、実際の実習体験のあと実習内容を振り返って保育者に向けて求められる目標や課題を見つけることであり、前向きな視点で改善すべき点を多く見つけることにあります。このため、未熟な実習の様子や適切ではなかった点について、実習指導者（職員）などにより批判的な意見が提示されることがあります。しかしこの意見は、実習生が今後保育者を目指すために必要な具体的な課題であり、実習生の人間性を否定するものや、保育者を目指すべきではないといった一方的な批判ではありません。このことに留意して、さまざまな意見が示される他者評価について、今後の学びや成長にどのようにつなげていくかという視点に基づき、冷静にとらえていくことが大切です。

## 2. 自己評価に基づいた省察

　実習における評価の目的は、実習での学びや気づきなどについて客観的な視点によって整理し、実習の到達点やこれからの課題を見出すことです。そのためには、実習後に、実習生自身が実習の実際について振り返ることが必要となります。この振り返りを省察といいます。実習後の省察をすすめるなかでも、実習生は自らの実習体験などについて客観的視点で整理し、実習成果をとらえることが必要です。これらの実習後の省察を含めて実習生が学びを整理することを自己評価といいます。

　自己評価を行うにはいくつかの方法があります。一つは、実習前に作成した実習計画書の項目にあげられた実習目標や実習計画について、どのように達成することができたのか、また、どのようなところが達成できなかったのかをチェックするものです。この際には具体的なエピソードをあげながら、実習計画書の到達点について整理していくことが大切です。なお、実習計画書に基づいた省察は、実習計画書を軸にまとめた内容を、レッスン13で述べた「実習後のまとめ」に反映させるという方法をとることもできます。

　このほか、それぞれの養成校で定められた「自己評価票」に基づいて評価を行う方法があります。これは、実習先による実習評価（他者評価）と、実習生が考えている自己評価を比較することがねらいの一つになります。他者評価と実習生自身がとらえる自己評価を見比べることにより、実習生自身が考える到達点や課題点と、実習指導者（職員）が判断している他者評価について、その視点が同じであるのか、または違うのか、違う場合はなぜ違うのかという理由を考えていくものです。これらの自己評価の際にも、実習の終了がゴールではなく、実習を経たあとに専門性をもった保育者に近づいていくことを意識したうえで、その後の学びの課題の発見と整理につなげていくことが重要です。

## 3. 実習の評価方法

　施設実習での他者評価として、実習先による実習評価が行われます。これは、実習生の実習での取り組みの様子や子ども・利用者との関わり、実習日誌の記録の実際、実習態度などの保育実習で学ぶべき項目について、実習として適切であったかどうかについて、実習先の実習指導者が

第4章 実習の振り返りと評価

## 図表14-1 保育実習Ⅰ（施設）評価表

| 実習施設名 | 施設長名 | 実習指導担当保育士等名 |
|---|---|---|
|  | 印 | 印 |

| 実習生 | 学年　　クラス　　学籍番号 |  | 氏名 |  |
|---|---|---|---|---|
| 実習期間 | 　　年　　月　　日（　）～　　年　　月　　日（　） ||||
| 勤務状況 | 出勤日　　　　日 | 欠勤日数　　　　日 | 遅刻数　　　回 | 早退数　　　回 |

| 項目 | 評価の内容 | 評価上の観点 | 評価<br>（該当するものの□にチェック） ||||
|---|---|---|---|---|---|---|
| | | | A | B | C | D |
| 態度 | 意欲・積極性 | ・指導担当者からの指示を待つばかりでなく、自分から行動している。<br>・積極的に子ども・利用者とかかわろうとしている。　　など | □ | □ | □ | □ |
| | 責任感 | ・十分な時間的余裕を持って勤務開始できるようにしている。<br>・報告・連絡・相談を必要に応じて適切に行っている。　　など | □ | □ | □ | □ |
| | 探究心 | ・日々の取り組みの中で、適切な援助の方法を理解しようとしている。<br>・日々の取り組みの中で、自己課題を持って実習に臨んでいる。　　など | □ | □ | □ | □ |
| | 協調生 | ・自分勝手な判断に陥らないように努めている。<br>・判断に迷うときには、指導担当者に助言を求めている。　　など | □ | □ | □ | □ |
| 知識・技術 | 施設の役割と機能 | ・施設における利用者の生活と一日の流れについて理解できている。 | □ | □ | □ | □ |
| | | ・施設の役割と機能について具体的な実践を通して理解できている。 | □ | □ | □ | □ |
| | 子ども・利用者理解 | ・子ども・利用者とのかかわりを通した観察と記録作成ができている。 | □ | □ | □ | □ |
| | | ・子ども・利用者の個々の状態に応じた具体的な援助やかかわりができている。 | □ | □ | □ | □ |
| | 養護内容・生活環境 | ・計画に基づいた活動や援助ができている。 | □ | □ | □ | □ |
| | | ・子ども・利用者の心身の状態に応じた対応ができている。 | □ | □ | □ | □ |
| | | ・子ども・利用者の活動と生活の環境について理解できている。 | □ | □ | □ | □ |
| | | ・実際の子ども・利用者の健康管理や安全対策について理解できている。 | □ | □ | □ | □ |
| | 計画と記録 | ・実際の支援計画について理解できている。 | □ | □ | □ | □ |
| | | ・記録に基づく省察と自己評価ができている。 | □ | □ | □ | □ |
| | 専門職としての保育士等の役割と職業倫理 | ・専門職としての保育士等の業務内容について具体的に理解できている。 | □ | □ | □ | □ |
| | | ・職員間の役割分担や連携について具体的に理解できている。 | □ | □ | □ | □ |
| | | ・専門職としての保育士等の役割と職業倫理について具体的に理解できている。 | □ | □ | □ | □ |

| 総合所見 | （できていたこと、今後課題になること） | 総合評価<br>（該当するものに○） | 実習生として<br>A：非常に優れている<br>B：優れている<br>C：適切である<br>D：努力を要する |
|---|---|---|---|
| | | ※大学側評価欄<br><br>実習指導者氏名<br><br>　　　　　　　　印 |||

記入要項
評価基準は以下の通りです。
A：実習生として非常に優れている　B：実習生として優れている　C：実習生として適切である
D：実習生として努力を要する
総合所見では、実習を通して実習生ができていた点、今後の課題となる点などを記入してください。

出典：保育実習指導のミニマムスタンダード編集委員会『保育実習指導のミニマムスタンダード2017年版』全国保育士養成協議会、2017年、84頁

## 図表14-2 保育実習Ⅲ評価表

| 実習施設名 | | 施設長名 | | 実習指導担当保育士等名 | |
|---|---|---|---|---|---|
| | | | 印 | | 印 |

| 実 習 生 | 学年　　クラス | 学籍番号 | | 氏名 | |
|---|---|---|---|---|---|
| 実習期間 | 　　年　　月　　日（　）〜　　年　　月　　日（　） | | | | |
| 勤務状況 | 出勤日　　　　日 | 欠勤日数　　　　日 | | 遅刻数　　　　回 | 早退数　　　　回 |

| 項目 | 評価の内容 | 評価上の観点 | 評価（該当するものの□にチェック） ||||
|---|---|---|---|---|---|---|
| | | | A | B | C | D |
| 態度 | 意欲・積極性 | ・指導担当者からの指示を待つばかりでなく、自分から行動している。<br>・積極的に利用者とかかわろうとしている。　　　など | □ | □ | □ | □ |
| | 責任感 | ・十分な時間的余裕を持って勤務開始できるようにしている。<br>・報告・連絡・相談を必要に応じて適切に行っている。　　　など | □ | □ | □ | □ |
| | 探究心 | ・日々の取り組みの中で、適切な援助の方法を理解しようとしている。<br>・日々の取り組みの中で、自己課題を持って実習に臨んでいる。　　　など | □ | □ | □ | □ |
| | 協調生 | ・自分勝手な判断に陥らないように努めている。<br>・判断に迷うときには、指導担当者に助言を求めている。　　　など | □ | □ | □ | □ |
| 知識・技術 | 児童福祉施設等の役割と機能 | ・当該施設の実際の役割と機能について実践を通した理解ができている。 | □ | □ | □ | □ |
| | 施設における支援の実際 | ・受容し、共感する態度ができている。 | □ | □ | □ | □ |
| | | ・利用者の理解とそれに伴う利用者のニーズの把握ができている。 | □ | □ | □ | □ |
| | | ・個別の支援計画の作成と実践の関係性について理解できている。 | □ | □ | □ | □ |
| | | ・子ども・利用者の家族への支援や対応の実態について理解できている。 | □ | □ | □ | □ |
| | | ・他職種の専門職との連携の実際について理解できている。 | □ | □ | □ | □ |
| | | ・地域社会との連携の実際について理解できている。 | □ | □ | □ | □ |
| | 保育士等の多様な業務と職業倫理 | ・保育士等の業務内容や職業倫理について具体的な実践に結びつけて理解できている。 | □ | □ | □ | □ |
| | 自己課題の明確化 | ・保育士等を目指す者としての自己の課題を明確にすることができている。 | □ | □ | □ | □ |

| 総合所見 | （できていたこと、今後課題になること） | 総合評価<br>（該当するものに○） | 実習生として<br>A：非常に優れている<br>B：優れている<br>C：適切である<br>D：努力を要する |
|---|---|---|---|

※大学側評価欄

実習指導者氏名

印

記入要項
評価基準は以下の通りです。
A：実習生として非常に優れている　B：実習生として優れている　C：実習生として適切である
D：実習生として努力を要する
総合所見では、実習を通して実習生ができていた点、今後の課題となる点などを記入してください。

出典：図表14-1と同じ

### 図表14-3 実習評価についての養成校から実習施設への評価視点のお願い

#### 保育実習評価票の記入について

　評価していただく各項目の具体的な内容を以下に例示しております。評価票の記入に当たってご参照ください。なお、ご記入いただいた評価票は、直接実習生（本学の学生）に掲示して実習後の指導において使用させていただくとともに、最終評価の貴重な資料とさせていただきます。

1. 児童の理解について
　　児童の特性、児童の生活、児童のニーズ、児童の家族や親族の置かれている現状、児童の家族や親族のニーズ、など。

2. 実習施設の理解について
　　実習施設が提供しているサービスの内容、実習施設に関連した社会福祉制度、実習施設とほかの施設との関係および連携、実習施設が地域に果たしている役割、など。

3. 職種の理解について
　　実習施設で働く職員の職種とそれぞれの仕事内容、実習施設で働く職員のチームワーク体制、実習施設と連携するほかの施設の職員の職種と仕事内容、など。

4. 児童（保護者）との関わりについて
　　児童（保護者）とのよい関係を形成する、児童の人権を尊重した言動や援助を行う、守秘義務を理解した行動をとる、など。

5. 職員との関わりについて
　　実習施設の職員やボランティアとのよい関係を形成する、組織の一員としての自覚をもつ、など。

6. 実習態度について
　　実習施設の出退勤や注意事項を遵守する、職員と積極的に関わる、児童と積極的に関わる、職員に適切な方法で質問をしたり自分の意見を述べる、実習指導者（職員）に積極的に指導や助言を求める、など。

7. 記録・日誌について
　　児童（保護者）の氏名の記入や記録の取り扱いにおける守秘義務を遵守する、実習中のできごとを客観的に観察し日誌に具体的な考察を書く、誤字脱字なくていねいに記録を書く、日誌を毎日提出する、など。

8. 総合評価
　　1～7の実習評価項目の成績を勘案して総合評価願います。
　　所見は、本実習生に対する総評をできるだけ具体的にご記入願います。

客観的に評価する方法で行われます。そうした実習期間の事前学習の内容を含めて実習全体が保育実習として求められるレベルに到達していたかということや、実習後に実習生が身につけるべき課題などに関する実習先の実習指導者（職員）の総合所見などが、評価票へ項目別に記入され、その後それぞれの学校に送付されます。学校の実習担当教員は、評価票の各項目の評価の内容について確認するとともに、個々の実習生が作成した自己評価票と比較しながら、実習事後指導として実習生一人ひとりから実習の取り組みについて聞き取り、実習での学びと課題を整理していきます。そのうえで、実習先の評価と実習生個人の実習での取り組みの実際について照らし合わせ、保育実習および保育実習指導の成績の評価を行います。

　施設実習の評価票の様式は各養成校によって異なりますが、全国保育士養成協議会で作成された評価票の見本をもとに一例を示します（図表14-1、14-2）。

　評価票には、施設実習として身につけるべき項目について示されています。項目を示すことによって養成校と実習先、そして実習生のそれぞれが施設実習での評価観を共有することが可能になるとともに、実習生一人ひとりの具体的な課題を設定することが期待できます。

　また、項目だけでなく、実習において具体的にどのような内容を盛り込むかということを共有するため、説明文を作成して実習先に配付している養成校もあります（図表14-3）。

## 4. 実習報告会に向けての準備

　主に実習後に、実習をとおした学びや反省について、実習生が口頭で発表する場があります。これを実習反省会や実習報告会といいます。表現はそれぞれの実習先や養成校によって異なりますが、一般的には、実習終盤の実習先における口頭発表を実習反省会、実習を終えて養成校で実習事後指導の一環として行われるものを実習報告会とよぶことが多いようです。

### 1 実習先での実習反省会

　実習先における実習反省会は、実習最終日もしくはその直前に行われます。実習反省会には実習先の実習指導者（職員）のほか、実習施設・機関の責任者やほかの職員、同じ時期に実習を行った実習生や、養成校

の訪問指導担当教員なども可能な限り参加します。この場では、実習期間をとおして学んだことや、実習での反省点、保育士を目指すうえでの今後の課題や目標などについて整理しながら発表していきます。また実習先によっては、実習先より与えられたテーマに基づいたプレゼンテーションを行うことを課せられることもあります。そして実習生が口頭発表を終えたあとに、実習先の実習指導者（職員）より、実習生の様子をとらえた所感やコメントなどが伝えられます。発表の際には実習において実際にあったエピソードを取り上げ、そこで何を学び取ったのか、また、反省や課題としてどのようなことがあるのかなど、具体的かつ簡潔にまとめて発表することが大切です。また、実習先の実習指導者をはじめ実習職員に、直接、実習期間のお礼を伝えられる機会でもあるため、ひとこと申し添えることも必要です。

### 2　養成校での実習報告会

養成校における実習報告会は、学校により実施方法が異なります。同じ実習先や実習種別のグループに分かれ、グループごとにプレゼンテーションを行う方法や、一人ひとりの実習の様子をポスターなどにして掲示し、発表する方法などがあります。実習報告会の参加者には、同じ時期に実習参加した学生のほか、その学校の後輩など今後実習を控えている学生や、教職員、また実習先の実習指導者（職員）が参加する場合もあります。これらの実習報告会では、個人発表の場合もグループ発表の場合も、これまでに示してきたように実習中のエピソードを取り上げながら、具体的に学ぶことができた内容や今後の課題などについて一人ひとりが主体的に参加しながら発表の準備をすすめることが大切です。また養成校での実習報告会では、同じ立場の実習生や後輩の学生なども参加することから、お互いに学びを共有しながら意見をまとめていくというピアスーパービジョンの機会にもなるため、学生同士の身近な意見から新たな気づきを得られるチャンスにもなります。

### 3　養成校での実習情報交換会

実習情報交換会は、これから実習を控えた同輩や後輩とともに、実習生自らの実習での「学びや成果」「実習上の留意点」など実習に必要な情報を交換する場です。実習を控えた学生にとっては、実習を終えたばかりの学生から新鮮な情報を入手し、注意事項を確認することができるので不安が軽減され、実習に向けた具体的な準備のイメージを膨らませることができます。また、これまで漠然としていた「実習目標」を、よ

り具体的に焦点化することにもつながります。ただし、その場で情報提供された内容については、参加者全員に「守秘義務があること（＝教室を出たら一切他言しない）」を徹底する必要があります。

実習情報交換会は、実習を終えた学生と同じ実習先（または同じ種別）に行く学生が、ペアまたはグループとなって情報交換を行います。実習を終えた学生は、「実習日誌」（記録一式）や「実習関係資料」（事前オリエンテーション記録など）を持参することはもちろん、実習総括レポートなどを事前に作成し、漏れなく情報提供できるようにすることが大切です。

一方で、実習を控えた学生には、実習情報の提供を受けた内容について、必要事項を項目ごとに記入できるように、「実習情報交換会レポート」のフォーマットを配布します。実習予定学生は、各項目を記入することで、実習に向けての意識を高め、準備を行っていくことが可能となります【資料1、2】。

## 演習課題

①実習における評価の目的には、どのようなものがありますか。
②実習についての他者評価では、どのような視点や内容が含まれていましたか。
③実習先や養成校で行われる実習反省会について、実習生はどのように臨む必要がありましたか。

## 【資料1】

### 保育実習Ⅰ・Ⅲの実習情報交換会での各グループの交流手順

交流時間 [ 　：　 ～ 　：　 ]

〈1．注意事項〉

①グループで話しやすいように、机をくっつけて、お互い向かい合うこと。終了後、いすと机を元に戻す。

②司会者は、各グループの＿＿年次生の中で、本日一番早く来た学生が担当する。

③＿＿年次生は、＿＿年次生ができるだけ具体的なイメージを膨らませることができるように、「実習総括レポート」「事前オリエンテーション記録」「実習ノート（日誌）」等を用いて説明する。

④＿＿年次生は、実習内容を可能な限り自由に話してよいが、＿＿年次生の「実習意欲を削ぐ」「不安を煽る」ような話し方を決してしないこと。

⑤＿＿年次生は、＿＿年次生に対して適宜質問を行い、疑問や不安を解消すること。

⑥＿＿年次生は、＿＿年次生が説明した内容について、必要な情報は「総括レポート【＿＿年次生用】」にしっかりとメモを取ること。

⑦本日知り得た情報は、グループ内の話に留め、決して他言（他に漏らさない）しないこと【守秘義務】。

⑧実習室の各施設ファイルから出した資料は、順番通り・元通りに収納すること。

⑨交流会終了時に、＿＿年次生は、「実習ノート（日誌）」や「実習関係資料」を忘れず持ち帰ること。

⑩各グループの机の上にある「施設名表示」は、終了後に教卓に返却すること。

〈2．実施内容〉

①自己紹介（1人：30秒程度で）

②保育実習ⅠまたはⅢ（施設）の事前オリエンテーションについて

　「事前オリエンテーション記録」「総括レポート」を用いた説明と質疑応答

③保育実習ⅠまたはⅢ（施設）の実習の事前準備について

　「事前オリエンテーション記録」「総括レポート」を用いた説明と質疑応答

④保育実習ⅠまたはⅢ（施設）の実習中について

　「総括レポート」「実習ノート」「パンフレット」等を用いた説明と質疑応答

⑤保育実習ⅠまたはⅢ（施設）の実習終了後の対応について

　「総括レポート」「実習ノート」を用いた説明と質疑応答

【資料2】

## 保育実習Ⅰ・Ⅲ（施設）の実習情報交換会レポート【＿＿年次生記入用】

施設種別〔　　　　　　　　　〕　　施設名〔　　　　　　　　　　　　　　　〕
氏　　名〔　　　　　　　　　〕〔　　名〕

1　実習先のオリエンテーションについて
　　①実施の日時：

　　②実習指導者：

　　③交通経路等：

　　④その他（特に注意すべきこと）：


2　実習準備【実習前に、準備すべきこと】
　　①必需品（服装）：

　　②必需品（道具）：

　　③事前学習（知識・書籍等）：

　　④事前学習（修得技術）：

　　⑤設定保育の準備：

　　⑥その他（施設から特に指示を受けたこと）：


3　実習の内容【実習中に何をしたか】
　　①担当する児童・利用者（年齢・グループ等）：

　　②一日の流れ：

　　③勤務時間・勤務形態：

④職員との関係について：

　⑤出勤簿（毎日の管理）：

　⑥実習日誌（内容・分量）：

　⑦設定保育（有無・時間・内容）：

　⑧実習反省会（有無・内容）：

　⑨実習中の行事：

　⑩食事について：

　⑪実習中の休日：

　⑫他校の実習生（人数、人間関係等）：

　⑬その他（特に注意すべきこと）：

4　実習終了後の対応
　①実習日誌・実習ノートの提出と受け取りについて：

　②その他（注意事項・ボランティア等）：

5　実習の成果・エピソード【実習で学べたこと、よかったこと】

6　実習の反省点・エピソード【実習での失敗、改善点。子ども・利用者や職員の方々との関係など】

7　実習の総括【実習を振り返って、まとめとして言えること】

レッスン15

# 実習の経験の活用と就職への心構え

実習施設で得た経験は、その後の保育士としての将来を歩むための貴重な財産となります。次のステップにつなげていくため、中・長期的な目標を立て、自分自身の進路について考えましょう。

## 1. 実習経験の活用への視点

施設での実習を終えたあとは、保育士になるためのステップアップとして、実習を振り返り自身の課題を見つけていくことが大切です。レッスン13で述べたように、実習後の学習方針と課題の整理を実習記録や養成校での事後指導などによりすすめていきます。

実習を終えるごとにその実習の振り返りをする意義とは、このあとに続く実習や養成校での授業において、さらに知識や経験を積み重ねながら保育士資格の取得を目指し、その後の現場実践につなげられるようにすることにあるといえます。今回の実習を単発の機会として学びや課題を整理するのではなく、保育者として成長し続けるために今後の展開を視野に入れて考えることが必要となります。

たとえば、保育実習Ⅰであれば、次の保育実習Ⅱ（保育所）または保育実習Ⅲ（施設）へどのようにつなげていくかなどがあげられます。また、保育実習Ⅰ（施設）を終了した実習生であれば、保育実習Ⅰ（保育所）の学びとあわせたうえで、保育実習Ⅱ（保育所）、保育実習Ⅲ（施設）で学ぶべき到達目標と達成方法を考えることが重要となってきます。施設での実習中に保育者が行っていた支援の様子を改めて整理し、施設における保育者の専門性とは何かについて学び取ることも必要です。

実習の経験を養成校での授業内・外に関連づけていくこと、今後のあり方を見つけ出していく機会としてとらえることが、将来の保育者に向けてすすむための学びの助けにもなります。また、実習の機会に限らず、児童福祉施設などでのボランティアやインターンシップに積極的に取り組み、就職も視野に入れた卒業後の進路にどのようにつなげていくかなど、中・長期的に計画していくことが大切といえます。

## 2. 実習総括を踏まえた実習先へのお礼状

　さまざまな学びと体験の機会がある実習は、実習先の指導者（職員）をはじめとした多くの人の協力がなければ終了することができないものです。実習先の職員は日々の多忙な業務がありながら、保育者を目指す学生に今後成長してもらいたいという思いのもとに、実習生を受け入れているのです。そのうえで、実習先の子どもや利用者と適切な関係性をもてるように働きかけたり、実習生に見えるところでも見えないところでもさまざまな用意や配慮をされています。

　このような厚意に対して、実習を終えた段階でお礼状を送付し感謝の意を伝えます。お礼状を作成するにあたっては、相手に伝わるようていねいに手紙の内容を練ることが重要です。文面には「実習ありがとうございました」「勉強になりました」など紋切り型な謝意だけではなく、実習で何を学ぶことができたのかなど、具体的なエピソードを用いながら書くことが大切です。実習を経たことで得られた今後の目標なども書き添えるとよいでしょう。

　また、お礼状は読む側の事情も配慮して作成することが必要です。たとえば、同じ実習先に一つの学校から同期間に複数の学生が参加している場合、一人ずつ個別にお礼状を作成したうえで、全員の分を一つの封筒にまとめて郵送したほうが手紙を受け取る側には負担が少ないといえます。その際、実習中に関わった職員は指導者（職員）以外にも多くいるため、お礼状および封筒のあて名は施設長にすることが一般的です（図表15-1、15-2）。

　このほかにも、以下の点について留意することが大切です。

①封書（便箋・封筒）を利用する

　お礼状は、実習先の施設長や指導者（職員）をはじめとしてお世話になった職員へのお礼の想いを込めた文章です。しかし、目上の人へのお礼状として葉書で送ることは失礼にあたり、封書によりお礼状を作成します。便箋、封筒ともに白色で、縦書きの書式が望ましいです。

②実習終了後、速やかに作成して届ける

　お礼状には、実習期間中にお世話になったことについての感謝を表します。まだ記憶に新しいうちに伝えるほうが、感謝の意をより深められるでしょう。このため、お礼状はできる限り早い時期に作成することが大切です。実習後は報告書などの課題や書類作成も多くありますが、並行しながら作成しましょう。遅くとも実習終了後10日から2週間以内

をめどに送付するのが一般的です。
③お礼状は個人で作成する
　お礼状は、実習生一人ひとりの言葉で実習先に届けることが大切です。同じ実習先に複数の学生が参加していた場合でも、必ず一人ずつ作成しましょう。
④お礼状の一文は短く、わかりやすい表現を意識して書く
　お礼状に限らず手紙を書くときには、相手に伝わりやすい文章を意識することが大切です。相手に伝わりやすい文章とは、手紙を受け取った相手にとって、読みやすい文章ということです。一文が長すぎないように短く切り、わかりやすく平易な言葉を意識して作成することで、誰にとっても読みやすい手紙になります。
⑤敬語を使い、文語体（書き言葉）で書く
　お礼状は目上の人に出す手紙のため、敬語で書く必要があります。また手紙の文体は口語体（話し言葉）を使用せず、文語体の「です・ます調」で書くように心がけましょう。
⑥誤字・脱字に注意すること
　お礼状の文面に誤字や脱字があることは、失礼にあたります。わからない漢字は辞書を引くなどして、書き間違いがないように注意しましょう。また、常用語に関してはなるべくひらがなを使用せず、漢字を用いるようにします。
⑦手書きで作成し、読みやすい文字を意識する
　お礼状を受け取った相手が、読みやすい、読みたいと思えるような手紙を書くことが大切です。文字を綺麗に書くことが苦手だからといってパソコンを使うのではなく、手書きで作成しましょう。できる限り一字ずつていねいに、文字のトメ・ハネに気をつけながら、読みやすい大きさを意識して書いていきます。
⑧自分の言葉で表現するように心がける
　お礼状では、実習中に体験したエピソードなどを交えて書くと、相手にも感謝の気持ちが伝わりやすくなります。実習であった出来事を思い返し、具体的に何を学ぶことができたのかをまとめ上げ、ていねいに表現することが大切です。
⑨お礼状は基本的に2枚以上にわたって書く
　手紙の書き方にはルールがあり、便箋に手書きの場合は2枚以上書かなければ失礼にあたるとされています。お礼状も例外ではありません。ある程度の量の文章が綴れるように、実習中に学んだことやエピソードを思い返しながらていねいに書いてください。どうしても1枚に収まっ

第4章 実習の振り返りと評価

**図表15-1** お礼状（見本）

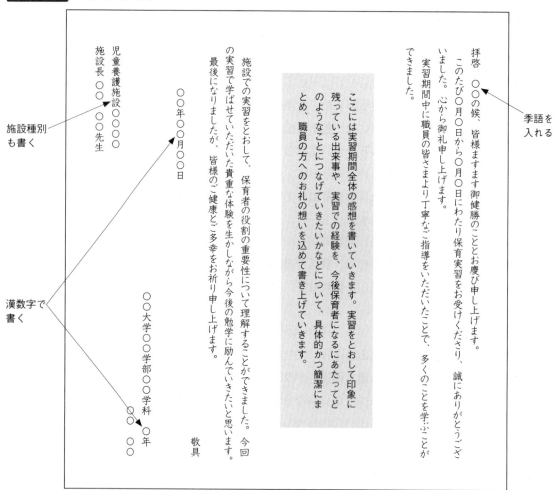

**図表15-2** お礼状の封筒（見本）

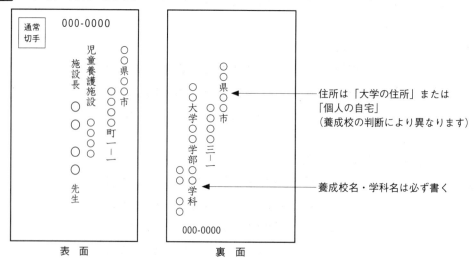

てしまう場合には、謝意を記入した便箋の後ろに白紙の便箋をもう1枚つけて、計2枚にして送ります（便箋が2枚以上になる場合には、白紙の便箋を余分につける必要はありません）。

⑩郵送料と郵便番号を確認する

お礼状に限らず、封筒の重さや大きさによって郵送料（切手代）は変わります。万が一、お礼状の郵送料が不足していた場合には、実習先に不足料金を負担してもらうことになり、大変失礼にあたります。そのようなことにならないよう、確実に郵送料分の通常切手を用意するようにします。記念切手などを使用するのは、この場合不適切になります。また、郵便番号がわからない場合は調べて、間違いや記入漏れがないように注意しましょう。

なお、お礼状の封筒に書く差出人の住所は、学校の住所を使用する場合と、学生の自宅住所を使用する場合があるので、養成校の実習指導者に確認してください。

## 3. 保育実習Ⅰ（施設・保育所）から保育実習Ⅲ（施設）に向けた準備

保育実習Ⅰ（施設・保育所）では、児童福祉施設や保育所における保育者の基本的な立ち位置や支援の実際について、主に参加・観察実習の方法によって学んできました。2回の実習では、施設や保育所の特性（施設種別や子ども・利用者の一般的な特性など）を踏まえつつ、保育者として共通する基本的な知識やスキルとは何かについてとらえていくことが、実習のねらいの一つであるといえます。

一方、保育実習Ⅰ（施設）の終了後に選択必修である保育実習Ⅲ（施設）を選択する場合は、施設保育者の専門性を生かした参加中心の実習を行っていくことになります。具体的には、保育実習Ⅲ（施設）では、子ども・利用者との関わりのなかで生じる思いを受け止めながら、これまでの生活歴や生活課題と今後の自立を見据えて保育者が行う実際の支援とは何かを考えます。また、施設におけるほかの保育者や保育者以外の専門職（個別対応職員や家庭支援専門相談員、里親支援専門相談員、嘱託医など）との連携（チームワーク）、さらに子どもの保護者への関わりなどにも着目しながら、施設保育者の業務に近い視点をもって実習をすすめていくことになります。

このため、同じ保育実習Ⅰ（施設）と同形態の児童福祉施設などでの実習ではありますが、学ぶ性質は大きく異なり、必要な視点や内容をよ

り深く理解していくことが必要です。そのために次にすすめる実習を意識し、保育実習Ⅰ（施設）で学び得た保育者に必要な基本的な知識やスキルを生かし、自ら積極的に実習での反省を行いながら、現在の自分に何が不足しているのかを整理することが求められます。また、これらの自らの課題について、できる限り保育実習Ⅲ（施設）での実習目標や実習課題に反映させることが大切です。

同時に、施設で生活する子ども・利用者に関する多様な生活背景や家庭環境について理解することも必要です。その方法の一つとして、厚生労働省が定め、施設種別ごとに作成されている「児童福祉施設運営指針」の活用があげられます。たとえば児童養護施設であれば「児童養護施設運営指針」があり、児童養護施設においての養育や支援の内容の指針（ガイドライン）が示されています。このなかで対象となる子どもの特徴や背景、施設における養育のあり方の詳細や支援で配慮すべき事項、子どもの家庭（保護者）への支援のあり方、今後の児童養護施設の方向性などが具体的に明記されています。これらの資料を参考にするとともに、保育実習Ⅰ（施設）の実習体験などを振り返りながら施設の目的や行われる支援についてとらえることが大切です。

このほか保育実習Ⅲ（施設）までに、施設でのボランティア活動に参加するなどして、子どもたちと関わるのもよいでしょう。保育実習Ⅰ（施設）では、施設で生活する子どもや利用者と、会話などのコミュニケーションや遊びなどをとおして関わりましたが、さらなる技術を身につけるためには経験を重ねていく必要があります。そのためボランティア活動に参加し子どもと接触する機会を増やすことで、よりスムーズに実習に参加できるようになり、子ども・利用者と関わることへの緊張感なども和らいでくるのではないでしょうか。

## 4. 実習後のボランティアおよびインターンシップと就職を視野に入れた活動

実習期間が終了したあとも、児童福祉施設などでの参加経験を増やしていくことが保育士を目指すうえで重要になってきます。実習期間以外で、児童福祉施設などに関わる機会を増やす方法として、ボランティア活動や各養成校で設定されるインターンシップの活用があげられます。ボランティア活動は、実習した施設で参加する方法と、あえて実習先以外の施設等に参加する方法があります。

実習施設でボランティアに参加するメリットとしては、施設の様子に

ついて実習である程度経験して慣れていることや、子ども・利用者、職員の人たちとも顔見知りになっていることから、実習で築いた関係をさらに深めることができることなどがあげられます。

　一方、保育実習以外の施設でボランティアに参加するメリットとして、多岐にわたる児童福祉施設などから、自らの関心や将来の進路も考えながら選択できることがあげられます。また、実習と同じ種別の施設であっても、各施設で生活の様子や支援内容も大きく異なることから、児童福祉施設の実態を幅広く知ることができ、見識の拡大につながります。

　インターンシップとは、学生の就職活動の一環として、一定期間企業や福祉施設などで職務を経験し、職務の実際を理解したりスキルを身につけていくことを目指して行うものです。インターンシップの位置づけは学校ごとにさまざまで、学校での単位として認められている場合や、学校からインターンシップ先を紹介するプログラムを用意しているところもあります。受け入れ条件が整えば、保育者の活躍する児童福祉施設を選択することも可能です。保育実習のように子ども・利用者への関わりや生活支援などを経験することができ、卒業後の進路を考えるにあたっても十分参考になることでしょう。インターンシップに参加を希望する場合は、それぞれの養成校の就職担当部局などに相談してください。

　このように実習後にもボランティア活動やインターンシップに積極的に参加することによって、児童福祉施設の果たす役割やその重要性について理解を深めることができます。また、自らの意識や特性などを理解する**自己覚知**できる機会にもなります。さらにこのような経験をすることにより、児童福祉施設に就職を希望する際、就職してから「考えていた仕事はこのようなものではなかった」というようなミスマッチを防ぐことにもつながります。

**参照**
自己覚知
→レッスン11

## 演習課題

① 実習先へのお礼状を書く際には、どのようなことに留意する必要がありましたか。
② 保育実習Ⅰ（施設・保育所）から保育実習Ⅲ（施設）に向けて行う準備として、どのようなことが必要でしたか。
③ 実習後のボランティアやインターンシップに参加するメリット（意義や利点）には、どのようなものがありましたか。

**参考文献**

**レッスン13**

愛知県保育実習連絡協議会編 『保育士をめざす人の福祉施設実習（第2版）』 みらい 2013年

小櫃智子 『実習日誌・実習指導案パーフェクトガイド』 わかば社 2015年

『新保育士養成講座』編纂委員会編 『保育実習（改訂1版)』 全国社会福祉協議会 2015年

**レッスン14**

愛知県保育実習連絡協議会編 『保育士をめざす人の福祉施設実習（第2版）』 みらい 2013年

保育実習指導のミニマムスタンダード編集委員会 『保育実習指導のミニマムスタンダード2017年版』 全国保育士養成協議会 2017年

守巧・小櫃智子・二宮祐子・佐藤恵 『施設実習パーフェクトガイド』 わかば社 2014年

**レッスン15**

『新保育士養成講座』編纂委員会編 『保育実習（改訂1版)』 全国社会福祉協議会 2015年

保育実習指導のミニマムスタンダード編集委員会 『保育実習指導のミニマムスタンダード2017年版』 全国保育士養成協議会 2017年

**おすすめの1冊**

**谷口由希子 『児童養護施設の子どもたちの生活過程——子どもたちはなぜ排除状態から抜け出せないのか』 明石書店 2011年**

この書籍は、児童養護施設を退所した子どもたちが、社会的な排除状態から脱出するための支援のあり方や課題について模索された研究書である。本書では児童養護施設での子どもの生活や職員の支援の実際について整理し、これらの記述から、施設保育士として子どもの生活全体をどのように支援できるかについて深く考えさせられる。

# 資料

資　料

## 第1回＊施設実習に向けた漢字テスト

| 第1回＊施設実習に向けた漢字テスト | | 年　　月　　日（　　） | |
|---|---|---|---|
| 学年 | 学籍番号 | 氏　名 | |
| | | | ／20点 |
| 皆さんの先輩の実習日誌から誤字を見つけて問題を作りました!!<br>次の1〜20の問題の下線部のカタカナを漢字とひらがなに直しましょう！ | | | |
| 1 | 施設への<u>トウエン</u>、施設からの<u>コウエン</u> | | |
| 2 | <u>ゴウリテキハイリョ</u>を<u>ケントウ</u>する | | |
| 3 | 基本的生活習慣①　<u>ショクジ</u> | | |
| 4 | 基本的生活習慣②　<u>ハイセツ</u> | | |
| 5 | 基本的生活習慣③　<u>スイミン</u> | | |
| 6 | 基本的生活習慣④　<u>セイケツ</u> | | |
| 7 | 基本的生活習慣⑤　<u>チャクダツイ</u> | | |
| 8 | <u>テキセツ</u>な<u>エンジョ・シエン</u>をする | | |
| 9 | <u>イトテキ</u>な<u>カンキョウコウセイ</u> | | |
| 10 | <u>チュウイケッカン・タドウセイショウガイ</u> | | |
| 11 | <u>シュッキンボ</u>の<u>テイセイ</u> | | |
| 12 | <u>ハッタツカテイ</u>を<u>タイセツ</u>に | | |
| 13 | <u>ハンダンキジュン</u>に<u>ナットク</u>する | | |
| 14 | <u>ゴスイジカン</u>の<u>ハアク</u> | | |
| 15 | <u>レイギタダシク　アイサツ</u>をする | | |
| 16 | 保育内容の5領域　①＿＿＿＿＿＿＿ | | |
| 17 | 保育内容の5領域　②＿＿＿＿＿＿＿ | | |
| 18 | 保育内容の5領域　③＿＿＿＿＿＿＿ | | |
| 19 | 保育内容の5領域　④＿＿＿＿＿＿＿ | | |
| 20 | 保育内容の5領域　⑤＿＿＿＿＿＿＿ | | |

資料

# 第 2 回 * 施設実習に向けた漢字テスト

| 第 2 回 * 施設実習に向けた漢字テスト | | 年　　月　　日（　　） | |
|---|---|---|---|
| 学年 | 学籍番号 | 氏　　名 | |
| | | | /20点 |

皆さんの先輩の実習日誌から誤字を見つけて問題を作りました!!
次の 1〜20 の問題の下線部のカタカナを漢字とひらがなに直しましょう！

| | | |
|---|---|---|
| 1 | マチガイのシテキをウケル | |
| 2 | キホンテキ シンライカンケイ | |
| 3 | ニュウヨウジ トツゼンシショウコウグン | |
| 4 | ジドウギャクタイをボウシする | |
| 5 | ヒフエンのチリョウのリュウイテン | |
| 6 | ガングとユウグ | |
| 7 | シゴトにセキニンカンがある | |
| 8 | クワシク コウサツする | |
| 9 | ゴジ・ダツジをシュウセイする | |
| 10 | キショウ（get up）・シュウシン（go to bed） | |
| 11 | ジッセンリョクをツチカウ | |
| 12 | カゾクサイトウゴウのジッタイをサグル | |
| 13 | カンリノウリョクをハッキする | |
| 14 | チイキのジツジョウをハアクする | |
| 15 | シャカイテキヨウゴとカゾクヨウイク | |
| 16 | モクヒョウをタッセイする | |
| 17 | ネンレイにハイリョしたホイクテンカイ | |
| 18 | ソウイクフウしてアソブ | |
| 19 | カテイテキなフンイキヅクリ | |
| 20 | センモンキカンとのキンミツなレンケイ | |

資　料

## 第 3 回＊施設実習に向けた漢字テスト

| 第 3 回＊施設実習に向けた漢字テスト | | 年　　月　　日（　　） | |
|---|---|---|---|
| 学年 | 学籍番号 | 氏　名 | |
| | | | /20点 |

皆さんの先輩の実習日誌から誤字を見つけて問題を作りました!!
次の1～20の問題の下線部のカタカナを漢字とひらがなに直しましょう！

| | | |
|---|---|---|
| 1 | セイセキヒョウカにキンチョウする | |
| 2 | タイシャセイからショウシャセイへのスイイ | |
| 3 | ヒナンクンレンのアトシマツ | |
| 4 | サトオヤシエン　センモンソウダンイン | |
| 5 | カテイシエン　センモンソウダンイン | |
| 6 | シンセツなソウダンシエンセンモンイン | |
| 7 | シンケンなトリクミ | |
| 8 | ヨウホショウのセツゾクキにおけるエンカツなイコウ | |
| 9 | カイゼンをハカリ、ショウダクをエル | |
| 10 | シンセイジのスイブンホキュウ | |
| 11 | コンダンカイで、キロクをトルイギ | |
| 12 | バスでのソウゲイのトチュウ | |
| 13 | シュウガクゼンのヨボウセッシュ | |
| 14 | テキカクでテイネイなコトバヅカイ | |
| 15 | シュウショクのシボウドウキ | |
| 16 | コジンヒョウとリレキショをユウソウする | |
| 17 | カンペキにヨカをマンキツする | |
| 18 | スイトウ、オベントウバコ、オチョウメン | |
| 19 | ジョウソウユタカなヒトがドウヨウする | |
| 20 | キガエをウナガシ、クツをハク | |

資　料

# 第 4 回＊施設実習に向けた漢字テスト

| 第 4 回＊施設実習に向けた漢字テスト | | 年　　月　　日（　　） | |
|---|---|---|---|
| 学年 | 学籍番号 | 氏　　名 | |
| | | | /20点 |

皆さんの先輩の実習日誌から誤字を見つけて問題を作りました!!
次の1〜20の問題の下線部のカタカナを漢字とひらがなに直しましょう!

| | | |
|---|---|---|
| 1 | ボシセイカツシエンシセツにカンするシツモン | |
| 2 | ジドウシンリチリョウシセツでのリョウイク | |
| 3 | ヨウホレンケイガタ ニンテイコドモエン | |
| 4 | ジドウカン（屋内型）とジドウユウエン（屋外型） | |
| 5 | ヨウシエングミサトオヤとショウトツする | |
| 6 | ショウドウブツをシイクする | |
| 7 | ホイクショホイクシシンにシタシム | |
| 8 | ヨウチエンキョウイクヨウリョウのカイテイ | |
| 9 | リンリコウリョウをジュンシュする | |
| 10 | コドモのサイゼンのリエキ | |
| 11 | ヨウイクホウキとセダイカンレンサ | |
| 12 | シュヒギムのセイヤクショ | |
| 13 | ダイベン・ケンリョウゴ | |
| 14 | カンカクトウゴウクンレンとシカクシエン | |
| 15 | ジュウショウシンシン ショウガイジへのカイジョ | |
| 16 | カゾクキノウのゼイジャクカ | |
| 17 | ゼンソクでセキやタンがデル | |
| 18 | キョウイク・ホイクヨウリョウをカイセツする | |
| 19 | ハイケイ（手紙の書出し）、ケイグ（手紙の締め） | |
| 20 | ハッタツチタイとジヘイケイコウがある | |

資　料

## 第1回＊施設実習に向けた漢字テスト（正解）

| 1 | 施設へのトウエン、施設からのコウエン | 登園、降園 |
|---|---|---|
| 2 | ゴウリテキハイリョをケントウする | 合理的配慮を検討する |
| 3 | 基本的生活習慣①　ショクジ | 食事 |
| 4 | 基本的生活習慣②　ハイセツ | 排泄 |
| 5 | 基本的生活習慣③　スイミン | 睡眠 |
| 6 | 基本的生活習慣④　セイケツ | 清潔 |
| 7 | 基本的生活習慣⑤　チャクダツイ | 着脱衣 |
| 8 | テキセツなエンジョ・シエンをする | 適切な援助・支援をする |
| 9 | イトテキなカンキョウコウセイ | 意図的な環境構成 |
| 10 | チュウイケッカン・タドウセイショウガイ | 注意欠陥・多動性障害 |
| 11 | シュッキンボのテイセイ | 出勤簿の訂正 |
| 12 | ハッタツカテイをタイセツに | 発達過程を大切に |
| 13 | ハンダンキジュンにナットクする | 判断基準に納得する |
| 14 | ゴスイジカンのハアク | 午睡時間の把握 |
| 15 | レイギタダシク アイサツをする | 礼儀正しく挨拶をする |
| 16 | 保育内容の5領域　① | 健康 |
| 17 | 保育内容の5領域　② | 人間関係 |
| 18 | 保育内容の5領域　③ | 環境 |
| 19 | 保育内容の5領域　④ | 言葉 |
| 20 | 保育内容の5領域　⑤ | 表現 |

## 第 2 回＊施設実習に向けた漢字テスト（正解）

| | | |
|---|---|---|
| 1 | マチガイのシテキをウケル | 間違いの指摘を受ける |
| 2 | キホンテキ シンライカンケイ | 基本的信頼関係 |
| 3 | ニュウヨウジ トツゼンシショウコウグン | 乳幼児突然死症候群 |
| 4 | ジドウギャクタイをボウシする | 児童虐待を防止する |
| 5 | ヒフエンのチリョウのリュウイテン | 皮膚炎の治療の留意点 |
| 6 | ガングとユウグ | 玩具と遊具 |
| 7 | シゴトにセキニンカンがある | 仕事に責任感がある |
| 8 | クワシク コウサツする | 詳しく考察する |
| 9 | ゴジ・ダツジをシュウセイする | 誤字・脱字を修正する |
| 10 | キショウ（get up）・シュウシン（go to bed） | 起床・就寝 |
| 11 | ジッセンリョクをツチカウ | 実践力を培う |
| 12 | カゾクサイトウゴウのジッタイをサグル | 家族再統合の実態を探る |
| 13 | カンリノウリョクをハッキする | 管理能力を発揮する |
| 14 | チイキのジツジョウをハアクする | 地域の実情を把握する |
| 15 | シャカイテキヨウゴとカゾクヨウイク | 社会的養護と家族養育 |
| 16 | モクヒョウをタッセイする | 目標を達成する |
| 17 | ネンレイにハイリョしたホイクテンカイ | 年齢に配慮した保育展開 |
| 18 | ソウイクフウしてアソブ | 創意工夫して遊ぶ |
| 19 | カテイテキなフンイキヅクリ | 家庭的な雰囲気作り |
| 20 | センモンキカンとのキンミツなレンケイ | 専門機関との緊密な連携 |

資料

## 第3回＊施設実習に向けた漢字テスト（正解）

| 1 | セイセキヒョウカにキンチョウする | 成績評価に緊張する |
| 2 | タイシャセイからショウシャセイへのスイイ | 大舎制から小舎制への推移 |
| 3 | ヒナンクンレンのアトシマツ | 避難訓練の後始末 |
| 4 | サトオヤシエン センモンソウダンイン | 里親支援専門相談員 |
| 5 | カテイシエン センモンソウダンイン | 家庭支援専門相談員 |
| 6 | シンセツなソウダンシエンセンモンイン | 親切な相談支援専門員 |
| 7 | シンケンなトリクミ | 真剣な取り組み |
| 8 | ヨウホショウのセツゾクキにおけるエンカツなイコウ | 幼保小の接続期における円滑な移行 |
| 9 | カイゼンをハカリ、ショウダクをエル | 改善を図り、承諾を得る |
| 10 | シンセイジのスイブンホキュウ | 新生児の水分補給 |
| 11 | コンダンカイで、キロクをトルイギ | 懇談会で、記録を取る意義 |
| 12 | バスでのソウゲイのトチュウ | バスでの送迎の途中 |
| 13 | シュウガクゼンのヨボウセッシュ | 就学前の予防接種 |
| 14 | テキカクでテイネイなコトバヅカイ | 的確で丁寧な言葉遣い |
| 15 | シュウショクのシボウドウキ | 就職の志望動機 |
| 16 | コジンヒョウとリレキショをユウソウする | 個人票と履歴書を郵送する |
| 17 | カンペキにヨカをマンキツする | 完璧に余暇を満喫する |
| 18 | スイトウ、オベントウバコ、オチョウメン | 水筒、お弁当箱、お帳面 |
| 19 | ジョウソウユタカなヒトがドウヨウする | 情操豊かな人が動揺する |
| 20 | キガエをウナガシ、クツをハク | 着替えを促し、靴を履く |

# 第4回＊施設実習に向けた漢字テスト（正解）

| | | |
|---|---|---|
| 1 | ボシセイカツシエンシセツにカンするシツモン | 母子生活支援施設に関する質問 |
| 2 | ジドウシンリチリョウシセツでのリョウイク | 児童心理治療施設での療育 |
| 3 | ヨウホレンケイガタ ニンテイコドモエン | 幼保連携型認定こども園 |
| 4 | ジドウカン（屋内型）とジドウユウエン（屋外型） | 児童館と児童遊園 |
| 5 | ヨウシエングミサトオヤとショウトツする | 養子縁組里親と衝突する |
| 6 | ショウドウブツをシイクする | 小動物を飼育する |
| 7 | ホイクショホイクシシンにシタシム | 保育所保育指針に親しむ |
| 8 | ヨウチエンキョウイクヨウリョウのカイテイ | 幼稚園教育要領の改訂 |
| 9 | リンリコウリョウをジュンシュする | 倫理綱領を遵守（順守）する |
| 10 | コドモのサイゼンのリエキ | 子どもの最善の利益 |
| 11 | ヨウイクホウキとセダイカンレンサ | 養育放棄と世代間連鎖 |
| 12 | シュヒギムのセイヤクショ | 守秘義務の誓約書 |
| 13 | ダイベン・ケンリヨウゴ | 代弁・権利擁護 |
| 14 | カンカクトウゴウクンレンとシカクシエン | 感覚統合訓練と視覚支援 |
| 15 | ジュウショウシンシン ショウガイジへのカイジョ | 重症心身障害児への介助 |
| 16 | カゾクキノウのゼイジャクカ | 家族機能の脆弱化 |
| 17 | ゼンソクでセキやタンがデル | 喘息で咳や痰が出る |
| 18 | キョウイク・ホイクヨウリョウをカイセツする | 教育・保育要領を解説する |
| 19 | ハイケイ（手紙の書出し）、ケイグ（手紙の締め） | 拝啓、敬具 |
| 20 | ハッタツチタイとジヘイケイコウがある | 発達遅滞と自閉傾向がある |

# さくいん

●かな

## あ
愛着（アタッチメント）・・・・・・・・・ 55

## い
一時保護ガイドライン・・・・・・・・ 81
医療型児童発達支援センター
　・・・・・・・・・・・・・・・・・・ 17, 101
　　――での保育実習モデル・・ 144
　　――の職員体制・・・・・・・・・ 102
医療型障害児入所施設・・・・・・ 91
インフォームド・コンセント・・・・・・ 26
インフルエンザ・・・・・・・・・・・・・ 28

## お
お礼状・・・・・・・・・・・・・・・・・ 200

## か
学生教育研究災害傷害保険・・・ 42
各世帯の居室・・・・・・・・・・・・・ 77
学研災付帯賠償責任保険・・・・・ 42
過年齢児・・・・・・・・・・・・・・・・・ 5
観察実習・見学実習・・・・・・・・ 18

## き
教科目の教授内容（モデルシラバス）
　・・・・・・・・・・・・・・・・・・・・ 42

## く
ぐ犯行為・・・・・・・・・・・・・・・・ 64

## こ
国際障害者年・・・・・・・・・・・・・ 87
孤児・・・・・・・・・・・・・・・・・・・・ 2
こどもの国・・・・・・・・・・・・・・ 108
個別指導・・・・・・・・・・・・・・・ 181
孤老・・・・・・・・・・・・・・・・・・・・ 2

## さ
査定実習・・・・・・・・・・・・・・・ 19
参加実習・・・・・・・・・・・・・・・ 19

## し
四箇院・・・・・・・・・・・・・・・・・・ 2
自己覚知・・・・・・・・・・・・ 122, 205
自己評価・・・・・・・・・・・・・・・ 189
施設実習・・・・・・・・・・・・・・・ 15
施設保育士・・・・・・・・・・・・・・ 11
事前オリエンテーション・・・・・・ 29
肢体不自由児・・・・・・・・・・・・ 101
実習計画書・・・・・・・・・・・・・・ 30
実習指導教員・・・・・・・・・・・・ 24
実習指導者・・・・・・・・・・・・・ 174
実習指導職員・・・・・・・・・・・・ 24
実習情報交換会・・・・・・・・・・ 194
実習生・・・・・・・・・・・・・・・・・ 24
実習総合補償制度・・・・・・・・・ 42
実習反省会・・・・・・・・・・・・・ 193
実習プログラム・・・・・・・・・・・ 40
実習報告会・・・・・・・・・・・・・ 194
四天王寺・・・・・・・・・・・・・・・・ 2
児童館・・・・・・・・・・・・・・ 17, 106
　　――での保育実習モデル・・ 147
　　――の種類・・・・・・・・・・・ 107
児童クラブにおける一日の流れ（平日）
　・・・・・・・・・・・・・・・・・・・ 114
児童厚生員・・・・・・・・・・・・・ 107
児童厚生施設・・・・・・・・・・ 17, 106
児童自立支援施設・・・・・・・・ 5, 64
　　――での保育実習モデル・・ 123
　　――の職員体制・・・・・・・・・ 66
児童自立生活援助事業（自立援助ホーム）
　・・・・・・・・・・・・・・・・・・・・ 7
児童心理治療施設・・・・・・・・ 5, 69
　　――での保育実習モデル・・ 126
　　――の職員体制・・・・・・・・・ 71
児童相談所・・・・・・・・・・・・・・ 80
　　――の職員体制・・・・・・・・・ 82
児童相談所一時保護所・・・・・・ 16
　　――での保育実習モデル・・ 133
児童の遊びを指導する者・・・・・ 110
児童発達支援・・・・・・・・・・・・ 97
児童発達支援センター・・・・・・・ 16
児童福祉施設・・・・・・・・・・・・・ 4
児童福祉法・・・・・・・・・・・・・・ 54
児童遊園・・・・・・・・・・・・ 17, 108
児童養護施設・・・・・・・・・・・ 5, 58
　　――での保育実習モデル・・ 120
　　――の職員体制・・・・・・・・・ 60
自閉スペクトラム症・・・・・・・・・ 98
修得・・・・・・・・・・・・・・・・・・ 14
習得・・・・・・・・・・・・・・・・・・ 14
遵守・・・・・・・・・・・・・・・・・・ 31
障害児通所支援・・・・・・・・・・・ 97
障害児入所施設・・・・・・・・・ 89, 93
　　――・障害者入所施設共通での保育実習モデル・・・・・・・・・ 135
障害者基本法・・・・・・・・・・・・ 87
障害者自立支援法・・・・・・・・・ 87
障害者入所施設での保育実習モデル・・・・・・・・・・・・・・・・・・ 137
小規模住居型児童養育事業（ファミリーホーム）・・・・・・・・・・・・・・ 7
省察・・・・・・・・・・・・・・・・・ 189
聖徳太子・・・・・・・・・・・・・・・・ 2
自立支援計画・・・・・・・・・・ 58, 76

## す
水痘・・・・・・・・・・・・・・・・・・ 28

## せ
精神薄弱者福祉法・・・・・・・・・ 87
責任実習・・・・・・・・・・・・・・・ 19
専修学校・・・・・・・・・・・・・・・ 20
全体授業・・・・・・・・・・・・・・ 180

## た
他者評価・・・・・・・・・・・・・・・ 187

## ち
地域移行支援・・・・・・・・・・・・・ 5
地域小規模児童養護施設（グループホーム）・・・・・・・・・・・・・・・・ 7

## つ
つどいの広場 ・・・・・・・・・・・・・・ 110

## と
特定妊婦 ・・・・・・・・・・・・・・・・・・ 75

## に
乳児院 ・・・・・・・・・・・・・・・・・・・・ 54
　――での保育実習モデル ・・ 119
　――の職員体制 ・・・・・・・・・・ 55
乳幼児 ・・・・・・・・・・・・・・・・・・・・ 54

## の
ノーマライゼーションの8つの原理
　・・・・・・・・・・・・・・・・・・・・・・・・ 92
のぞみの園 ・・・・・・・・・・・・・・・・ 18

## は
配偶者のない女子又はこれに準ずる事情にある女子 ・・・・・・・・・・ 75

## ひ
悲田院 ・・・・・・・・・・・・・・・・・・・・・ 2
ヒヤリハット ・・・・・・・・・・・・・・ 58
評価票 ・・・・・・・・・・・・・・・・・・・ 193

## ふ
風疹 ・・・・・・・・・・・・・・・・・・・・・・ 28
福祉型児童発達支援センター
　・・・・・・・・・・・・・・・・・・・・・ 16, 97
　――での保育実習モデル ・・ 141
　――の職員体制、配置基準 ・・ 99
福祉型障害児入所施設 ・・・・・・ 90
部分実習 ・・・・・・・・・・・・・・・・・・ 19

## ほ
保育士 ・・・・・・・・・・・・・・・・・・・・・ 3
保育実習Ⅰ ・・・・・・・・・・・ 15, 203
保育実習Ⅲ ・・・・・・・・・・・ 15, 203
保育実習指導のミニマムスタンダード
　・・・・・・・・・・・・・・・・・・・・・・・ 174
保育実習の種類 ・・・・・・・・・・・・ 15
保育士養成施設（校）・・・・・・・・ 25

保育所保育士 ・・・・・・・・・・・・・・ 11
放課後児童クラブ ・・・・・・・・・ 112
放課後児童支援員 ・・・・・・・・・ 114
訪問指導 ・・・・・・・・・・・・・ 40, 175
母子支援員 ・・・・・・・・・・・・・・・・ 76
母子生活支援施設 ・・・・・・・・ 5, 75
　――での保育実習モデル ・・ 130
母子生活支援施設運営指針 ・・・ 77
保姆（保母）・・・・・・・・・・・・・・・・ 2

## ま
麻疹 ・・・・・・・・・・・・・・・・・・・・・・ 28

## ら
ライフストーリーワーク ・・・・・・ 69

## り
流行性耳下腺炎 ・・・・・・・・・・・・ 28
寮長 ・・・・・・・・・・・・・・・・・・・・・・ 65
寮母 ・・・・・・・・・・・・・・・・・・・・・・ 65

## ろ
6W4H ・・・・・・・・・・・・・・・・・・・・ 45

●欧文

## I
IQ ・・・・・・・・・・・・・・・・・・・・・・・ 10

## K
KY活動 ・・・・・・・・・・・・・・・・・ 135

## P
PDCAサイクル ・・・・・・・・・・・ 188

## S
SNS ・・・・・・・・・・・・・・・・・・・・・ 31
SST（ソーシャルスキルトレーニング）
　・・・・・・・・・・・・・・・・・・・・・・・・ 69

## 監修者

**名須川知子**（なすかわ ともこ）　兵庫教育大学 理事・副学長

**大方美香**（おおがた みか）　大阪総合保育大学 学長

## 執筆者紹介（執筆順、＊は編著者）

**立花 直樹**＊（たちばな なおき）
担当：はじめに、レッスン1～4、レッスン13、レッスン14
聖和短期大学 准教授
主著：『現場から福祉の課題を考える 子どもの豊かな育ちを支えるソーシャル・キャピタル』（編著）ミネルヴァ書房 2018年
『社会福祉概論』（編著）　ミネルヴァ書房 2017年

**高市 勢津子**（たかいち せつこ）
担当：レッスン5、レッスン11第1節・第2節、レッスン12第1節・第2節
大阪キリスト教短期大学 教授
主著：『社会的養護内容演習』（共著）　建帛社 2017年

**西川 友理**（にしかわ ゆり）
担当：レッスン6、レッスン11第3節・第4節、レッスン12第3節・第4節
京都西山短期大学 講師
主著：『保育士をめざす人の子ども家庭福祉（新版）』（共著）みらい 2019年
『社会的養護・社会的養護内容』（共著）翔雲社 2017年

**加納 史章**（かのう ふみあき）
担当：レッスン7、レッスン11第5節・第6節、レッスン12第5節・第6節
兵庫教育大学 助教
主著：『子どもの心によりそう保育者論（改訂版）』（共著）福村出版 2018年
『つながる・つなげる障害児保育――かかわりあうクラスづくりのために』（共著）教育情報出版 2015年

**松浦 満夫**（まつうら みつお）
担当：レッスン8、レッスン11第7節・第8節、レッスン12第7節・第8節
大阪城南女子短期大学 教授
主著：『社会福祉概論』（共著）　ミネルヴァ書房 2017年
『児童家庭福祉論（第2版）』（共著）　ミネルヴァ書房 2017年

**谷村 和秀**（たにむら かずひで）
担当：レッスン9、レッスン11第9節・第10節、レッスン12第9節・第10節
愛知学泉短期大学 講師
主著：『児童家庭福祉論（第2版）』（共著）　ミネルヴァ書房 2017年
『保育の質を高める相談援助・相談支援』（共著）晃洋書房 2015年

**堀 建治**（ほり けんじ）
担当：レッスン10、レッスン11第11節、レッスン12第11節
ユマニテク短期大学 教授
主著：『コンパス保育内容総論』（共著）　建帛社 2018年
『はじめて学ぶ保育原理』（共著）　北大路書房 2017年

**吉田祐一郎**（よしだ ゆういちろう）
担当：レッスン13～15
四天王寺大学 講師
主著：『児童家庭福祉論（第2版）』（共著）　ミネルヴァ書房 2017年
『保育の質を高める相談援助・相談支援』（共著）晃洋書房 2015年

---

編集協力：株式会社桂樹社グループ
装画：後藤美月
本文デザイン：中田聡美

MINERVA はじめて学ぶ保育⑪
施設実習

2019年5月30日　初版第1刷発行　　　　　　〈検印省略〉

定価はカバーに
表示しています

| 監修者 | 名須川　知子 |
| | 大　方　美　香 |
| 編著者 | 立　花　直　樹 |
| 発行者 | 杉　田　啓　三 |
| 印刷者 | 坂　本　喜　杏 |

発行所　株式会社　ミネルヴァ書房
607-8494　京都市山科区日ノ岡堤谷町1
電話代表　(075) 581 - 5191
振替口座　01020 - 0 - 8076

©立花ほか，2019　　富山房インターナショナル

ISBN978-4-623-07972-8
Printed in Japan

名須川知子／大方美香 監修
## MINERVAはじめて学ぶ保育
全12巻／B5判／美装カバー

① 保育原理 　　　　　　　　　　　　戸江茂博 編著

② 教育原理 　　　　　　　　　　　　三宅茂夫 編著

③ 保育者論 　　　　　　　　　　　　山下文一 編著　本体2200円

④ 保育の計画と評価 　　　　　　　　卜田真一郎 編著

⑤ 保育内容総論──乳幼児の生活文化　鈴木裕子 編著　本体2200円

⑥ 保育内容の指導法 　　　　　　　　谷村宏子 編著　本体2200円

⑦ 乳児保育 　　　　　　　　　　　　馬場耕一郎 編著　本体2200円

⑧ 乳幼児心理学 　　　　　　　　　　石野秀明 編著

⑨ インクルーシブ保育論 　　　　　　伊丹昌一 編著　本体2200円

⑩ 保育所・幼稚園・幼保連携型認定こども園実習
　　　　　　　　　　　　　　　　　　亀山秀郎 編著　本体2200円

⑪ 施設実習 　　　　　　　　　　　　立花直樹 編著　本体2200円

⑫ 子育て支援 　　　　　　　　　　　伊藤 篤 編著　本体2200円

───── ミネルヴァ書房 ─────　（定価のないものは続刊）

http://www.minervashobo.co.jp/